解锁线上教学：
认识·设计·案例

李 青 著

北京理工大学出版社
BEIJING INSTITUTE OF TECHNOLOGY PRESS

内 容 简 介

现代信息技术革命对人类学习、生活和工作形态产生了颠覆性的改变，数据化、智能化、虚拟化成为未来教育的底层逻辑。面向未来的教育，重塑人才培养过程，重新定义教学，特别是课堂教学，是历史的必然。唯有此，才能培养学生自主学习、协作学习、探究学习的数字化素养。本书意图帮助人们从另一个视角认识线上教学、探索线上教学、反思线上教学、改进线上教学，特别是期望唤醒人们主动拥抱现代信息技术，通过研究学生学习行为的偏好，增强教学设计的有效性，探索多元参与评价教学效果的增值性，把教材的内容变得有趣、有用、有意义，将知识的生产创造、转化传播通过教学策略设计成鲜活的教学场景，帮助学生学会、学懂、学通、学透，但不止于此。

版权专有　侵权必究

图书在版编目（CIP）数据

解锁线上教学：认识・设计・案例 / 李青著. -- 北京：北京理工大学出版社，2022.6
　ISBN 978-7-5763-1317-8

Ⅰ. ①解… Ⅱ. ①李… Ⅲ. ①网络教学-教学设计 Ⅳ. ①G434

中国版本图书馆 CIP 数据核字（2022）第 090879 号

出版发行 /	北京理工大学出版社有限责任公司
社　　址 /	北京市海淀区中关村南大街5号
邮　　编 /	100081
电　　话 /	（010）68914775（总编室）
	（010）82562903（教材售后服务热线）
	（010）68944723（其他图书服务热线）
网　　址 /	http://www.bitpress.com.cn
经　　销 /	全国各地新华书店
印　　刷 /	三河市华骏印务包装有限公司
开　　本 /	710毫米×1000毫米　1/16
印　　张 /	14.75
字　　数 /	272千字
版　　次 /	2022年6月第1版　2022年6月第1次印刷
定　　价 /	59.00元

责任编辑 /	钟　博
文案编辑 /	钟　博
责任校对 /	周瑞红
责任印制 /	施胜娟

图书出现印装质量问题，请拨打售后服务热线，本社负责调换

前　　言

技术革命催生面向未来教育的底层逻辑，驱动教育形态变革的集群突破。2020年战"疫"期间的线上教学成为世界在线教育发展过程中的里程碑，"停课不停教、停课不停学"，线上教学与线下教学"等质同效"，成为流量热词，融合了"互联网+"的在线教学成为中国高等教育和世界高等教育的重要发展方向。

在任何时代、任何地域，从孔子、陶行知、叶圣陶，到苏格拉底、苏霍姆林斯基，教学本义下的教学目标理应围绕知识的讲授、能力的培养、情感的培育、素质的养成，以学生为中心的教学过程理应围绕帮助学生学会、学懂、学通、学透，让改变发生的教学评价理应围绕多元化、全过程、增值性。线上教学自身携带技术性基因，但其本质不是"工业"，而是工业标准视域下的"农业"，了解学生、读懂学生、发现规律，需要教师融合信息技术，利用交互数据、学习画像、知识图谱等分析工具来改进教学。而将知识的生产创造、转化传播聚集在同一过程中的线上教学，创新时空维度下的教学场景，塑造人才培养过程的空间连接主体，看似简单，实则更加复杂。

本书意在描绘线上教学"地图"。从一门课程、一个模块、一个章节到一堂课，20位一线教师致力于让教学活动场景适应学生的学习风格、让教学实施方法连接学生的学习行为。

随着信息化时代的到来，整个社会都在向数字化和智能化演变。从慕课平台到翻转课堂，从混合式教学到线上教学，多样化的学习场景，特别是线上和线下教学的任意组合、全面混合更能适应学生随时随地移动学、按需反复回放学、选取资源重点学，让学生从"学以致用"到"用以致学"。"永不结束的课堂"，需要我们重新认识与再定义教学。

"工欲善其事，必先利其器。"线上教学学习环境的创设、数字化资源与教学目标的达成需要信息化教学工具连接师与生，连接教与学。从微课、案例、背景资料、参考素材、练习题库、拓展材料到知识地图，从筛选、修改、创造、开发、管理到共享，突破物理空间限制的线上教学资源，让"等质同效"成为现实。

学习者在线上学习环境中对教学资源注意力的持续时间存在个体的差异性和群体的趋同性，这就需要教学空间隔离的线上教与学设计也必须是师生互动、生生交互的。无论是行为主义、认知主义，还是建构主义，教学策略需要适应，更需要激发学生的自主式学习、协作型学习和探究式学习，当然也需要教学评价策略的支持。

人类学习简史中的教学设计无处不在，又总是随历史前行。在这里，从一门课程、一个模块、一个章节到一堂课的教学设计，20 位教师以 20 个案例，于云端聚"教"，从学情分析到教学目标，从教学设计到课后反思，展示了线上教学的德育之美、设计之美、感悟之美。

"新鲜感"业已转向"新常态"，教师线上教学的数字化素养与教学活动设计是支撑线上教学目标达成度的关键所在。学生学习行为的偏好性、线上教学设计的有效性、教学效果评价模式的多元性，这些线上教学"等质同效"的高阶挑战性问题需要我们将每个人的行动与智慧都融入教学。正如布鲁纳所说："教学，说到底是一种帮助或促进人的成长的努力。"

面向未来的教育，重塑人才培养过程，重新定义教学，是历史的必然。希望这本书可以帮大家从另一个视角认识线上教学、探索线上教学、反思线上教学、改进线上教学。

李　青

2022 年 5 月 4 日

目 录

第一章 信息化教学时代的到来 ... 1
- 第一节 慕课与翻转课堂 ... 1
- 第二节 混合式教学与线上教学 ... 3
- 第三节 重新认识与再定义教学 ... 5

第二章 信息化教学工具与资源的重组 ... 9
- 第一节 教学平台与通信工具 ... 9
- 第二节 数字化资源与学习环境创设 ... 12

第三章 信息化教学设计与评价的融合 ... 16
- 第一节 学生学习风格与学生学情 ... 16
- 第二节 教学设计逻辑与教学评价 ... 18

第四章 线上教学设计案例 ... 28
- 第一节 一门课程的教学设计 ... 28
- 第二节 一个模块的教学设计 ... 47
- 第三节 一个章节的教学设计 ... 66
- 第四节 一堂课的教学设计 ... 121

附录 ... 205
- 附录1 教学资源和教学工具 ... 205
- 附录2 线上教学"六位一体"听课评课指南 ... 206
- 附录3 线上教学媒体视角报道 ... 223

参考文献 ... 224

后记 ... 227

第一章

信息化教学时代的到来

随着信息化时代的到来，人工智能和大数据技术为教育提供了新的手段，为因材施教提供了新的保障。单一的线下教学模式已经不能满足新生代的学习需求。从慕课平台到翻转课堂，从混合式教学到线上教学，多样化的学习场景，特别是线上和线下教学的组合，更能适应学生随时随地移动学、按需反复回放学、选取资源重点学的需求，让学生从"学以致用"到"用以致学"。

第一节 慕课与翻转课堂

1. 慕课的起源与发展

慕课的萌芽在 1989 年，当时美国凤凰城大学首次推行了"在线学位计划"。2002 年，联合国教科文组织在"开放课件对发展中国家高等教育影响"的论坛中首次提出了开放教育资源（Open Education Resources，OER）的概念，使得国外各大高校开始意识到开放教育资源运动的重要性和必然性。2008 年，加拿大的戴夫·科米尔（Dave Cormier）和美国的布赖恩·亚历山大（Bryan Alexander）首次提出慕课（Massive Open Online Course，MOOC）一词，并在教学实践上推广，掀起了全世界大批教育工作者创办网络开放课程的热潮。《纽约时代》将 2012 年称为"慕课元年"。在中国，慕课同样发展迅速。据统计，我国上线慕课数量已达 5 000 余门，学习人数突破 7 000 万人次，慕课总量、参与学校数量、学习人数均处于世界领先地位，我国已成为真正的慕课大国。

2. 慕课的概念与特点

慕课，即大规模开放在线课程的简称，是一种在线课程开发模式，更是"互联网+教育"的产物。慕课的特点主要体现在规模性、开放性和网络性。

（1）规模性（Massive）。慕课的规模性体现在两方面，一是课程的大规模性，慕课的课程范围包含了科技、社会和人文等各类学科的不同专业课程，覆盖内容广泛；二是上课人数的大规模性，不同于传统的线下教育，慕课不再局限于教室中的听课学生，学生在平台上搜索课程名称，就可以选择自己喜欢的老师、学校、模式来进行学习，每一门课程的学习人数也由此变得更具规模。

（2）开放性（Open）。慕课是以连通主义理论和网络化学习的开放教育学为基础的，绝大多数课程是免费开放的，任何人只要想学习，都可以下载注册学习，不用缴纳任何费用，也不限制学习者的人数。

（3）网络性（Online）。搜索引擎、数据挖掘及人工智能等技术的发展，为慕课的发展提供了技术支持。学习者只需要用手机或电脑连接网络，就可以连接慕课，通过电脑、手机等终端随时随地开展线上学习。通过信息技术的连接性和交互性，学生和老师可以像线下一样进行研究、讨论等互动，使学习不再受到时间、空间的局限。

3. 翻转课堂的起源与发展

根据目前公开可查阅的文献资料，翻转课堂起源于 1990 年由哈佛大学埃里克·马祖尔（Eric Mazur）教授探索的一种名为"同伴教学法"的教学方法：通过引导学生参与教学过程，构建一种学生自主学习、合作学习、生生互动、师生互动的创新教学模式。

随着互联网的发展和普及，翻转课堂的方法逐渐在美国流行起来。2007 年，美国科罗拉多州洛基山林地公园高中（Woodland Park High School）两位化学老师贝格曼（Jonathan Bergmann）和山姆（Aaron Sams）在课堂中首次采用翻转课堂式教学模式。2011 年，萨尔曼·可汗（Salman Khan）创办的可汗学院对翻转课堂进行进一步探索，将多个学科的教学资源上传到平台，教授不同年龄段的学生，这正是翻转课堂的雏形。2012 年至今，翻转课堂模式逐渐被大众熟知，引发了全世界范围内学者专家的广泛关注。

4. 翻转课堂的概念与特点

翻转课堂（Flipped Class Model）又称翻转课堂式教学模式，也称反转课堂。它指的是借助现代信息技术重新设计的课堂教学。教师在课前制作教学视频，学生选择课外时间观看，通过在课外时间实现知识的"外化"，并在课堂上与教师进行讨论交流，最终实现知识的"内化"。从本质上看，翻转课堂实质上是一种将面对面的、传统的课堂教学与在线教学结合起来的混合学习模式，它是家、校在学生学习中的角色与功能的再调整，将知识的传递由课中变为课前，由线下变为线上。

翻转课堂需要教师在设计微课时，以学习者为中心，关注学习者原有的知识和经验。教师需要通过营造问题情境、协作、会话等线上学习环境，帮助和促进学习者主动建构知识体系。翻转课堂的特点主要体现在教学视频精短、学习流程重组、师生角色互换和课后辅助学习等方面。

（1）教学视频精短。翻转课堂的教学视频要结合具体的知识点，控制有效时间，以几分钟为宜。大多数的教学视频只针对一个特定的问题，有较强的针对性。同时，教学信息简明扼要，让学生最为直观地接收信息，提高学生学习效率。

（2）学习流程重组。翻转课堂对学生的学习过程进行了重新搭构。"信息传递"是学生在课前进行的，"吸收内化"是在课堂上通过互动完成，教师能够提前了解学生的学习困难，在课堂上给予有效的辅导。学生可以根据自己的认知结构和知识储备，自主选择步调开展学习活动。

（3）师生角色互换。翻转课堂使教师从传统课堂中的知识传授者变成了学生学习过程的陪伴者、促进者、引领者和指导者，变"主导学习"为"参与学习"。通过学生与教师角色互换，学生课前自主探究式学习、课中混合协作互动式学习、课后掌握性学习，变"被动学习"为"主动学习"。

（4）课后辅助学习。翻转课堂的教学视频经常在最后附相应的几个小问题，可帮助学生及时对学习内容进行反思和检测。学生还可以随时回看教学视频，复习与巩固学习内容，提高学习效果。

翻转课堂改变了传统课堂的教学生态。一是从"碎"到"聚"，把一节课分成若干段，线上教学培养学生自主学习，线下面授引导学生探究学习。每个阶段测评、作业既相对独立又互相联系，帮助学生逐一掌握知识点。二是从"动"到"静"，把线上线下的师生互动、生生互动，转变成最终达成的静态课堂教学目标。三是从"增"到"减"，课外增加布置学生按照学习指南的线上自学，课内减少布置作业并尽可能在课堂内完成，一"增"一"减"，让学生有更多时间自主学习、探究式学习。

第二节 混合式教学与线上教学

1. 混合式教学的起源与发展

混合式教学最早出现在美国 IBM 公司的企业培训中，在 20 世纪 90 年代，随在线学习（E-learning）的兴起快速在全球范围内推广应用。2000 年 12 月，美国的一些教育专家和技术专家在《美国教育部教育技术白皮书》提出："网络教学能很好地实现某些教育目标，但是不能代替传统的教学。"这为混合式教学理念的提出奠定了基础。

在 21 世纪，互联网技术得以广泛运用，在此基础上，国际教育界提出了混合式学习的概念。2003年，中国学者何克抗教授首次提出"混合式学习"的理念，标志着我国混合式教学研究的开始。何克抗教授认为，混合式教学将启用全新的网络教学和传统教学相结合的一种"线上+线下"的教学方式。这种教学模式将二者的教学优势结合起来，既能发挥教师引导、启发、监控教学过程的主导作用，又能充分体现学生学习的主动性、积极性与创造性，从学习效果来看，是最佳的一种教学模式。

2. 混合式教学的内涵与特征

混合式教学模式是将在线教学和传统教学的优势结合起来的一种"线上+线下"的教学模式。开展混合式教学的目的不是去使用在线平台，不是去建设数字化的教学资源，也不是去开展花样翻新的教学活动，而是根据学习和教学的规律，融合信息化技术和互联网技术，有效地提升学生的学习深度，培养学生自主学习和探究式学习的能力。

从外在表现形式上，混合式教学模式是采用"线上"和"线下"两种途径开展教学的。"线上"的教学不是整个教学活动的辅助或者锦上添花，而是教学的必备活动；"线下"的教学不是传统课堂教学活动的照搬，而是基于"线上"的学习成果而开展的更加深入的教学活动。

从内在教学组织上，混合式教学重构了传统课堂教学模式，扩展了教学的时间和空间，"教"和"学"可以分离，不在同一时间、同一地点发生。混合式教学没有统一的模式，但却有统一的追求，那就是充分发挥"线上"和"线下"两种教学优势对传统教学进行变革，改变传统教学在课堂教学过程中学生学习主动性不高、认知参与度不足、学习成效差异性较大等问题。

3. 线上教学的缘起和发展

线上教学源于英国开放大学率先提出的"远程教育"学生支持体系。在远程教育实践中，国外产生了相关教学理论，其中较为突出的是创设远程教育学习环境的"探究社区理论"，该理论认为，学习环境包括认知存在、教学存在及社交存在三个元素，有意义的教育体验是这三个元素互动的结果。另一个是由Mishra和Koehler提出来的整合技术的学科教育知识（Technological Pedagogical And Content Knowledge，TPACK）模型，该模型开创性地将技术融入教学内容，强调教育技术、教学方法及教学内容三个方面的联系、交互和约束。

信息技术的迅速发展创造了跨时空的生活、工作和学习方式，使知识获取的方式发生了根本性转变。随着网上社交、交易行为的日益普及化，以及线下教学在特殊环境、特定时空的不可及性，线上教学日渐成为一种喜闻乐见的授课方式。2020年"战疫"期间的线上教学成了全世界在线教育发展过程中的里程碑，突如其来的新冠肺炎疫情使面授教学被迫大规模转向线上教学,这些实践加快推进了在线教育教学模式的变革。

4. 线上教学的概念和特征

线上教学是指利用计算机等设备和互联网技术,通过一定的方法在网络上实施的教学方式,是实现了"3A"(Anytime、Anyway、Anywhere)的一种教学模式,是混合式教学的特例。

线上教学借助现代教育技术、互联网技术和信息技术等多种技术手段对教学资源进行优化组织、整合、呈现和运用。这种教学模式突破了传统教学的时空限制,既可发挥教师组织、引导、启发、监控教学过程的主导作用,又能充分体现学生作为学习主体的主动性、积极性与创造性,学生可根据自身实际需要随时随地无缝学习,受到教育界的广泛推行与运用。线上教学有以下显著特征:

(1)线上教学是跨时空的教学方式。任何人在任何时间、任何地点可从任何章节开始学习任何课程,充分满足了教育的现代化和终身化。

(2)线上资源是多元立体的资源库。线上资源是开展线上教学的基础,其质量的优劣直接影响线上教学质量的高低。线上资源的类型和呈现形态是丰富多彩的,既有知识性资源,又有任务性资源;既有平面资源,又有立体可视化资源。

(3)线上教学具备师生互动的场景。线上教学开发了抢答、弹幕、发帖等电子化互动活动,弥补了线上教学师生"眼神掉线"的短板。通过信息化互动方式,教师可了解学生学习动态、引导学生深度学习,学生可随时随地提出学习问题、获得教师指导等,满足教师与学生教与学的需求。

(4)线上教学满足个性化的学习需求。一方面,线上教学和学习服务系统对每个学习者的学习基础、学习过程和学习阶段等实现完整的系统跟踪记录,另一方面,针对不同学习者提出的个性化学习建议,线上教学提供了开放的实现途径。

第三节 重新认识与再定义教学

1. 过去的教学是如何定义的?

教学是教师的教和学生的学所组成的一种人类特有的人才培养活动。通过这种活动,教师有目的、有计划、有组织地引导学生学习和掌握文化科学知识和技能,促进学生素质提高,使他们成为社会所需要的人。教学的含义包括"教育""教书"以及"教师把知识、技能传授给学生的过程"。《礼记·学记》云:"玉不琢,不成器;人不学,不知道。是故,古之王者,建国君民,教学为先。"这里的"教学"指的是"教育"。而"在乡村集镇上教小学,教学以外的杂事很多:赛神唱戏写通知，写神庙对联，村里人有了红白大事写请柬、谢帖……"（赵树理《金字》）中的"教学"，指的是"教书"。"颜由，颜回父，字季路。孔子始教学於阙里而受学，少孔子六岁。"（《孔子家语·七十二弟子解》），这里的"教学"指的又是"教师把知识、技能传授给学生的过程"。

教学的概念是从教学现象和教学实践中抽象和概括出来的，它的内涵随历史的发展而发展。教学可以借助不同的形式实现，如教学的基本形式——课堂教学、教学的辅助形式——现场教学和个别指导、教学的特殊形式——复式教学、教学的电化形式——多媒体教学。回顾历史，人类对教学的认识是有连续性的。普遍认为，教学是教师的教和学生的学所组成的一种人类特有的人才培养活动。通过这种活动，教师有目的、有计划、有组织地引导学生学习和掌握文化科学知识和技能，促进学生素质提高。

2. 为什么要重新认识教学？

信息化时代，人工智能和大数据技术为教育提供了新的手段，如个性化教学、游戏化教学、教育平台等。特别是 AI 技术，人类在与 AI 棋手 AlphaGo 的对战中遗憾败北，掀起了 AI 浪潮，AI 不断被应用在教育场景中，如拍照答题、智能批改作业、制订学习计划……当真人老师与 AI 老师相遇并结合，"教"由 AI 来完成，老师把更多精力放在"育"上，让"教育"刺激学生，从而养成探究性思维、自主学习的习惯、乐观的人生态度，因材施教就有更多的可能。然而信息技术跟教学的融合是件复杂的事，涉及教学理念、教学策略、教学方法，涉及课堂流程的重构，甚至师生关系的改变。信息化时代的教学是什么，需要我们重新认识。

3. 为什么要再定义教学？

美国的迈克尔·霍恩和希瑟·斯泰克整合线上与传统课堂学习，对学生实行分级教学或远程开课。通过开展混合式学习实践，最大可能地实施因材施教；乔纳森·伯格曼等通过线上视频或学习课件帮助学生完成知识点的学习，用十年的时间将课堂教学用于集体或个性化教学活动，让学生从"学以致用"到"用以致学"。

没有人怀疑人工智能和大数据技术为因材施教提供的新保障，如数字化资源库、虚拟学习情境、在线考试系统等。正如在"谷歌教室"里开展的教学活动：教师可以将学生开展课程学习需要阅读的材料、观看的视频、学习网站的链接地址等学习资源放在"谷歌教室"，"谷歌教室"变身为全天候的"课程图书馆"。课前，教师可以在"谷歌教室"布置预习任务，如观看教学视频、预习教学内容，使得翻转课堂成为现实。课中，教师可以在终端发出指令，布置并要求学生完成学习任务，如查找资料、测试抢答、参与讨论、成果展示、学生互评等。学习任务和完成时限张贴在公告栏,学生接到指令后在线上或线下开展多种形式的混合式学习活动,使得"用以致学"成为现实。课下,学生通过"谷歌教室"发送作业,教师在后台统计作业完成情况、给作业评分,并通过大数据分析学生的学习,每个学生都看到了自己和伙伴的学习成效,"谷歌教室"又变换为"答疑室"。不仅是学业评价,还有学业诊断,教师和同学们在"谷歌教室",可以提问、发帖、求助、甚至是传播分享自己的学习经验,实现师生和生生的教学互动,"谷歌教室"摇身一变又成为"讨论室""分享室"。

"谷歌教室"简化了教师工作技术,契合了"互联网+教育"的多方需求的个性化、差异化教学模式,更容易被教师们接受。5G环境下AI、AR/VR技术的应用,人机交互的沉浸式学习体验,能够构建起集虚拟影像、视频、动画、音频、图像、课件、互动测试、文献资料等数字资源为一体的课程资源仓库,模拟出传统教学难以亲历的学习情境,如自然灾害的模拟、分子合成的过程、真人模拟的英语口语陪练等。学习从只发生在教室变成处处可学,从只发生在课上的40分钟或45分钟变成时时能学;教材从只局限于课本变成多样化的学习资源,如虚拟影像、动画、视频、音频、图像、课件、测试题库、文献资料和其他教师的线上课程。

无论是从教学理念、教学目标、教学资源,还是从教学方式、教学过程,技术革命都引发了教学形态的变革,颠覆了传统的课堂教学形式,将学习的时空和方式无限拓展,重新定义了教学。未来的教学必将融合信息技术来链接教与学,来连接学生的过去、现在与未来,走向广受众、全时空、多样态、自定义的以学生为中心的泛在学习"小课堂"新时代。

4. 未来的教学是什么?

教学是"教"与"学"的统一。教学中的"教"从理念、方法、效果三个层面可以蕴含多层含义,包括教育、教练、教授等。第一层是教育,教学的根本遵循是传道授业解惑,育人是第一位的;第二层是教练,教学的重心在于教会学生学,在做中学,教师是教练;第三层是教授,发挥老师知识技能的领路人作用,为不同程度的学生提供必要的指导和帮助。教学中的"学",也有学生、学习、学法等多个层次的含义。"学"的第一要义是学生,育人是教学之道;第二层含义是学习,不仅仅是学习如何接收、吸纳知识,更重要的是在实践中理解、内化知识,为我所用。第三层含义是学法,"授之以渔"而不是"授之以鱼"。

在"互联网+"时代,单一的线下教学模式已经不能满足新生代的学习需求,"线上自主探索+线下互动研讨"的混合式教学(Blended Learning)必将成为未来学校课堂教学的主流模式。但是,未来的教学是什么?让我们用互联网思维,用教学场景来重新定义。线上教学与教学场景如图1-1所示。

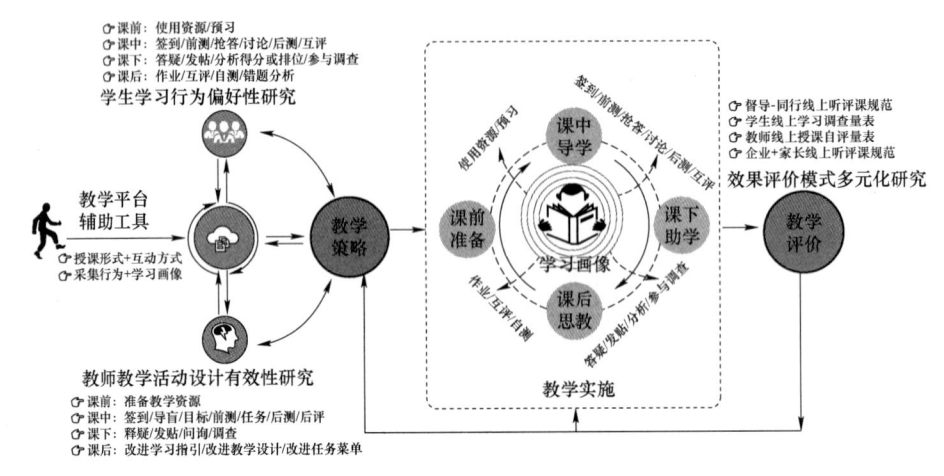

图 1-1 线上教学与教学场景

场景一：移动终端获得数字化资源。老师通过移动终端给学生分享课件，并组织在线学习，包括讨论、练习、答疑和测试。

场景二：教学软件开展教学活动。课前，学生根据移动终端推送的数字化资源完成预习任务；课中，通过教学软件签到、抢答、测试。教师讲解的内容，有质疑的地方或有疑问的时候通过弹幕发送给老师，老师及时纠正或解答。弹幕可能会满天飞，教师继续讲解示范，快结束时总结重点、难点，并引出下次课的内容，同时给学生布置作业。

场景三：在线课程辅助学生学习。教师建好在线课程（MOOC 或 SPOC），课前让学生在线上学习，包括视频学习、练习等。教师通过课程平台了解学生的学习情况，针对共性问题进行再备课。课中深入讲解，讲解后学生完成学习任务（现场作业、主题讨论、主题辩论、情景剧、游戏学习等）。教师分析学习任务完成效果，针对学生个性化的问题，进行个别辅导。

场景 N：……

未来的教学不仅仅是"互联网+教育"，未来的教学是以学习者为中心的，未来的教学是通过技术变革拓展学习时空和学习方式来满足学习者需求的。学生在学习过程中，由知识的被动接受者转变为主动建构者。未来的教学不仅局限于技术创新，更是技术创新支持下的课堂创新和教学模式创新：通过创设不同的教学场景以适应不同学习者的学习风格，通过不同的教学策略激发学生的自主型、协作型和探究型学习。未来的教学应该由教师自己来定义，互联、互动、共享是未来教学的钥匙。未来，教师用这把钥匙面对"永不结束的课堂"的教学挑战。

第二章

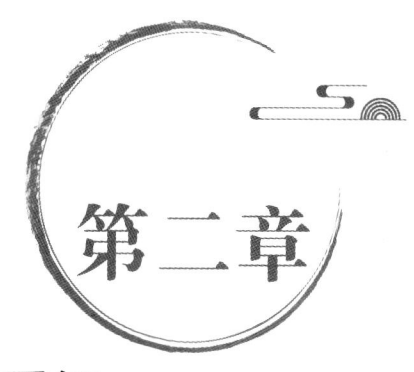

信息化教学工具与资源的重组

"工欲善其事，必先利其器。"教学平台（包括作业平台、监考平台）与资源制作是线上教学与线下教学"等质同效"的根本保障。泛在学习"小课堂"时代需要信息化教学工具融合信息技术，连接教与学，连接师与生、生与生，连接学生的过去、现在与未来。就像"谷歌教室"，它是"课堂""答疑室""讨论室""分享室"，也是全天候的"图书馆"。从筛选、修改、创造、开发、管理到共享，突破物理空间限制的线上教学资源，从微课、案例、背景资料、参考素材、练习题库、拓展材料到知识地图等不断重组，满足教学目标达成的需要，让线上教学"等质同效"成为现实。

第一节 教学平台与通信工具

1. 常用的线上教学平台有哪些？

线上教学期间，教师常用的线上教学平台主要有学校自建的教学平台、职教云、学习通/超星尔雅、中国大学MOOC、学银在线等，功能覆盖互动直播、语音沟通、电子白板、互动答疑、屏幕共享、直播回放等教学场景。通信工具主要有腾讯会议、ZOOM、腾讯课堂、钉钉、微信（企业版）、QQ等，如图2-1所示。

2. 线上教学方式和平台短板

教师们大多采用"教学平台+通信工具"的方式开展线上课堂教学，如语音+PPT直播、电脑PPT演示、屏幕共享、摄像头、白板功能等，如图2-2所示[①]。这些常用的教学平台和通信工具在教学实施的过程中，采用的互动形式主要有主题讨论、文字提问、在线测验、语音连麦、视频连麦、分组讨论等，如图2-3所

---

① 数据来源：线上教学平台适用性问卷调查。

示[①]。当然，这些教学平台在实际使用过程中也存在一些问题，主要表现在系统操作的便利性、视听效果网络传输的清晰度、教学活动的达成度、师生互动的有效性、学习状态的可控性及其他，如表 2-1 所示[②]。

图 2-1　线上教学平台

（a）轻工在线；（b）腾讯课堂；（c）超星学习通；（d）中国大学 MOOC

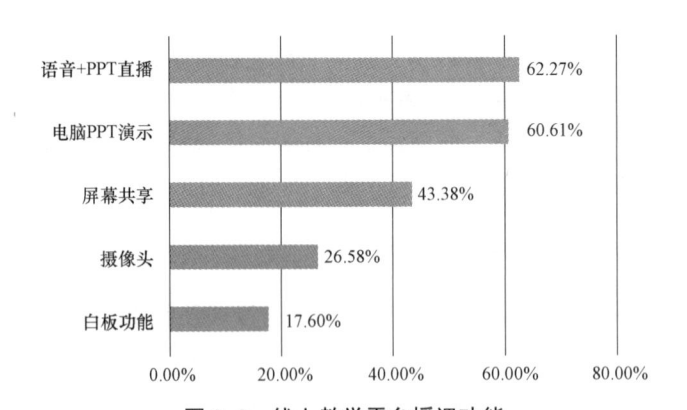

图 2-2　线上教学平台授课功能

---

①，② 数据来源：线上教学平台适用性问卷调查。

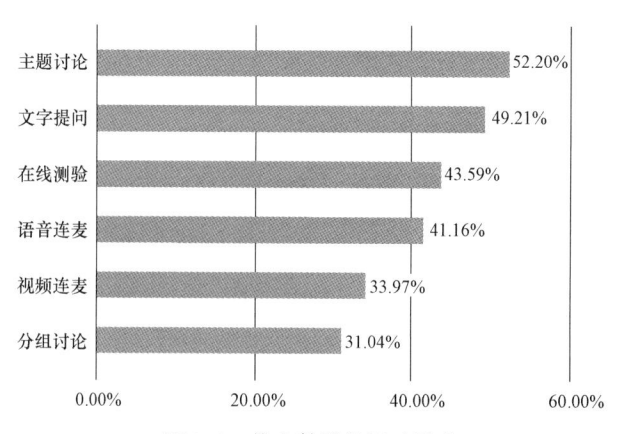

主题讨论	52.20%
文字提问	49.21%
在线测验	43.59%
语音连麦	41.16%
视频连麦	33.97%
分组讨论	31.04%

图 2-3 线上教学的互动形式

在线上教学实施的过程中，线上教学平台和通信工具和线下教学相比，短板问题主要是无法实现有效的师生、生生互动，这些问题是由空间阻隔引起的"眼神"掉线造成的。特别是大班上课，通过抢答、测试等方式引导学生跟随教师进度开展课堂学习的效率、效果是有限的。

表 2-1 教学平台及通信工具线上教学使用时存在的主要问题

教学平台及通信工具	系统操作不便	网络视听效果不佳	教学活动质量不高	无法形成有效互动	无法准确了解学习状态	其他
学校自建				√	√	
职教云	√	√		√	√	
腾讯会议				√	√	
腾讯课堂				√	√	
钉钉					√	
学习通/超星尔雅			√		√	
中国大学 MOOC			√			
雨课堂/学堂在线					√	
学银在线			√			
ZOOM			√			√
微信（企业版）					√	
QQ					√	

第二节　数字化资源与学习环境创设

1. 什么是数字化资源？

数字化资源是指经过数字化处理，依据学习者特征进行编辑的，可以在多媒体计算机上或网络环境下供学习者自主、合作学习且可以实现共享的多媒体材料，如微课、慕课等线上课程或视频、音频等扩展素材。中国大学 MOOC 如图 2–4 所示。

图 2–4　中国大学 MOOC

以微课为例，微课是常见的半结构化、主题式的新型教学资源[1]，是按照认知规律，运用信息技术呈现的碎片化学习内容、学习过程及扩展素材。微课的本质是课堂教学短视频（课例片段），包含与该教学主题相关的教学设计、课件素材、教学反思、练习测试及学生反馈、教师点评等一系列辅助性教学资源。微课的主要特点是：教学时间短、教学内容少、资源容量小、资源情景化。

（1）教学时间短。根据学生认知特点和学习规律，微课的时长一般为 5~8 分钟，最长不超过 10 分钟，也可以称之为课例片段或微课例。

（2）教学内容少。微课是为了突出课堂教学中某个知识点（如教学的重点、难点）的教学，内容或是反映课堂中的某个教学环节，或是与教学主题相关的教与学活动，又可以称为微课堂。

（3）资源容量小。微课及配套辅助资源的总容量较小，一般在几十兆左右，视频格式是支持网络在线播放的流媒体格式（如 rm、wmv、flv 等）。在线观摩课例、查看教案、下载保存到终端设备（如笔记本电脑、手机、MP4 等）时，由于

---

[1] 邱昭良博士. 一张图告诉你：什么是微课？[EB/OL]. [2021–12–09]. https://v.qq.com/x/page/t0886r48sud.html.

容量小，方便、流畅，也适合教师观摩、评课、反思和研究。

（4）资源情景化。微课选取的教学内容一般主题较为突出、教学目标明确、素材相对完整，包括教学设计（包括教案或学案）、多媒体素材和课件、教学反思、学生反馈及专家点评等相关教学资源，是一个情景化的主题单元资源包。

2. 如何创设数字化资源？

数字化资源的创设涉及教师的信息化素养，下面以微课制作为例[①]，介绍创设数字化资源的一些基本方法和涉及的常用工具。需要注意的是，无论采取什么方法制作微课，首先要针对微课的知识点，进行详细的教学设计，形成教案；其次要搜集相关教学素材，为制作 PPT 课件、教学活动视频等做准备。

（1）方法一：DV、DC 拍摄。

难度指数：★☆（需要有 DV 设备，拍摄者会使用视频处理软件）。

工具与软件：DV/DC、麦克风、黑/白板、粉笔、其他教学演示工具。

方法：使用 DV/DC 对教学过程进行录制。

注意：使用视频处理软件（如会声会影）后期进行处理，加上片头文字，对视频进行编辑和美化。

注：DV 是数码摄像机，DC 是数码相机。

（2）方法二：智能手机拍摄。

难度指数：☆☆（手机有足够的存储空间，拍摄者会使用视频处理软件）。

工具与软件：智能手机、白纸、笔、相关教学演示文案。

方法：使用智能手机对教学过程进行录制。

注意：可在他人帮助下进行拍摄，也可使用"方法一"中的黑/白板进行录制。

（3）方法三：录屏软件录制（推荐）。

难度指数：★★☆☆☆（操作简单、生动形象）。

工具与软件：电脑、麦克风、录屏软件、PPT 软件。

方法：使用 PPT 制作软件制作 PPT，再使用录屏软件进行讲解录制。

录屏软件的选择：Camtasia Studio v6.0.3，傲软录屏（ApowerREC）。

（4）方法四：可汗学院模式录制。

难度指数：☆☆（会使用相关绘图软件及手写板）。

工具与软件：电脑、麦克风、录屏软件、手写板、画图工具。

方法：通过手写板和画图工具对教学过程进行讲解演示，并使用录屏软件录制。

工具与软件：绘图软件 SmoothDraw、汉王手写板。

---

① 微课的快速制作方法［EB/OL］．［2021-12-09］．https://www.iqiyi.com/v_19rxgg1iyk.html.

（5）方法五：其他自由组合方法。

老师可根据自己熟悉的方法进行微课录制，也可以将相关素材交给公司加工优化。

录制好的微课还需要进行后期的编辑美化，如后期配音、切分、合并、封面封底制作、扩音等。

3. 教师需要具备哪些数字化教学能力？

数字素养是由信息素养发展演变而来的。1974 年，保罗·祖科夫斯基（Paul Zurkowski）首次提出"信息素养"的概念，将信息素养定义为运用信息工具解决问题。约拉姆·艾希特–阿尔卡莱（Yoram Eshet–Alkalai）提出的数字素养概念，认为教师的数字素养应该包括五个方面：图片/图像素养、再创造素养、分支素养、信息素养、社会情感素养，这些素养是教师开展数字化教学能力的基础。

数字化教学能力包括信息化环境下教学的设计能力、开发能力、实施能力、评价能力、管理能力、研究能力（信息技术与专业课程深度融合）。欧盟教育和文化总局以数字资源设计、教学实施、教学评估、学习者为中心，详细阐述了如何设计、实施和评估教学，并指出数字技术在以学习者为中心的教学方面的潜力，确定了教师应具备的数字化教学能力框架。

从"了解与应用数字技术""选择与开发数字资源""制定教学策略与设计教学活动""选择评价策略与设计评价方法""促进学习者参与教学与自主学习""促进学习者参与教学与自主学习""培养学习者协作与探究学习的数字素养"六个领域的相关观测点，本土化欧盟教师数字素养框架，构建职业院校教师数字化教学能力框架，如图 2-5 所示。

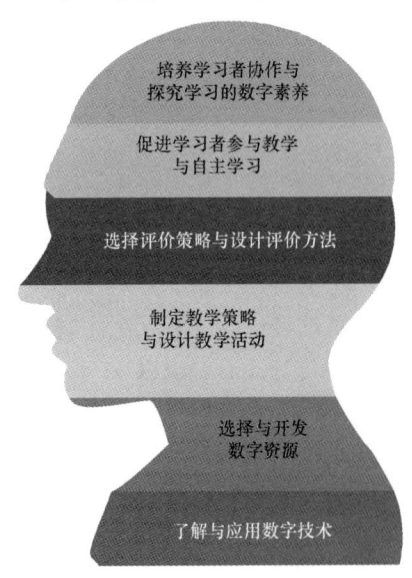

图 2-5 教师数字化教学能力框架

（1）了解与应用数字技术。这个领域具体包括利用数字技术"思政育人"的能力、通过数字技术交流沟通的能力、利用数字技术专业合作的能力、通过数字技术反思实践的能力等四个能力观测点。

（2）选择与开发数字资源。这个领域具体包括选择适合教学目标、学习偏好、教学策略、教学场景的数字资源的能力，修改和创造数字资源的能力，管理和共享数字资源的能力，熟悉数字资源使用规则的能力等四个能力观测点。

（3）制定教学策略与设计教学活动。这个领域具体包括使用数字技术设计教学活动的能力、利用数字技术互动与指导学习的能力、使用数字技术促进自主学习的能力、使用数字技术促进协作学习的能力、利用数字技术促进探究学习、促进混龄学习的能力等六个能力观测点。

（4）选择评价策略与设计评价方法。这个领域具体包括利用数字技术制定教学评价（包括形成性评价与终结性评价）策略的能力，使用数字技术收集并分析学习数据的能力，利用数字技术收集并分析多方反馈的能力，持续改进教学设计的能力等四个能力观测点。

（5）促进学习者参与教学和自主学习。这个领域具体包括促进学习者平等获取资源的可达性和包容性的能力，因材施教满足学习者多元化需求的能力，使用数字技术培养学习者积极性和思辨性的能力，利用数字技术培养学习者持久性和创新性的能力等四个能力观测点。

（6）培养学习者协作与探究学习的数字素养。这个领域具体包括培养学习者搜索、组织、分析和归纳信息的能力，使用数字技术交流与协作的能力，在学习活动中使用数字技术的能力，在学习活动中创作数字内容的能力，应用数字技术解决学习问题的能力等五个能力观测点。

第三章

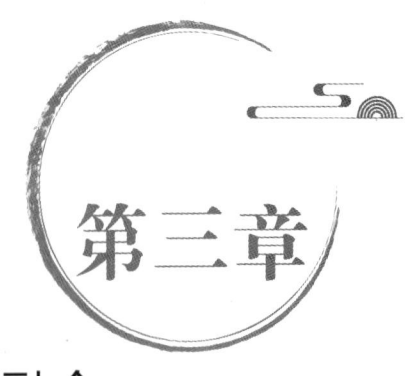

信息化教学设计与评价的融合

无论是从教学理念、教学目标、教学资源，还是教学方式、教学过程来看，技术革命都引发了教学形态的变革，颠覆了传统的课堂教学形式，将学习的时空和方式无限拓展，重新定义了教学。教学是教与学的统一，学习者在线上学习环境中对教学资源注意力的持续时间存在着个体的差异性和群体的趋同性，这就需要教学空间隔离的线上教与学的设计应该也必须是师生互动、生生交互的。无论是行为主义、认知主义，还是建构主义，教学策略需要适应、更需要激发学生的自主型、协作型和探究型的学习能力，当然也需要教学评价策略的支持。

第一节 学生学习风格与学生学情

1. 学生的学习风格有哪些？

科尔布（Kolb）认为，学习风格是一个人偏好的感知与加工信息的方法，完整的学习过程包含了具体经验—反思观察—抽象概括—主动实践四个阶段，不同的人在学习风格上存在个体差异，不同学习风格的人对于各个阶段的偏好不一样，在各个阶段的学习效果也有不同。科尔布的经验学习圈理论，将学生的学习分成了四种不同的学习风格，如图3-1所示。

图3-1 学习周期与学习风格类型

（1）顺应型（Accomodating）。顺应型风格的主要学习能力是具体经验和反思观察，具有这类学习风格的人喜欢与人合作来完成任务，设定目标为完成一个项目会尝试不同的方法。他们喜欢将课堂中学到的知识运用到新的环境中去解决实际的问题，在诸如任务单的教学情境中表现良好。这种类型学习者的典型问题是"如果……会怎样"。

（2）发散型（Diverging）。发散型风格的主要学习能力是主动实践和反思观察，具有这类学习风格的人有广泛的兴趣，喜欢收集信息，开放地倾听别人的观点。他们善于多角度观察具体情境，在小组活动，如"头脑风暴"等需要产生大量想法和创意的教学活动中表现较出色，这种类型学习者的典型问题是"为什么"。

（3）聚合型（Converging）。聚合型风格的主要学习能力是抽象概括和主动实践，具有这类学习风格的人喜欢用实验验证新想法，喜欢模拟、试验以及实际应用操作。他们善于发现思想和理论的实际用途并找到解决问题的方案、进行决策，在诸如项目式的教学情境中表现良好。这类型学习者的典型问题是"怎么样"。

（4）同化型（Assimilating）。同化型风格的主要学习能力是抽象概括和具体经验，具有这类学习风格的人对理论和抽象的概念感兴趣，喜欢阅读、听讲座，喜欢探索和分析理论模型。他们善于把大量的信息变得简练而有逻辑性，在诸如讲授式的教学情境中表现良好。这类型学习者的典型问题是"是什么"。

2. 为何要对学习风格分类？

教学是"教"与"学"的统一。"教"的目的是"学"，对学习风格分类，可以帮助教师从"学"的角度确定不同的教学策略，有效提升学习产出效率、实现教学目标。如选取技术支撑，从微课、案例、背景资料、参考素材、练习题库、拓展材料到知识地图，通过筛选、修改、创造、开发、管理、共享教学资源，创设不同的教学场景，通过不同的教学活动设计适应学习者的学习风格，激发学生开展自主型学习、协作型学习和探究型学习。

3. 什么是学生学情？

学情是指与学生生活、学习相关的一切因素，包括学生的学习态度、学习基础、学习习惯、学习能力、兴趣爱好、家庭环境、年龄特征等。了解学生学情需要了解与学生生活、学习相关的一切因素吗？当然不是，我们需要了解的是能够影响和制约学生学习的那些关键因素，包括学生的知识结构、学习动机、学习习惯、学习环境、思维特点、沟通能力等，简而言之，就是全面系统的学习差距。

4. 如何洞察学生学情？

我们通过学情分析洞察学生学情。学情分析是教学设计中"影响学习系统最终设计"的重要因素之一。现代教学设计理论认为，研究学生的学习需求、能力水平和认知倾向，尊重学生的学习差距，"为学习者设计教学"，唤醒学生学习的内在动机，才能更有效地达成教学目标。学情分析通常分析两部分的内容，学生学习的起点状态和潜在状态。学习起点状态分析主要从二个维度展开：知识维度，即认知基础；技能维度，是指学生已有的学习能力；素质维度，指学习态度、学习习惯、意志品质等。学习潜在状态分析主要是指学生未来可能的发展，目的是帮助教师确定采用何种教学方法促进学生完成学习任务。通过学习调查和课堂观察，研制学情分析问卷、学生对话模板、学情课堂观察记录表等分析工具，从学生视角分析学生学习过程、学习风格，才能让学情与教学目标的预设、教学重点难点的设定、课堂教学活动的组织、师生与生生互动的实施成为一体。

第二节　教学设计逻辑与教学评价

1. 什么是教学设计？

教学设计是根据课程标准的要求，学生学情、学习风格的特点，将教学诸要素有序安排，确定合适的教学方案的设想和计划。教学设计一般包括教学目标、教学重难点、教学方法、教学步骤与时间分配等环节。

教学设计应注意适应学生记忆的有限容量原理，特别是线上教学，应激发学生的学习兴趣，赋能学生的学习动机。如，华东师范大学的王小明教授归纳总结出的三种教学策略，能够对学生的行为投入活动（如点击屏幕、参与讨论、发出弹幕、绘制思维导图、展示学习成果等）与心理投入活动（如注意教学重点与难点、建立新旧知识的关联、构建新知识的内在逻辑关系等）产生正向的积极引导作用。第一种是剔除策略，即删除在线教学中与教学目标无关的文字、图片、动画、视频、音频等内容。第二种是分隔策略，即将较长的教学视频分隔成若干较短的片段后逐一呈现。第三种是卸载策略，即要求学生在观看连续播放的直播视频时做笔记，以便将相关的在线教学内容"卸载"到外部储存媒介上。上述三种策略可以减轻学生记忆暂时保存和加工信息的负担，但教师不能将这些策略教条性地看作是一种经典秘籍而机械地套用。

2. 怎样实施教学设计？

教学设计通常要从"为什么学"入手，确定学生的学习需要和教学目标；根据教学目标，确定具体的教学内容，即"学什么"；要实现教学目标，需要采用什么策略使学生掌握教学内容，即"如何教"；结合采用的教学策略，需要设计什么样的教师活动和学习活动使学生达到教学目标，即"如何学"；最后对教学的效果进行全面的评价，以改进教学环节，提升教学目标的达成度，满足学生的学习需求，即"学得如何"。

（1）为什么学？教学目标设计。

① 教学目标的定义。教学活动是以教学目标为导向，且始终围绕实现教学目

标而进行的活动。教学目标是关于教学将使学生发生何种变化的明确表述，是指在教学活动中期待学生获得的学习结果。教学目标可以分为三个层次：一是课程教学目标；二是课堂教学目标；三是育人成才目标。通常，"教学目标"指的是课堂教学目标，也是我们本节所指的教学目标，包括知识、技能、情感和素养。

本杰明·布鲁姆（Benjamin Bloom）将教学目标分为认知领域、动作技能领域和情感领域三大领域，每个领域的目标由低到高分成若干层次。

认知领域（Cognitive Domain）。本杰明·布鲁姆在1956年提出，认知领域的目标包括六个层次：识记、理解、运用、分析、综合和评价。

动作技能领域（Psychomotor Domain）。辛普森（E.J. Simpson）在1972年提出，动作技能领域教学目标分七个层次：知觉（感觉、辨认、观察、意向）、定势、指导下的反应、机械动作、复杂的外显反应、适应、创新。

情感领域（Active Domain）。克拉斯沃尔（D.R. Krathwohl）等在1964年提出，情感领域的教学目标分为五个层次：接受、反映、形成价值观念、组织价值观念系统、价值体系个性化。

通过解读课程标准、研读课程教材、确定教学目标、确定教学的重点、难点；通过学情分析，确定教学的起点和策略。教学目标应该是具体、清晰、可操作、可监控的，需要把握行为主体、行为动词、行为条件、行为标准四个要素，即体现：谁（学习者）；做什么（可观察到的学习行为）；在什么条件下（支持学习的环境）；做到什么程度（行为的标准）。

行为主体是指教学目标描述的是学生的学习行为而不是教师的行为，不用描述教学程序或活动安排的句式表述，如"使学生……""让学生……"以及"提高学生……""培养学生……"等描述。而用"能认出……""能描述……"以及"能……设计"表明达成目标的行为主体是学生的句式表述。

行为动词是指教学目标要采用可观察、可操作、可检测的行为动词来描述。"了解""掌握""知道""熟悉"等难以观察到的、仅表示内部心理过程的动词，因为难以测量、无法检验所以不使用。应该使用"能认出""能探究""能描述""会栽培""会写出"等易于观察、便于检验的行为动词。

行为条件是指需要表明学生在什么情况下或什么范围内完成的指定的学习活动。如"用所给的材料探究……""通过自行设计完成实验或体验……"等。

行为标准是指学生对目标所达到的表现水准，用以测量学生学习结果所达到的程度。如"能准确无误地……"，便是对"认出植物种子的结构"的要求程度；"能详细地……"便是对"写出观察记录"的要求程度，是对目标水平的限定，便于检测。

② 教学目标与教学环节。这两者之间可以是一对一的关系，即对应着教学过程中的某一个教学环节；也可以是一对多的关系，即对应着教学过程的某几个教

学环节。

(2)学什么?教学重难点设计。

教学重点是学生必须掌握的基础知识与基本技能,是基本概念、基本规律及核心内容的反映。教学难点是学生不易理解的知识,或不易掌握的技能技巧。难点不一定是重点,但有时难点又是重点。重点要结合课程标准来确定,而难点要根据学生学情来确定。

(3)如何教?教学方法设计。

教学方法包括教师教的方法(教授法)和学生学的方法(学习方法)两个方面,是教授方法与学习方法的统一。作为一个经验主义者和实用主义者,约翰·杜威(John Dewey)提出五步教学法,"五步"可以概括为情境、问题、假设、推论、验证。五步教学法所体现的不仅仅是教学方法的变革、也不仅仅是教学论的变革,而是"做中学"教育观念的变革。爱德加·戴尔(Edgar Dale)的学习金字塔理论认为,学生的学习分为主动学习和被动学习,无论何种形式的学习,学习保留率呈金字塔分布,如图3-2所示。不同的学习方式有不同的保留率,教学场景应趋向提升学习保留率的教学方法,才能实现教与学的统一。

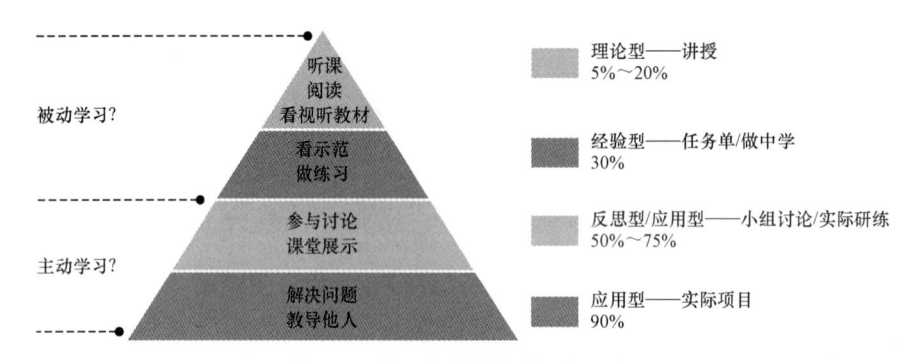

图3-2 学习金字塔与学习保留率

教学方法设计要结合教学目标、学情分析(特别是学生的学习风格)、教学内容、教学的重点与难点等要素进行综合设计。教学方法的设计,可以依据教学目标选择、教学内容特点选择、学生学习风格选择,也可以根据教学环境条件选择,甚至是依据教师的自身素质选择,如图3-3所示。无论是讲授式的教学情境、项目式的教学情境、讨论式的教学情境、任务单的教学情境;还是案例教学法、演示教学法、体验式教学法,如角色扮演教学法、模拟实验和游戏教学法等,或者合作式教学法、探究式教学法等,教学方法的设计虽然有约定俗成的诸多范式,但没有唯一的模式。教师可以搭建学习"脚手架",减缓学生学习起点状态和预期终点状态的学习陡度,唤醒学生的学习自信;也可以通过可视化的信息、故事化的主题、挑战性的活动、多维度的练习、多样化的反馈,构建学生的学习"加油库"。总而言之，正如教学"三法"所描述的：教学有法，教无定法，贵在得法。

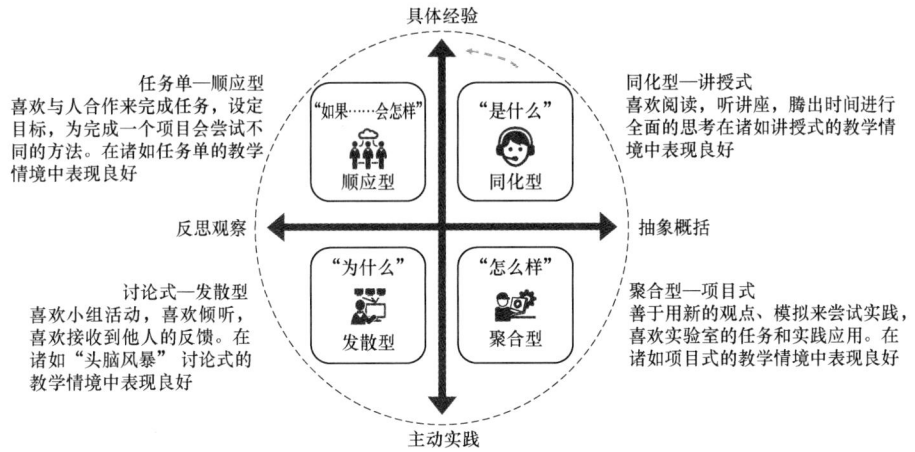

图 3-3　学习风格与教学情境

教学方法设计的重点是构建"做中学""学中练""练中会"的探究型学习场景。尊重学生认知的不同，为知识而设计、为技能而设计、为动机而设计、为习惯而设计、为环境而设计、为评估而设计，教学的过程尽可能是知识、技能、情感展示而不是灌输，同时设置学习阻力，特别是小组讨论、辩论、汇报等社交阻力。正如迈克尔·艾伦（Michael Allen）的电子学习 CCAF 模型描述的探究性学习场景：情境（Context）—挑战（Challenge）—行动（Activity）—反馈（Feedback）。

情境是框架和条件，包括一般情境、情绪环境、触发条件、物理环境。情境可以通过下列问题清单逐一确定：进行任务的一般情境是什么，工作流程怎么样，使用频率如何（一般情境）？学习者是否会面临压力，是否会感到厌烦（情绪环境）？触发学习者进行检索和使用知识的条件是什么，什么事情会激发他们这样去做（触发条件）？周围有什么物体，有哪些硬件措施（物理环境）？等等。

挑战是情境内的刺激行动。可以是这样的问题清单：实际的挑战是什么？学习者应该达到的目标或成就是什么？

行动是对挑战的物理反应。假如教师要在微信群进行线上展示，需要创建一个学习场景，可以使用角色扮演，可以进行混合学习，可以做好后续活动和辅助工作。

反馈是对学习者行动的有效性的反思。反馈的方式有很多种，可以通过测试来完成，或者填写反馈表，或者制造一个产品雏形。比如，教学生做饼干，可以让学生做好后拍照反馈等。

导学设计是探究性学习设计的关键，是让"导学"成为一种师生、生生协作建构知识与技能，共同建构价值与素质的交互过程。无论是"指南导学""问题导学"还是"学案导学"，按提出目标—导学探究—巩固练习—达标测试的程序进行，导学设计的本质是实现双目标，是教学显性目标与培养学生自主学习、探究学习能力隐性目标的融合。导学设计的难点主要体现在以下三个方面：一是需要理性制定与教学内容相匹配的讨论策略，如知识架构策略、问题导向策略、互动教学策略等；二是需要坚持开发活动印象类、知识拓展类、收获体验类、样例思考类、创设情境类等系列讨论库；三是需要审慎选择讲授、阅读、指导、任务、讨论、评价等各种教学活动。

（4）如何学？教学步骤与时间分配设计。

教学步骤设计的 BOPPPS 模块化方法。加拿大 ISW 迷你教学的教案设计，提出了有效教学的 BOPPPS 六个步骤，如图 3-4 所示。B（Bridge-in），导言；O（Objective），学习目标；P（Pre-test），先测；P（Participation），参与式学习活动；P（Post-test），后测；S（Summary），总结。教学是科学也是艺术，这六个步骤可以重新排列和组合，如 BPOPPS，即导言—学习目标—先测—参与式学习活动—后测—总结。教学步骤的设计和教学方法设计的原理相同，要结合教学内容，特别是教学的重点、难点，适应教学目标的达成。

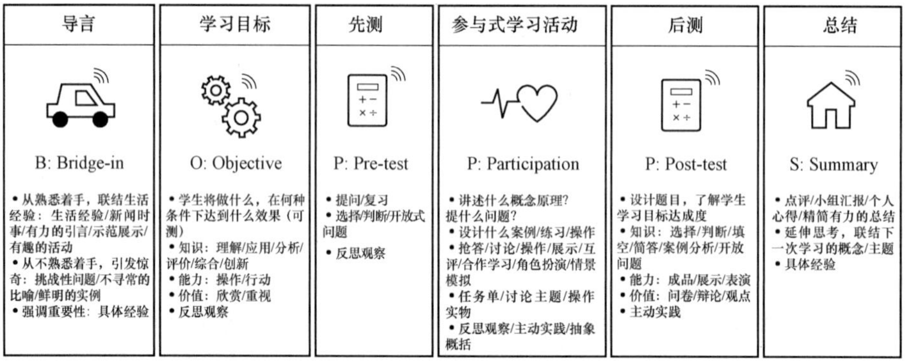

导言	学习目标	先测	参与式学习活动	后测	总结
B: Bridge-in	O: Objective	P: Pre-test	P: Participation	P: Post-test	S: Summary
•从熟悉着手，联结生活经验：生活经验/新闻时事/有力的引言/示范展示/有趣的启示 •从不熟悉着手，引发惊奇：挑战性问题/不寻常的比喻/鲜明的实例 •强调重要性：具体经验	•学生要做什么，在何种条件下达到什么效果（可测） •知识：理解/应用/分析/评价/综合/创新 •能力：操作/行动 •价值：欣赏/珍视 •反思观察	•提问/复习 •测评/判断/开放式问题 •反思观察	•讲述什么概念原理？提什么问题？ •设计什么案例/练习/操作 •抢答/讨论/操作/互评/合作学习/角色扮演/情景模拟 •任务单/讨论主题/操作实物 •反思观察/主动实践/抽象概括	•设计题目，了解学生学习目标达成度 •知识：选择/判断/填空/简答/案例分析/开放式问题 •能力：成品/展示/表演 •价值：问卷/辩论/观点 •主动实践	•点评/小组汇报/个人心得/精简有力的总结 •延伸思考，联结下一次学习的概念/主题 •具体经验

图 3-4　有效教学的 BOPPPS 六个步骤

教学时间分配的"四要"原则。按照 BOPPPS 模块化的方法根据教学内容来设计教学时长是有效的方法，在具体分配教学时间时注意四个"要"：一是要分析教学目标，教学行为不仅为目标服务也为教学效率服务；二是要分析教学内容，教学时间才会有的放矢；三是要分析学生学情，教学时间的分配才会更加符合培养学生的目的甚至达到艺术的境界；四是要分析学生个体差异，教学时间的分配才能更加均衡，更加符合学生的主体行为。

教学时间分配的"黄金分割"原理。有一些教育专家把"黄金分割"原理引用到课堂教学的时间分配设计，即教师的主导活动时间和学生独立主体活动时间采用黄金分割比例，如以 40 分钟的一节课为例，教师主导活动时间为 25（40×0.618=24.72≈25）分钟，学生的独立主体活动时间为 15［40×（1-0.618）=15.28≈15］分钟，但具体在各个教学环节中如何分配，应该把决定权交给教师。

马修·加略特（Matthew Gailliot）认为，自我控制是一种有限的并且可以耗竭的资源。教学步骤与时间分配设计就是帮助学生们克服情绪化的学习习惯或学习动机，按步骤、结构和重要性达成预定的教学目标，始终愿意继续前行。

（5）学得如何？学习成果评价设计。

学生学习成果评价的主体包括学生、教师、同伴、企业。怎样识别并评价学生的课堂学习成果？朱莉·德克森（Julie Dirksen）认为，学习者的学习速度是分层的。知识（概念、技术、工具等）是可以快速学习的，基础结构（文化、动机、价值或人格）的学习是非常缓慢的，技能和态度的学习速度居于两者中间。对于缓慢的学习，教师能做的是尊重学生的基础结构，为学习增加变化，并通过环境创设引导学生学会知识与技能、提升态度与动机。通常可以采用的学生学习成果评价方法和工具，包括但不限于以下几种。

① 形成性评价（Formative Evaluation）。这是指在教学过程中为了解学生的学习情况，及时发现教学中的问题而进行的评价，常采用非正式考试或单元测验的形式来进行。形成性评价的任务是对学生日常学习过程中的表现、所取得的成绩以及所反映出的情感、态度、策略等方面的发展进行评价。通过形成性评价，教师可以随时了解学生在学习上的进展情况，获得教学过程中的连续反馈，为教师随时调整教学计划、改进教学方法提供参考。

② 终结性评价（Summative Assessment）。这是对课堂教学的达成结果进行恰当的评价，指的是在教学活动结束后为判断其效果而进行的评价。一个单元、一个模块或一个学期的教学结束后对最终结果所进行的评价，都可以说是终结性评价，如考试与测验、作品、报告等。

③ 增值评价（Value Added Evaluation）。这也称为附加值评价，是对价值的增长量进行的评判。增值属于经济学概念，是指投入与产出之间的增加量。确切地说，增值评价是以学生的人文底蕴、科学精神、学会学习、健康生活、责任担当、实践创新六个方面的综合素养在原有基础上的变化来判定教师对学生发展产生的影响的一种发展性评价方式。增值评价具有尊重差异、重视起点、关注过程、强调发展四个基本特征，一般运用学业成就测试、个别谈话、成长资料审阅、大数据分析等手段和方式测评每一个学生在原有的基础上的发展程度，让学生成为更好的自己。

④ 学习档案袋（Portfolio Assessment）。这既是一种形成性评价又是一种终结性评价，主要包括个人简介、学习计划、课堂记录、练习测试、评价量表（学生自评、互评量表、小组评价量表）等，是对学生学习过程的全面评价。

⑤ 电子档案袋（E-portfolio）。这是与现代信息技术以及网络技术有机结合的产物，通过图片、视频、音频等方式记录学生学习的全过程，收集学生的作业、试卷等学习成果的形成性评价、终结性以及反思性评价。电子档案袋主要包括个人履历、学业信息（学习任务、学习计划、学习进度、学习绩效）、学习活动记录及作品集、评价信息（课程评价、自我评价反思、他人的评价）等。

线上教学学生学习成果的最终评价，必然是形成性与终结性相结合的评价。线上考试涉及管理与技术双重因素，包括考试平台的选择、考核方案的制定和防作弊措施三大环节，如图3-5所示。特别是防作弊措施，除了诚信教育外，考核方式的确定、考试题目及试卷的安排、考试环境与过程的远程可见、查重检测、考试过程的管理需要融合的技术手段应细尽细。

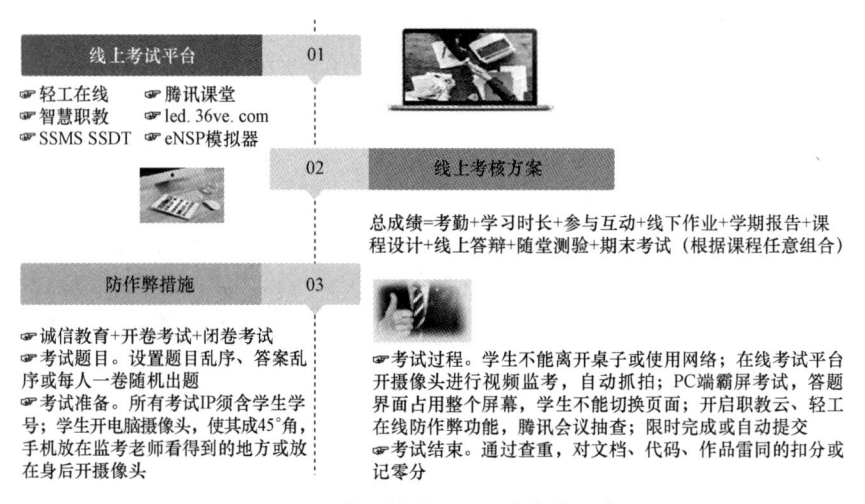

线上考试平台 01
- 轻工在线
- 腾讯课堂
- 智慧职教
- led.36ve.com
- SSMS SSDT
- eNSP模拟器

线上考核方案 02
总成绩=考勤+学习时长+参与互动+线下作业+学期报告+课程设计+线上答辩+随堂测验+期末考试（根据课程任意组合）

防作弊措施 03
- 诚信教育+开卷考试+闭卷考试
- 考试题目。设置题目乱序、答案乱序或每人一卷随机出题
- 考试准备。所有考试IP须含学生学号；学生开电脑摄像头，使其成45°角，手机放在监考老师看得到的地方或放在身后开摄像头
- 考试过程。学生不能离开桌子或使用网络；在线考试平台开摄像头进行视频监考，自动抓拍；PC端霸屏考试，答题界面占用整个屏幕，学生不能切换页面；开启职教云、轻工在线防作弊功能，腾讯会议抽查；限时完成或自动提交
- 考试结束。通过查重，对文档、代码、作品雷同的扣分或记零分

图3-5 线上教学学生评价考核方案

3. 什么是课堂教学评价？

（1）课堂教学评价的变迁。过去的课堂教学评价（建立在前三代教育评价理论基础上的评价）有"浓厚的管理主义倾向"，在理念上侧重于找出教学质量不合格的或教学效果落后的教师并简单地与教师职称晋级及任用挂钩。发展中的课堂教学评价（建立在第四代教育评价理论基础上的评价）主张"引导教师实现自身的教学价值"，在理念上侧重于通过评价反馈对教师授课进行矫正，而不仅简单地与教师职称晋级及任用挂钩。发展中的课堂教学评价既是面向过去的评价，也是面向未来的评价，目的是吸纳教师、学生、同行、督导等所有参评人员共同探讨课堂教学并共享课堂教学经验，协助并激励教师不断提升教学能力，建立自我改进的课堂质量保障机制。

（2）课堂教学评价的内涵。课堂教学评价是依据教学目标对教学过程及结果进行价值判断并为教学决策服务的系列活动,是对课堂教学实施过程中的客体对象所进行的评价活动,是促进学生成长、教师专业发展和提高课堂教学质量的重要手段。课堂教学评价是研究教师的教和学生的学的价值的过程,一般包括对教学过程中教师、学生、教学内容、教学方法手段、教学环境、教学管理诸因素的评价,但主要是对教师教学工作和学生学习效果的评价。

(3)课堂教学评价的主体。第四代教育评价提出,评价应是参与评价的所有人特别是评价者与其对象交互作用、共同构建的过程。课堂教学评价是促进所有参评人员共同探讨课堂并共享经验的服务行为,其最终目的是帮助教师主动依据多元主体评价结果及评价反馈意见,剖析自身差距,改进教学质量,实现自我发展的增值。课堂教学评价是教师、学生、同行、督导等不同主体对教师教学目标达成度、教学组织设计行为、课堂管理行为、沟通交流行为以及课堂教学效果等教学事实的诊断及价值判断。

4. 怎样实施课堂教学评价?

对教师教学工作评价的主体包括教师、学生、同行、督导,通常采用的课堂教学评价工具包括但不限于以下几种。

(1)教学和课程档案袋(Teaching and Course Portfolios)。这是对教师的课程标准、教学进度表、教案PPT等教学必备材料的综合评价以及对学生学习过程信息的统计汇总。

(2)课堂观察(Classroom Observations)。这包括从课堂中观察的信息分析课堂教学情况、课堂中反映的学生学习和班级建设情况、课堂中体现的学校教学基础管理情况。

(3)反馈备忘录(Reflective Memo)。这是提供给教师的反馈性文档,包括教师的课程由谁评价、何时被评价、如何被评价,以及特定课堂中存在的问题。

(4)部门教学研讨(Departmental Teaching Seminars)。这是教师之间在教研活动中交换教与学意见的方式。

(5)辅导和指导(Coaching and Mentoring)。这是以小组或个体的方式促进教学发展的互动,如"集体听课"。

(6)外部同行评议(External Peer Review)。这是将教师的课程标准、教学进度表、教案PPT等教学必备材料送往同领域的专家学者进行的评价。

(7)自评报告(Self-evaluation Report)。这是教师提供的自我反思文档,包括反思教学的投入、课程讲授的内容、教学的组织形式、教学的方法、教学采用的技术等对学生学习的有效性。

特别要强调的是作为评价主体的教师自评[①]。不可否认的是，自评首先是一种课堂教学改进工具，是落实课堂教学质量保障主体责任的重要抓手。通过自评，学生、督导、同行"三方"评教数据的提升更加有抓手。其次，自评是一种教师专业成长工具，是养成课堂教学反思文化，是回归教学本真的重要举措。通过自评，教师可以转换教学方法、丰富教学手段、提高教学组织能力，使教学竞赛、公开课等有基础。最后，自评是一种"思政育人"引导工具。持之以恒地坚持实施自评，教育者先受教育，化春雨润物细无声，推进学校课堂教学高质量发展。探索"轻度自评""中度自评""深度自评"并举的分类自评范式，给不同授课阶段、不同类别的被评价教师以更多"自我评价、自我反思、自我改进、自我发展"的可能性，如图3-6所示，引导老师们"坚持在平凡的自评中做出不平凡的坚持"，培养教师们"能反思、懂自评、善育人、精说课"，为建设优质课堂注入新的活力。

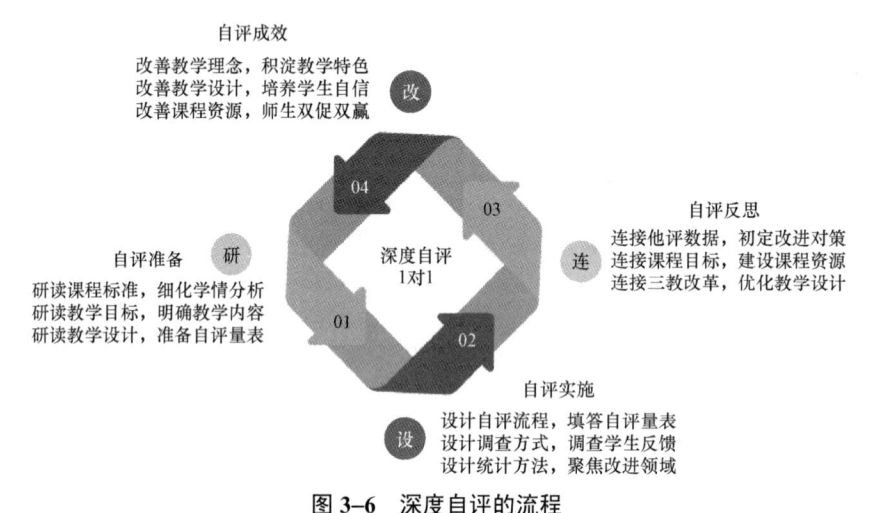

图3-6 深度自评的流程

※高职学生线上学习偏好画像※

"广东省线上教学研究与实践课题组"在2021年3月面向广东省高职院校组织了"线上教学学生学习行为调查"。调查内容包括两大部分，一是基本信息，二是调查内容。调查问卷是在初步了解学生线上学习情况的基础上形成的，共30个客观题，包括课前（使用教师选用在线平台的熟悉度、预习时间以及内容偏好）、课中（喜欢参与的教学方法、授课方式、学习活动）、课后（作业形式偏好、作业批改及反馈偏好）、考

---

① 李青等.中国大学MOOC:让课堂教学自我改进更轻松——"教师自评"组织实施过程[EB/OL].[2021-12-09]. https://www.icourse163.org/course/1304GDQY012-1454008172?outVendor=zw_mooc_pclszykctj.

核评价及整体满意度四个方面。采用李斯特五级问卷调查法，从非常同意到非常不同意分为五个等级。

参与调查的学生共 6 000 人，其中回复的有效问卷 5 724 份，其中，男生 2 543 人、女生 3 181 人；户籍来自农村的 3 407 人，来自县城的 875 人，来自城市的 1 442 人；大一学生 3 248 人，大二学生 1 873 人、大三学生 603 人；班级人数多于 60 人的 516 人，40～60 人的 3 716 人，25～40 人的 1 492 人。

调查结果显示：83.3%的学生不需要老师指导就可以在学习平台或教学平台开展学习，学生们倾向于按老师的学习指南的指引进行预习，预习时间希望控制在 30 min 之内，更倾向于预习时长控制在 5～10 min 或 10～15 min 的课件、音频、视频资料等。

调查结果分析：超过 50%的学生喜欢的线上教学方法包括隔屏讲授、教学演示和案例教学；15%左右的学生喜欢项目教学、分组讨论的学习活动，5%～10%的学生喜欢角色扮演、作品展示等学习活动。对于线上教学的互动方式，学生偏好于投票、弹幕、抢答、发帖等。超过 65%的学生希望老师课下的助学活动包括推送学习资源、在线辅导答疑、发布在线测试并反馈结果排序。学生愿意在线完成作业并希望作业时间最好控制在 30～60 min。遇到学习困难，学生会第一时间上网搜索或向同伴求助。对于作业的反馈，学生希望老师最好能根据错题有针对性地辅导或者在课堂集中总结反馈。学生更倾向于能有不同的老师分段组合上课，这样注意力会更集中。

对于理论课，学生认为线上教学和线下教学差别不大，线上教学教师提供的资料和回看功能能更有效地提高学习效率和学习深度。对于成绩评价方式，学生更喜欢更为全面的过程性评价。

调查结论与建议：一是学生的信息素养普遍较高；二是按照库伯的学习风格理论，高职院校大多数学生的学习风格倾向于顺应型与发散型，较为适合讲授案例的教学情境、项目式的教学方法。针对学生学习风格，对教师线上教学的设计有如下建议：一是明确设置教学目标，教学步骤的设计可以参照加拿大 ISW 迷你教学的教案设计框架，即 BOPPPS 六个步骤；二是参与式教学是教学设计重点，宜采用适应学生学习风格的教学场景与教学方法。

李青、王妍、夏喜连

第四章

线上教学设计案例

教学设计无处不在,又总是随历史前行。教学设计需要结合线上教学的学习行为,研究教学活动设计对学生参与学习活动促进的有效性。从一门课程、一个模块、一个章节到一堂课[①]的教学设计,20 位教师 20 个案例,云端聚"教",化战"疫"危机为提"质"契机。从学情分析到教学目标,从教学设计到课后反思,案例展示了线上教学的德育之美、设计之美、感悟之美。

线上教学的教学设计同样遵循教学设计的普遍规律,需要厘清教学的规范术语。人才培养目标、课程目标、教学目标,教学内容、重点难点、教学策略、教学方法、教学活动、教学手段、教学目的……看似简单的教学术语,都有其科学的内涵以及内涵之间的逻辑关系。重塑教学、再定义课堂教学,培养学生自主学习、协作学习、探究学习的数字化素养,帮助学生学会、学懂、学通、学透课程的核心知识、关键技能,塑造学生的价值品格,这把教学秘匙完全掌握在每个教师自己的手中。20 名老师 20 个案例,展示的教学组织设计内容,彰显了职业院校不同专业类型的教师线上教学设计的现状——虽然离完美还有差距,但正在规范化、特色化、精品化的赛道上砥砺前行、履践致远。

第一节 一门课程的教学设计

本节的两篇理工类专业核心课案例,是从一门课程的整体角度设计线上教学的。

每个案例按照授课信息、教学分析(学情分析、教学目标、教学内容、教学重难点)、教学策略及流程(教学方法、教学手段、教学资源、教学实施流程)、教学实施过程(课前、课中、课后三阶段,教学目的、教学内容、学生活动、教师活动、课程思政元素、信息化资源和手段六要素)、教学考核与评价、教学反思六个模块详细介绍教学设计的整体思路。

---

① 不同学校一节课时间不同,有的是 40 分钟,有的是 45 分钟。

案例 1

主讲教师：易海博

◎ 工作单位：深圳职业技术学院　　◎ 性别：男
◎ 主讲课程：云应用开发　　　　　◎ 教龄：6 年
◎ 职称：副教授　　　　　　　　　◎ 学历：博士研究生

教学感言

古人云："一年之计，莫如树谷；十年之计，莫如树木；终身之计，莫如树人"。教书是个良心活，只有下苦功，不断提升教学能力，才能培养出更好的人才。付出是收获的沃土，关爱是动力的源泉，微笑是学生心目中一缕温暖的阳光，更是学生走向成功希望的阶梯。

教学设计

一、授课信息

【案例名称】云应用开发　　　　　　　　【案例学时】48
【所属课程】云应用开发　　　　　　　　【课程学时】48
【授课班级】2018 级云计算（1）班　　　【授课人数】39
【授课类别】理工类专业核心课
【参考教材】《云计算应用开发技术教程》《云计算平台运维与开发》
【教材类型】国家规划、1+X

二、教学分析

1. 学情分析

（1）知识基础

根据课前在线测试的结果进行分析，学生整体已掌握的知识技能情况如下：

① 已掌握云计算的概念；
② 已掌握私有云的应用形式；
③ 已掌握 Linux 操作系统的虚拟机安装步骤；

④ 能在 Linux 操作系统上安装防火墙和数据库组件；
⑤ 能在 Linux 操作系统上安装基础服务；
⑥ 对云主机与计算、存储的关系理解不够深入；
⑦ 部分云主机的创建方案不能满足企业用户的需求；
根据课前的大数据画像进行个体分析，学生的知识和技能基础如下：
#14 同学对私有云和公有云的区别理解不清楚；
#25 同学的 Linux 的命令行操作不够熟练。

（2）认知能力
根据先序课程的学习数据进行整体分析，学生的整体认知和实践能力如下：
① 根据已学知识，画图绘图的能力较强；
② 开展调研、收集处理信息的能力较强；
③ 团队在线合作完成任务的能力较弱；
④ 从方案设计中发现问题的能力偏低。
根据先序课程的大数据画像进行个体分析，认知和实践能力如下：
#18 同学不太愿意与其他同学合作完成任务。

（3）学习特点
根据教务处和调查问卷数据进行整体分析，学生的学习特点如下：
① 授课班级 2018 级云计算（1）班共 39 人，其中，男生 32 人，女生 8 人，新冠肺炎疫情期间在家进行线上学习，同学之间的交流较少；
② 32.5%的学生是独生子女，团队协作能力比较偏低；
③ 95%的学生非常关注新冠肺炎疫情的进展，希望能将所学的云计算技术应用于疫情防控；
④ 63.3%的学生来自农村，希望学习云计算知识和技术，参与家乡的建设。
根据调查问卷数据进行个体分析，学生的学习特点如下：#20 同学性格比较内向，话不多，沟通意愿不强。

（4）专业特性
① 希望学习有趣、贴合企业实际需求的云计算专业知识，但自主学习能力比较欠缺、方案编制技巧需加强；
② 希望多动手、多实践，对理论知识的学习兴趣较弱。

2. 教学目标

（1）知识目标
① 了解云计算的基本开发语言；
② 理解云计算的开发知识；
③ 掌握云容器开发的基本知识；
④ 掌握云存储开发的基本知识；

⑤ 理解云数据库开发的基本知识；
⑥ 掌握云平台部署的基本知识；
⑦ 掌握云 AI 开发的基本知识。

（2）技能目标

① 能在 Linux 操作系统上部署云计算开发环境；
② 能使用 Python 编程语言进行云计算开发；
③ 能使用 Docker 技术部署和开发云容器；
④ 能使用 HDFS 技术部署和开发云存储；
⑤ 能使用 HBase 技术部署和开发云数据库；
⑥ 能使用私有云技术部署云平台；
⑦ 能在云平台上进行 AI 应用开发。

（3）素质目标

① 建立科技报国的职业理念；
② 养成严谨、专注的职业素养；
③ 增强创新意识和创业能力。

3. 教学内容

本课程属于云计算技术核心课程，是云计算技术与应用专业中一门综合性很强的核心课程，主要内容包括云基础开发、云容器开发、云存储开发、云数据库开发、云部署和 AI 开发五个项目。所有项目的学习任务都安排了对应实践操作，让学生更好地学习和掌握云计算开发的关键技术，培养学生分析和解决实际问题的能力，强化学生的职业道德意识、职业素质素养、工匠精神、劳动精神和创新意识，培养学生科技报国的职业理想，为学生以后从事更专业化的云计算开发工作奠定基础。

4. 教学重难点

（1）教学重点

① 内容。在创建云主机、开发云硬盘、部署云安全的基础上搭建云平台；在开发图像分类、物体检测、人脸识别的基础上，实现监控应用云系统；

② 突出教学重点的方法。教师团队自主研发"云主机创建"等核心任务相关的在线虚拟仿真和可视化实训资源，上传云平台，抹去了硬件差异，学生通过浏览器登录云平台即可完成在线实训；教师团队基于华为云进行二次开发，自研"图像分类实战"等核心任务相关的可视化实训资源，学生通过浏览器可以进行可视化的实训，突出教学重点。

（2）教学难点

① 内容。云部署和 AI 应用开发方案编制的正确性；在线编写代码的能力；

② 突破教学难点的方法。教师编制方案观测清单，学生根据清单分组互评，提升发现、解决问题的能力；教师利用自主研发的在线虚拟仿真和可视化实训资源，提升学生在线编程能力。

三、教学策略及流程

1. 教学方法

（1）任务驱动法

作为广东省科技厅农村特派员，教师团队将在对口扶贫农村的技术服务成果"农村电商云平台的部署""无人机识别农田非法入侵者"等典型应用，作为课后拓展任务，同步渗透劳动教育。

（2）讨论法

通过课堂讲解与讨论、案例分析等促进学生对所学理论的理解和运用，以培养学生实际操作技能。

（3）自主学习法

本课程在教学过程中，提醒学生留意观察生活中接触的云计算开发的相关应用，鼓励其结合生活中熟悉的云计算产品提出问题或假设，在教师引导下，通过分析、推理，使学生自主学习、总结云计算开发的经验，以便增强学生对云计算开发基本理论的理解。

2. 教学手段

（1）利用云实训平台，开展在线 PK 实训；

（2）利用 ProcessOn 云绘图工具，开展在线 PK 画图；

（3）利用腾讯会议、腾讯文档，开展在线教学以及分组评价；

（4）利用区块链系统记录学生学习记录和学习成绩，通过二维码共享学习成果；

（5）利用大数据画像分析学生学情，智能推荐个性化习题，因材施教；

（6）利用云虚拟仿真平台，开展方案编制模拟，突破教学难点。

3. 教学资源

（1）开发可视化实训资源，上传云平台助力云实训

学情分析显示，由于疫情期间在家学习，学生计算机性能有差异，不能支撑实训的有效开展。教师团队自研"云主机创建""图像分类实战"等核心任务相关的在线虚拟仿真和可视化实训资源，上传云平台，抹去了硬件差异。学生通过浏览器登录云平台，即可完成在线实训。

(2)借助云计算和虚拟仿真应用,突破教学难点

鉴于线上教学学生学习自主性较弱,喜欢通过真实任务、实战等方式来获得知识,教师借助腾讯会议、腾讯文档、ProcessOn 在线画图等云计算应用,加强了师生、生生互动,虚拟仿真练习增强体验感,激发学习兴趣,突破教学难点。

(3)"双师+大师+名师"结构化团队,保障教学实施

教学团队年龄结构合理,3 位高级职称,2 位博士学历,1 位省级云计算专业领军人才、教学名师,1 位华为顶级云计算技能大师,拥有华为顶级证书及企业工作经验,保障了教学实施。

4. 教学设计流程

教学设计流程如图 4-1 所示。

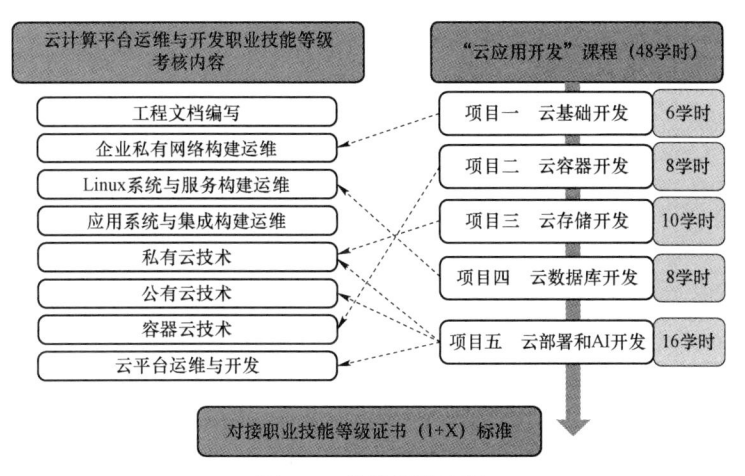

图 4-1 教学设计流程

四、教学实施过程

教学实施过程如表 4-1 所示。

表 4-1 教学实施过程

教学环节	教学内容	学生活动	教师活动	教学目的	课程思政	信息化资源、手段和作用
课前 (60 min)	云主机的创建	完成调研任务和线上测试,并进行云主机方案编制	发布学习和调研任务	能够制定云主机创建的初步方案	通过调研云计算在中国社会发展中的重要性,树立科技报国的理念	利用学习通进行线上自主学习

续表

教学环节		教学内容	学生活动	教师活动	教学目的	课程思政	信息化资源、手段和作用
课中	导言 （B） （5 min）	总结调研情况以及课前学习情况	技能标兵回顾上节课知识	讲解课前学习情况	了解如何创建云主机		利用区块链分享技能标兵的学习成果
	先测 （P） （5 min）	讲解和学习课前测试的错题	学习错题的解题方法	讲解课前测试的错题	了解本次课的重难点		利用学习平台的统计功能，展示易错题
	学习目标 （O） （5 min）	介绍本次课的学习目标	了解学习目标	介绍本次课的学习目标	了解本次课的学习目标		利用大数据统计，展示近几年的学习目标达成情况
	参与式学习活动 1 （P） （15 min） 新知讲解	云主机创建的关键知识和步骤	线上 PK 画图绘制云主机的架构图	通过动画讲解云主机创建的步骤，通过虚拟仿真模拟方案制定	掌握云主机创建的关键步骤	通过线上 PK 画图，绘制云主机的架构图，培养学生追求卓越的精神	利用虚拟仿真、线上 PK 帮助理解云主机的知识
	参与式学习活动 2 （P） （20 min） 方案完善	方案展示、方案点评和方案完善	学生代表展示方案，通过清单进行互评，完善方案	讲解方案中的共性问题，点评方案是否满足企业防疫需求	能够完善云主机的创建方案	通过了解云主机在企业防疫中的应用，筑牢学生的防疫意识	利用腾讯文档、腾讯会议进行分组评价
	后测 （P） （30 min）	登录云实训平台完成云主机创建	登录云实训平台完成云主机创建	实操示范云主机创建的关键步骤	掌握云主机的创建技术	通过动手 PK，完成云主机的创建，支撑企业防疫，筑牢学生的防疫意识	利用云实训平台完成云实训
	总结 （S） （10 min）	总结本次课内容，布置拓展任务	观看教师科技助农的成果	教师展示云主机部署农村电商平台的成果	了解"农村电商云平台的部署"等助农技术成果	通过了解所学知识在农村脱贫攻坚中的应用，树立科技报国的理念	利用无人机、直播设备完成展示
课后 （60 min）		完成拓展任务	分组完成拓展任务，完成个性习题	教师查询学生的活页式电子学习资料，关注个体	能够把完成作品应用于农村的生产生活		通过活页式电子资料帮助学习困难学生掌握教学内容

五、教学考核与评价

针对教学目标，设计多元全过程教学评价体系，如图 4-2 所示。

占比	评价环节	【评价主体】
50%	分组调研	【教师评价】
50%	课前测试	【学习通系统评价】
10%	课堂参与	【教师评价、组长评价】
40%	方案完善	【学生互评】
50%	动手PK	【云平台评价】
50%	拓展任务	【(农村)企业、教师评价】
30%	巩固习题	【智能推荐系统评价】
20%	总结测试	【学习通系统评价】

多元全过程教学评价体系
(过程性考评)
课前20%+课中60%+课后20%

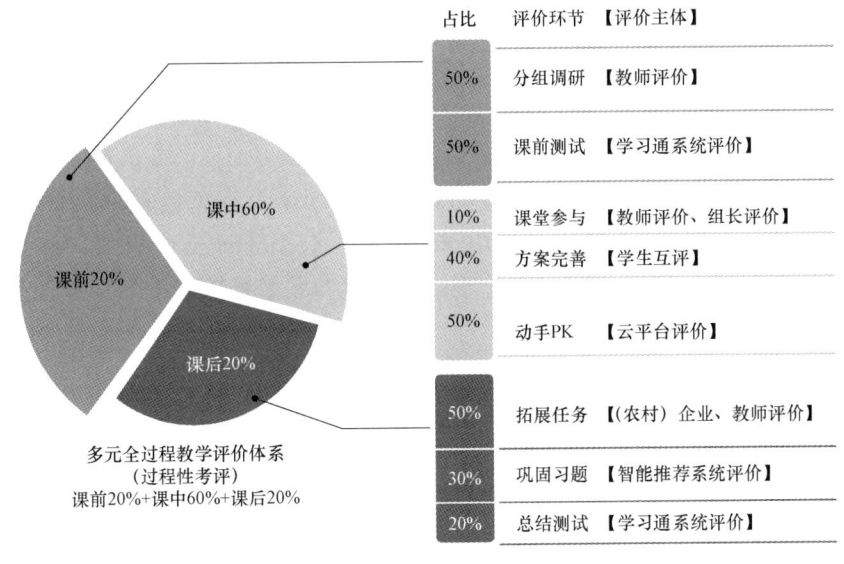

图 4–2　多元全过程教学评价体系

（1）针对"云主机的创建""云硬盘的开发"等任务方案，设计方案观测清单，将方案测评量化，推动生生在线即时互评。

（2）自研区块链系统，学习和评价数据动态上链，学习数据上链后不可篡改、易分享，激励学生努力学习。

（3）自研大数据画像和智能推荐系统，为每位学生提供个性化学习方案，整合个性化活页式电子学习资料，个性问题点对点解决，实现学生个体全覆盖。

六、教学反思

针对新冠肺炎疫情期间在线教学的需求，教学团队探索出"一平台、两链条、双融入"的在线教学实践模式。依托云平台和自主研发的云实训资源和虚拟仿真资源，开展在线实训（一平台）；通过区块链系统和大数据画像，结合人工智能个性化推荐，关注个体因材施教（两链条）；将技术服务和劳动教育融入专业教育，强化科技报国的职业理想（双融入）。

（1）一平台：搭建线上实训平台，助力学生云端实训

教学团队利用公有云技术搭建云实训平台，自研在线虚拟仿真和可视化实训资源。学生不受计算机性能影响，只要使用浏览器登录云平台即可完成实训；在线虚拟仿真让学生身临其境感受实际操作过程，使学生理解并验证所设计方案的合理性、可行性。

（2）两链条：全程学习数据上链，大数据提升个性学习

学情分析显示，学生希望了解所有学习数据，也很关注课上其他同学的学习

情况。基于此学情分析，教师团队自研了区块链系统，形成"记录链"，用于公开学生所有过程性的评价数据，让学生化被动为主动，最大化地掌控自己的学习情况。得益于区块链的特性，学习数据上链后不可篡改，激励学生努力学习；学生可以随时访问区块链上的数据，并可与未来雇主分享可验证的学习记录。

为了更好地关注个体成长，教师团队自研学生大数据画像和智能推荐系统，形成"学习链"。大数据画像用于记录每个任务不同维度的学习数据，根据大数据画像中呈现的知识技能短板，智能推荐系统从题库中为学生推荐个性化的学习方案。

（3）双融入：技术服务到田间，劳动教育进课堂

通过学情分析了解到，班上大部分学生来自农村，希望将所学的云计算知识和技术应用于家乡的建设。教师团队作为省科技厅农村特派员，以本单元的知识技能目标为基础，结合技术服务成果，研发"农村电商云平台的部署""无人机识别农田非法入侵者"等典型案例作为课后任务。学生通过完成科技助农作品，践行劳动精神。通过劳动教育进课堂，传递技术服务社会的价值观，培养学生反哺家乡、科技报国的职业理想。

现有学生大数据画像存在以下两个问题：无法在保护学生隐私的情况下获取个体面部表情数据，进行更多样化的个体分析；针对学生心理情况的数据分析不够客观和精准。

针对性的改进措施如下：利用教学团队自身科研能力，联合华为公司共同研发基于区块链的隐私保护方案，对学生课堂面部表情数据进行脱敏处理，在尊重学生隐私的前提下开展更多样化的个体分析。联合学校心理中心，制定疫情防控常态化教学中学生心理变化的科学评测方案，采集更加客观精准的学生心理数据，提高个体学情分析效果。

【点评】

按照课前、课中、课后三段设计线上教学。教学方法设计的重点是构建"做中学""学中练""练中会"的探究性学习场景。尊重学生的认知差异，为知识而设计、为技能而设计、为动机而设计、为习惯而设计、为环境而设计、为评估而设计，整个教学过程应用信息技术引导学生展示知识、技能和情感而不是强制灌输。

课前（60 min）：应用学习通组织学生线上自主学习云主机创建的知识，初定云主机创建方案。

课中（90 min）：教学步骤设计按照加拿大 ISW 迷你教学的教案设计 BOPPPS 模块化方法，采用的是 BPOPPS 模块化组合。教学时间分配近似"黄金分割"原理。教师主导活动时间为 40 min，学生主体活动时间为 50 min，适应职业院校学生的学习风格。

导言（B），5 min，利用区块链分享技能标兵的学习成果，总结调研情况以及课前学习情况，引出本次课的任务，即创建云主机。

先测（P），5 min，利用学习平台的统计功能，讲解和学习课前测试的错题，展示易错题。

目标（O），5 min，介绍本次课的学习目标，利用数据统计图表，展示近几年的学习目标达成情况。

课中参与式学习活动（P），课中参与式学习活动 1，15 min，讲解学习云主机创建的关键知识和步骤，利用虚拟仿真、线上 PK 帮助学生理解云主机的知识，突破教学难点；课中参与式学习活动 2，20 min，应用腾讯文档、腾讯会议进行分组讨论、同伴互评，展示、点评、完善云主机创建的方案，突破教学难点。

后测（P），30 min，利用云实训平台完成云主机创建任务，突出教学重点。

总结（S），10 min，利用无人机、直播设备展示云主机创建成果，引出拓展任务。

课后（60 min）：完成拓展任务，一方面对学生进行个性化提升，因材施教；另一方面通过提供活页式电子学习资料，帮助学习困难学生对教学内容有更深入的理解。

案例 2

主讲教师：王吉峰

◎ 工作单位：广州铁路职业技术学院　　◎ 性别：男
◎ 主讲课程：变配电所运行与维护基础　◎ 教龄：6 年
◎ 职称：副教授、高级工程师　　　　　◎ 学历：本科

教学感言

结合多年企业一线经历，将"变配电所运行与维护基础"课程教学任务与变电所现场设备有机结合，全方位、多视角融入实体设备，保持教学一致性；将我国电气设备制造业的科技进步贯穿课程内容全过程，将责任感、使命感、执行力融入每节课堂，传递给每一位学生；学生综合素质的不断提高，就是对老师的最高褒奖。

教学设计

一、授课信息

【案例名称】变配电所运行与维护基础　　【案例学时】112
【所属课程】变配电所运行与维护基础　　【课程学时】112
【授课班级】2018 级（2）铁道供电班　　【授课人数】49
【授课类别】理工类专业核心课
【参考教材】《高速铁路变电所运行与维护》《电气化铁路牵引供变电技术》
【教材类型】国家规划

二、教学分析

1. 学情分析

（1）知识基础

根据前导课程"电工与电子技术""电工仪表实训""电机与电气控制技术"等的学习及相应的测试结果分析，学生整体已掌握的知识和技能情况如下：

① 已理解电压、电流、电功率的基本概念；
② 已掌握欧姆定律、基尔霍夫定律，并能用电路等效化简方法、支路电流法、节点电压法等分析电路；
③ 已理解模拟电路的基本原理与应用，具备数字电路基础知识；
④ 已掌握常用电工仪表的使用方法；
⑤ 会进行电压、电流、电功率、电能及电阻、电感和电容的测量；
⑥ 已掌握直流电机的工作原理和启动特性；
⑦ 已掌握变压器的结构及工作原理；
⑧ 已掌握异步电机的结构及起动、制动和调速方法；
⑨ 已掌握常用低压电器的结构、工作原理及应用；
⑩ 能对基本电气控制电路的原理进行分析。

根据前导课程学习、测试的大数据进行个体分析，学生的知识和技能情况如下：

#9同学对变压器的联结组别及对应的相量图理解不清楚；#23同学对电气控制电路的分析方法不熟练。

（2）认知能力

根据前导课程学习与测试数据分析，学生的整体认知和实践能力如下：
① 常用电工仪表的操作使用能力较强；
② 团队协作共同完成工作任务的意识较好；
③ 分析电气控制电路图原理的能力较弱；
④ 发现问题、解决问题能力偏低。

根据前导课程学习与测试数据分析，学生个体认知和实践能力差异如下：

#15同学团队合作意识淡薄，不太愿意与其他同学合作完成任务；#42同学系统理解能力偏弱。

（3）学习特点

根据教务处和调查问卷数据进行整体分析，学生的学习特点如下：
① 2018级（2）铁道供电班共49人，其中男生46人，女生3人，新冠肺炎疫情期间采用线上授课，同学之间、同学与老师之间缺少交流；
② 71.8%的学生来自农村，30.8%是独生子女，整体沟通交流能力不强；
③ 学生来自全国各地，立志学好专业知识，为交通运输产业发展出力。

根据调查问卷数据进行个体分析，学生的学习特点如下：

#12同学很少与其他同学交流，性格内向，须格外关注；#3同学应用职教云平台不够熟练。

（4）专业特性

① 轨道交通行业特点突出，供电方式与电力系统差异较大；

② 理论知识理解难度较大，实操练习有助于更好地掌握专业知识，同学对实操教学方式更感兴趣；

③ 专业主要培养轨道交通行业接触网工和变配电工，"变配电所运行与维护基础"课程是变配电工需要重点学好的专业核心课程。

2. 教学目标

（1）知识目标

① 理解变配电所一次设备的组成及运行操作，掌握常用高压开关电器、变换电器、保护电器、补偿电器、成套装置和高压组合电器的结构、原理与维修知识；

② 掌握变配电所控制、信号等二次回路工作原理；

③ 掌握变配电所交直流自用电系统的构成及原理；

④ 了解变配电所日常值班业务；掌握变配电所操作票的编制方法；

⑤ 掌握变配电所常见故障的分析与处理方法；

⑥ 理解变配电所常见继电保护原理。

（2）技能目标

① 能正确巡视变配电所主要的高压电气设备；

② 能分析、判断变配电所正常和异常运行状况；

③ 能进行变配电所常用设备的维护与检修；

④ 能编制变配电所操作票，会倒闸作业；

⑤ 能正确阅读变配电所各种图纸，会进行二次系统查线与调试；

⑥ 能及时发现变配电所故障、缺陷并排除；

⑦ 能正确填写变配电所各种记录。

（3）素质目标

① 养成认真严谨、求真务实的科学态度；

② 具有高度的安全生产意识和职业责任心；

③ 养成遵章守纪、规范作业的良好习惯；

④ 养成吃苦耐劳、敬业爱岗、精检细修的工作作风，以安全优质供电为己任；

⑤ 具备良好的团队合作意识；

⑥ 养成良好的专业素养，树立远大的职业理想。

3. 教学内容

本课程是铁道供电技术专业核心课程，共设计了电力系统基本知识、变电所电气主接线图等11个教学单元，课程内容突出了对学生职业能力的训练，理论知识的选取紧紧围绕工作任务完成的需要来进行，同时又充分考虑了高等职业教育对理论知识学习的需要，并融合了变电工职业资格证书对知识和技能的要求。

铁道供电技术专业教学资源库 2019 年立项为国家级专业教学资源库,目前正处于建设应用关键阶段,已积累大量"变配电所运行与维护基础"课程可以调用的视频、动画、微课、案例等资源,为课程开展线上教学提供了有力支撑,智慧职教平台的强大功能确保了线上教学的顺利实施,教学效果比较理想。

教学过程融入劳动教育、突出技能训练、遵循立德树人理念,培养学生树立成为"大国工匠"的职业理想。

4. 教学重难点

(1)教学重点

① 内容。变压器的巡视与维护,变压器附件的维护检修;AIS 和 GIS 组合电器,高压开关柜倒闸操作。

② 突出教学重点的方法。教师团队在智慧职教系统建设了变压器巡视、变压器维护检修及变压器附件的检修系列视频、动画和图片资源。学生通过登录职教云学习端可以完成相应的学习、实训,突出了教学重点;教师团队开发了直观形象的 AIS 和 GIS 组合电器的动画资源和典型的倒闸操作等实训资源,学生通过登录职教云学习端可以进行系统学习。

(2)教学难点

① 内容。高压开关电器的控制信号回路分析;变电所直流自用电系统,蓄电池充放电试验。

② 突破教学难点的方法。教师将学生每 2 人分为一组,布置图纸分析任务;学生根据已学知识,相互讨论,研究分析电路的动作原理,提高读图能力和逻辑分析能力。根据学生分析图纸的正确性、逻辑性及语言表达能力进行综合考核;教师利用直流自用电系统模拟屏,来模拟实际接线的供电变化情况,利用蓄电池核对性充放电和全充放电教学视频等实训资源,提高学生的理解能力和消化吸收能力。

三、教学策略及流程

1. 教学方法

(1)案例教学法

在职教云平台创建课程模块任务,关联资源库中对应知识点的视频、动画和图片等优质资源,根据典型案例,提出学习要求;教师团队将变压器送电倒闸操作等典型应用,作为课后拓展任务,同步渗透遵章守纪、规范作业理念。

(2)讨论法

通过课堂讨论、小组 PK、头脑风暴等形式分析案例,促进学生对所学理论的理解和运用，以培养其实际操作技能。

（3）自主学习法

本课程在职教云平台中，汇集了众多虚拟仿真、视频、动画等优质电子学习资料，提醒学生课后主动学习相关内容，总结学习心得。通过老师总结分析，达到最佳学习效果，进而增强学生的自主学习能力。

2. 教学手段

（1）利用职教云平台，开展线上授课；

（2）利用职教云讨论工具，开展在线 PK 画图；

（3）利用企业微信会议，开展在线教学及分组评价；

（4）利用职教云平台系统记录学生学习记录和学习成绩，并可导出存档；

（5）利用职教云平台数据分析学生学情，智能推荐个性化习题，因材施教；

（6）利用职教云平台强大功能，编制最佳教学方案，突破教学难点。

3. 教学资源

（1）教授+技能大师+专业带头人团队

教学团队师资力量较强，年龄结构合理，1 名正高职称，2 名副高职称，1 名中级职称，1 名广东省专业领军人才、广州市教学名师，1 名国家级技能大师工作室主持人，优秀的教学团队保障了教学质量和教学效果。

（2）开发颗粒化教学资源，上传资源库，利用职教云平台教学

依托铁道供电技术国家级专业教学资源库项目，智慧职教系统中可利用变配电类实训视频、教学微课、虚拟仿真、动画、图片、PPT、音频、案例等颗粒化素材超过 3 000 条，其中，教师团队开发建设了近 1 200 条优质素材。充分利用这些颗粒化素材，利用职教云平台组建"变配电所运行与维护基础"课程，学生通过职教云 PC 端或手机 App 登录课堂，实现远程教学。

（3）充分利用虚拟仿真、实训视频资源，提升教学效果

鉴于线上教学学生学习自主性不高，更喜欢通过实操、实践等方式来获取知识，教师借助实操、虚拟仿真、实训视频等方式，加强了师生、生生互动，虚拟仿真练习增强体验感，实训视频使学生身临其境，激发学习兴趣，突破教学难点，提升教学效果。

4. 教学设计流程

教学设计流程如图 4-3 所示。

图 4-3 教学设计流程

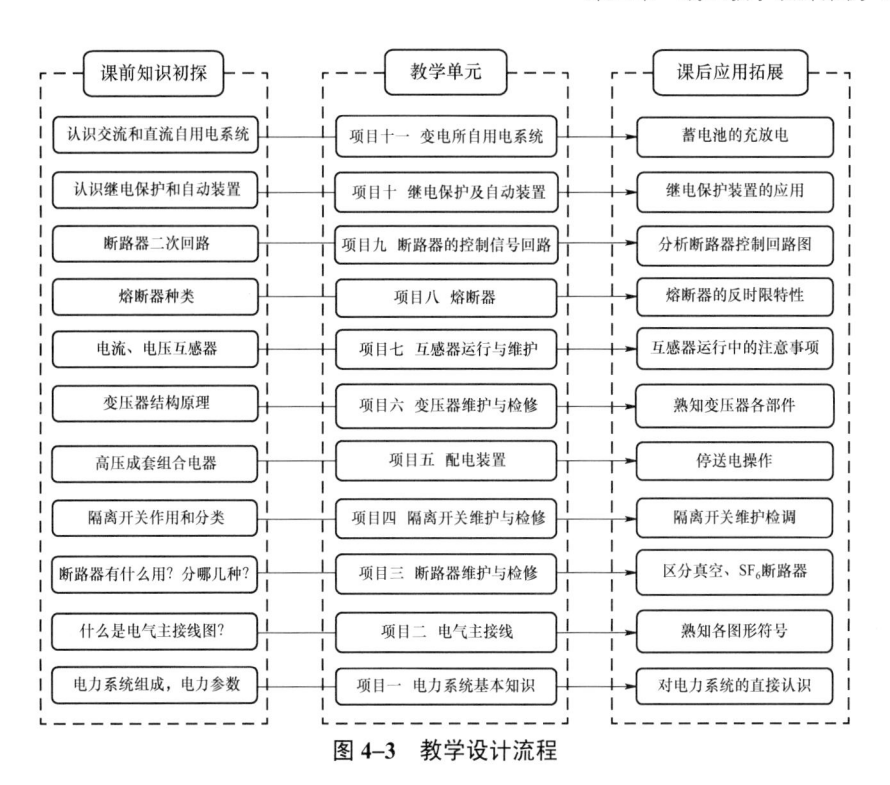

四、教学实施过程

教学实施过程如表 4-2 所示。

表 4-2 教学实施过程

教学环节	教学内容	学生活动	教师活动	教学目的	课程思政	信息化资源、手段和作用
课前 （10 min）	变压器的结构	完成预习任务，认识变压器	发布预习和调研任务	熟悉变压器的结构、变压器的种类	通过预习变压器的结构，了解各种国产变压器制造的技术进步，树立技能强国意识	利用职教云进行线上自主学习
课中 预习引入 （15 min）	总结学生课前预习情况及效果	典型代表作交流发言	点评课前预习情况	了解变压器的结构及种类		利用职教云课中讨论分享典型代表的学习成果
课中 讲解知识 （40 min）	变压器的两大核心结构和分类	线上聆听 线上观看	通过动画视频讲解变压器的铁芯和绕组结构	了解变压器的两大核心结构和分类	通过了解以武钢为代表的优秀企业打破铁芯硅钢片依赖进口的案例，坚定四个自信	利用动画视频帮助学生理解新知识点

续表

教学环节		教学内容	学生活动	教师活动	教学目的	课程思政	信息化资源、手段和作用
课中	消化吸收（25 min）	变压器铁芯和绕组结构及材料	分组讨论0.35 mm硅钢片及片间绝缘制造工艺难点	引导学生分组讨论的关注要点	了解变压器铁芯和绕组结构及材料	通过到变压器厂参观，或者到变压器制造厂实习，培养学生精检细修的职业素养、以安全优质供电为己任的责任心	利用职教云讨论区开展线上讨论、小组交流
	总结点评（10 min）	总结本项目授课内容，布置课后拓展任务	根据讲解的变压器分类，收集生活中的变压器	讲解学生分组讨论中的正确观点及关键要素	巩固所学知识		利用在线直播方式完成总结点评
课后（45 min）		完成拓展任务	完成拓展任务，提出个人见解	检查学生拓展任务完成情况，关注个性化见解	能够应用变压器的知识，熟知不同变压器在生活中的重要作		学生通过职教云平台提交，教师关注个体差异

五、教学考核与评价

结合本课程特点及教学目标，设计完整的过程、阶段教学评价体系，如图4-4所示。

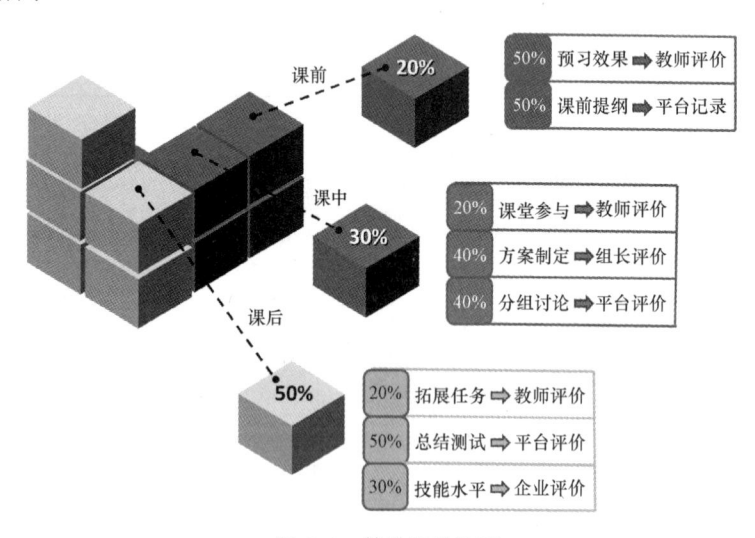

课前 20%
- 50% 预习效果 ➡ 教师评价
- 50% 课前提纲 ➡ 平台记录

课中 30%
- 20% 课堂参与 ➡ 教师评价
- 40% 方案制定 ➡ 组长评价
- 40% 分组讨论 ➡ 平台评价

课后 50%
- 20% 拓展任务 ➡ 教师评价
- 50% 总结测试 ➡ 平台评价
- 30% 技能水平 ➡ 企业评价

图4-4 教学评价体系

（1）针对"电力系统基本知识""变压器的维护与检修"等11个教学单元，

设定不同评价内容，使评价内容更具有针对性、更量化。

（2）不同单元、不同任务的学习数据，利用职教云平台完整记录，易统计、易分享，激励后进和先进学生有针对性改进学习。

（3）结合职教云平台大数据分析，针对性地为每名学生制定个性化学习方案，重点解决个性问题，提升教学效果。

六、教学反思

为了做好新冠肺炎疫情期间的线上教学，教学团队优化改进了传统教学模式和方法，探索出一条适合开展线上教学的途径，即"一平台、双融入"模式。充分利用铁道供电技术国家专业教学资源库项目，依托职教云平台的强大功能开展线上教学（一平台）；将我国制造业的不断发展壮大和工匠精神的传承融入专业教育，强化科技强国理念，促使学生树立成为大国工匠的职业理想（双融入）。

（1）一平台：利用职教云平台，助力云授课

依托铁道供电技术国家专业教学资源库，素材中心拥有变配电类颗粒化素材3 000多条，仿真中心拥有变配电类仿真素材200多条等，教学资源丰富；利用职教云交互平台，创建"变配电所运行与维护基础"课程，多角度、全方位把资源库的丰富资源展示给学生，学生只需要在PC端或手机端登录职教云平台，就能完成线上学习，使线上教学和学习变得轻松而有效。

（2）双融入：将我国变压器及其他电气设备制造业的进步、工匠精神融入课程

伴随着国家的逐渐强大，变压器等电气设备制造业领域也取得了长足进步，很多变配电设备需要进口的局面彻底改变，目前绝大多数产品能够完成自主生产。伴随着我国经济建设的快速发展，大国工匠无处不在，国家科学技术进步二等奖、全国劳动模范高凤林是中国航天科技集团有限公司第一研究院首都航天机械有限公司特种熔融焊接工、高级技师，国家科技进步二等奖、全国劳动模范王进是国网山东省电力公司检修公司输电检修中心带电班副班长，还有学校自己培养出来的广东省技术能手、全国五一劳动奖章获得者徐志标是广州地铁集团有限公司接触网高级检修师等。将我国电气设备制造业的进步、工匠精神融入课程，学生们深深体会到了国家的强大和进步，无不为之自豪；大国工匠的故事带给学生们的是莫大的鼓舞，而他们也树立了成为一名大国工匠的职业理想。

利用职教云平台课程的签到分析、互动数据、学生评价星级完成线上直播授课的大数据分析；利用学习成绩统计、学习进度、课件访问、资源统计等功能，从不同角度掌握学生的点播学习情况。通过总结收集数据，不断改进完善授课计划。结合督导听课建议、学生反馈意见、职教云数据整理、职业教育改革等诸多因素，针对性改进措施如下：

一是合理安排直播课程内容，具有高质量视频、虚拟仿真、图片等素材的项目内容，授课教师通过直播予以重点引入，学生通过点播这些颗粒化素材进行强化学习，达到更好的效果。

二是线上授课期间，教学团队联系学校心理健康专业教师，持续关注学生的心理状态变化、学习感受，并形成科学的评测结论，附以针对性的辅导，从而关注每个学生个体。

三是扩大行业企业参与课程教学效果评价，突出教学实绩，校企合作共同培养高素质劳动者和技术技能人才。

【加油贴】

教学目标与教学目的的异同

		教学目标	教学目的
相同点	定义	教学结束时将使学生发生何种变化的明确表述，通常包括三个目标维度，即：知识与技能、过程与方法、情感态度与价值观	教学结束时预期达到的效果或教学活动预期达到的效果
相同点	提出或制定依据	以课程标准所限定的范围、教材内容所应达到的深度为依据，并服务于立德树人的教育目的	
相同点	对教学所起作用	对落实课程标准、制定教学计划、组织教学内容、确定教学重点难点、选择教学方法、安排教学过程等起重要导向作用，是教学过程的出发点和归宿点	
不同点	确定主体	以学生为主体描述，是对学生学习行为结果的一种规定，着眼学生学习结果应该达到的具体学习要求	以教师为主体描述，是对教师要教什么的说明以及对教师活动的期望
不同点	使用的动词	多采用"说出、归纳、说明"等表述特定动作的外显行为动词，表义较为具体	多采用"了解、领会、体会"等描述心理过程的内隐体验动词，表义抽象、笼统
不同点	可测性	可通过课堂测验、达标自测、形成性练习、单元检测和作品等测量	一般不易测量
不同点	结构层次性	将学习行为分解为从简单到复杂的、序列分明的几个部分，在规定了教学活动最终结果的同时提出了达到该结果的教学活动程序	孤立的、单一的教学活动结构，缺乏明确的层次与序列

第二节　一个模块的教学设计

本节的两篇案例，分别为理工类专业基础课、核心课，是从一个模块的整体角度，设计线上教学的。

每个案例按照授课信息、教学分析（学情分析、教学目标、教学内容、教学重点难点）、教学策略及流程（教学方法、教学手段、教学资源、教学实施流程）、教学实施过程（课前、课中、课后三阶段，教学目的、教学内容、学生活动、教师活动、课程思政元素、信息化资源和手段六要素）、教学考核与评价、教学反思六个模块详细介绍教学设计的整体思路。

案例 3

主讲教师：谢奕标

◎工作单位：广东省石油化工职业技术学校　　◎性别：男
◎主讲课程：环境监测、水污染控制技术　　◎教龄：27 年
◎职称：高级讲师　　◎学历：博士研究生

教学感言

线上教学的主体应该是学生，教师在进行教学设计时应以学生为中心，要设法让学生能主动参与到学习和探究活动中去，充分调动学生的兴趣和积极性，这就要求线上教学的内容选取和课堂活动的安排要结合学生的特点和教学重点，精心设计、精练讲解、精细练习。

教学设计

一、授课信息

【案例名称】水体监测　　　　　　　　　【案例学时】16
【所属课程】环境监测　　　　　　　　　【课程学时】66
【授课班级】2018 级分析环保班　　　　　【授课人数】32
【授课类别】理工类专业核心课
【参考教材】《环境监测技术》
【教材类型】新型活页式、工作手册式

二、教学分析

1. 学情分析

（1）知识基础

根据课前在线测试的结果进行分析，学生整体已掌握的知识技能情况如下：

① 已掌握环境监测的概念；
② 已掌握大气监测的基本概念；
③ 已掌握大气监测的基本方法；

④ 已掌握水中污染物的类型及其主要来源；
⑤ 已掌握水中主要污染物的危害；
⑥ 大部同学能掌握监测方案的制定步骤；
⑦ 大多数同学能掌握大气中主要污染物的测定方法。

但根据课前的提问分析，学生的个体知识和技能基础如下：

个别同学未能理解水样预处理的意义；

个别同学对水样预处理的方法还不能完全掌握。

（2）认知能力

根据上一次课的学习数据进行整体分析，学生的整体认知和实践能力如下：

① 根据已学知识，实践动手能力较强；
② 收集、查找资料的能力较弱；
③ 团队在线合作完成任务的能力较弱；
④ 发现问题、分析问题的能力较差。

根据之前课堂情况分析，个体的认知和实践能力如下：

个别同学不太愿意与其他同学合作完成任务；

个别同学学习积极性不高，不愿意参与课堂活动。

（3）学习特点

根据调查问卷数据进行整体分析，学生的学习特点如下：

① 授课班级为2018级分析环保班，共32人，其中男生14人，女生18人，新冠肺炎疫情期间在家进行线上学习，同学之间的交流较少；
② 部分学生是独生子女，团队协作能力比较薄弱；
③ 大部学生非常关注新冠肺炎疫情的进展；
④ 绝大部分学生来自农村，希望学习相关知识和技能，找到一份好工作。

根据调查问卷数据进行个体分析，学生的学习特点如下：

① 个别同学基础非常薄弱，专业基础知识基本空白，学习能力非常差；
② 个别同学性格比较内向，说话不多，沟通意愿不强。

（4）专业特性

① 希望学习有趣、贴合企业实际需求的专业知识，但自主学习能力比较欠缺、团队合作能力需进一步加强；
② 希望多动手多实践，对理论知识的学习兴趣较弱。

2. 教学目标

（1）知识目标

① 掌握水体监测方案的制定；
② 理解水中污染物污染的特点；

③ 理解采样点布设的原理及方法；

④ 理解水样的类型。

（2）技能目标

① 能制定地表水及污水的监测方案；

② 能选择各种类型的采样器采集特定水样；

③ 能进行采样的准备，进行样品的保存及预处理；

④ 能使用相应分析方法测定水的主要无机污染物和有机污染物。

（3）素质目标

① 学以致用，服务社会，培养劳动精神和职业素养；

② 通过完成对地表水和污水的监测，强化"绿水青山"理念，增强环保意识。

3. 教学内容

"水体监测"是工业分析与检验专业核心课程"环境监测"的教学单元，设计了8个教学任务。受新冠肺炎疫情影响，学生不能返校，学校要求通过线上教学完成教学任务，教师及时调整了教学策略，利用现有资源，通过线上教学打破时空局限。在达成教学目标的基础上，探索疫情防控常态化下"双平台、一驱动、两融合"的教学实践模式，将"绿水青山就是金山银山"理念及培养职业核心素养融入教学全过程，强化学生的环保意识，融合课程思政，落实立德树人的根本任务。

4. 教学重难点

（1）教学重点

① 内容。制定水体监测方案，监测报告撰写。

② 突出教学重点的方法。教师制作水体监测视频，上传至学生班群，学生下载自主观看水体监测的基本过程；教师分享生态环境部"全国地表水质量状态"及广东省生态环境厅"广东省饮用水、江河水质量报告"等网址，学生通过登录浏览器了解我国、广东及自己所在地水环境质量的监测报告，突出教学重点。

（2）教学难点

① 内容。水样的预处理，数据处理方法。

② 突破教学难点的方法。教师编制水样预处理方法清单，学生根据清单分组填写、互评，提升各种水样预处理方法的掌握；教师制作数据处理实例的 Excel 工作表，根据实例进行练习，提高数据处理能力。

三、教学策略及流程

1. 教学方法

（1）任务驱动法

本案例分为"水体监测方案制定""溶解氧测定"等 8 个任务，本单元以化学分析、仪器分析等技术为基础，根据环境监测职业特点和要求，以环境监测的质量保证中六个关键点，即布点、采样、样品保存运输、预处理、分析测试、数据处理为主线进行设计，将六个关键点融入水体环境的监测过程，设计教学项目和工作任务。

（2）情景教学法

通过创设工作情境，以真实的工作任务为推动，让学生在问题的引导下自主学习，有步骤、有计划地展开工作。

（3）启发式教学法

在教学过程中通过可视化资源，启发学生掌握工作中的知识，学会工作方法，从而培养从事环境监测工作的职业能力。

2. 教学手段

（1）利用中国大学 MOOC、工业分析技术专业教学资源库等平台，开展在线学习。

（2）利用教师制作的微课，开展重点内容的学习与训练。

（3）利用 QQ 群课堂，开展在线教学。

（4）利用问卷星进行分组学习及评价。

（5）利用实例练习，突破教学难点。

3. 教学资源

（1）在线教学资源：中国大学 MOOC、工业分析技术专业教学资源库。

（2）制作微课，突破教学重点难点。

（3）编写环境监测工作页，创设工作情境，培养从事环境监测工作的职业能力。

（4）双师教师团队，保障教学实施：教学团队年龄结构合理，3 位教师拥有高级职称，2 位教师拥有博士学历，其均拥有技师职业资格证书。

4. 教学设计流程

教学设计流程如图 4-5 所示。

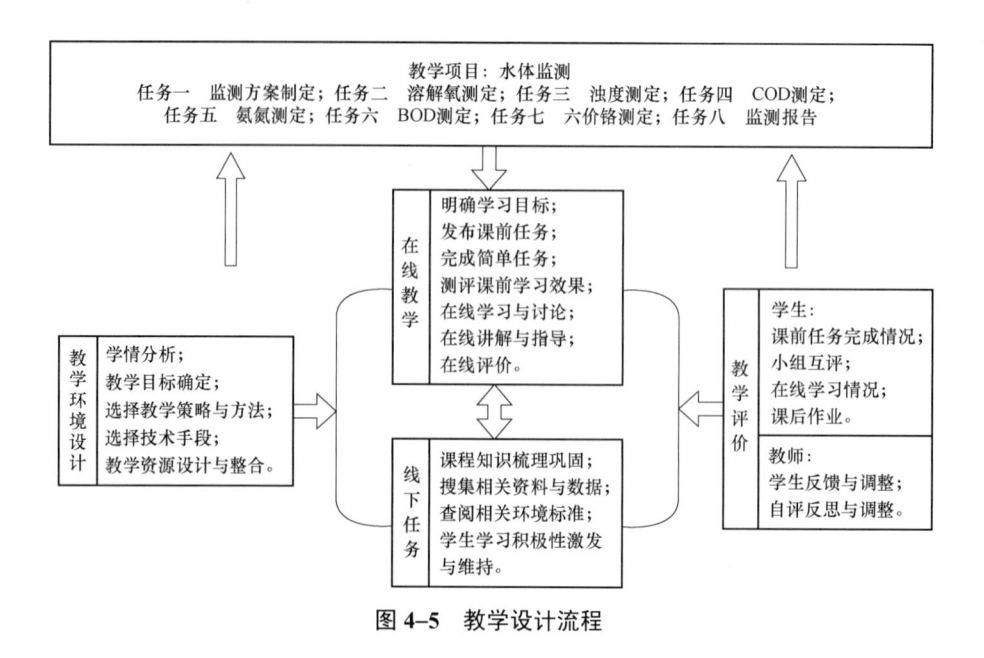

教学项目：水体监测
任务一 监测方案制定；任务二 溶解氧测定；任务三 浊度测定；任务四 COD测定；
任务五 氨氮测定；任务六 BOD测定；任务七 六价铬测定；任务八 监测报告

教学环境设计：
- 学情分析；
- 教学目标确定；
- 选择教学策略与方法；
- 选择技术手段；
- 教学资源设计与整合。

在线教学：
- 明确学习目标；
- 发布课前任务；
- 完成简单任务；
- 测评课前学习效果；
- 在线学习与讨论；
- 在线讲解与指导；
- 在线评价。

线下任务：
- 课程知识梳理巩固；
- 搜集相关资料与数据；
- 查阅相关环境标准；
- 学生学习积极性激发与维持。

教学评价：
学生：
- 课前任务完成情况；
- 小组互评；
- 在线学习情况；
- 课后作业。

教师：
- 学生反馈与调整；
- 自评反思与调整。

图 4-5 教学设计流程

四、教学实施过程

教学实施过程如表 4-3 所示。

表 4-3 教学实施过程

教学环节	教学内容	学生活动	教师活动	教学目的	课程思政	信息化资源、手段和作用
课前（30 min）	水中COD测定的知识和技能	完成学习和调研任务	发布学习和调研任务	掌握COD概念及测定原理	通过收集广东主要河流有机污染情况，查阅测定标准，树立"绿水青山就是金山银山"的生态文明理念	利用 MOOC 进行线上自主学习
课中 导言（B）（5 min）	总结调研情况以及课前学习情况	汇报广东主要河流有机污染情况	讲解课前学习情况	了解COD测定	通过汇报广东主要河流有机污染情况，树立"绿水青山就是金山银山"的生态文明理念	生态环保部和广东生态环境厅网站资源
课中 先测（P）（2 min）	讲解和学习课前测试的错题	学习错题的解题方法	讲解课前测试的错题	了解本次课的重难点		利用学习平台的统计功能，展示易错题

续表

教学环节		教学内容	学生活动	教师活动	教学目的	课程思政	信息化资源、手段和作用
课中	学习目标（O）（3 min）	介绍本次课的学习目标	了解学习目标	介绍本次课的学习目标	了解企业进行COD测定的工作情境，激发学生的学习兴趣		利用图片展示企业进行COD测定的工作情境，深化学习目标
	参与式学习活动1（P）（20 min）新知讲解	COD测定的关键知识和步骤	利用资源库进行COD测定的学习，并讨论COD水样的预处理方法	通过微课讲解水样预处理方法、COD测定的原理和步骤	了解COD测定的关键知识和步骤	通过分组讨论，培养团结合作的精神	QQ课堂、微课
	参与式学习活动2（P）（40 min）工作页填写	填写COD测定工作页	学生代表展示工作页	讲解工作页中的共性问题	能够正确填写COD测定工作页		利用Excel工作表进行测定数据处理
	后测（P）（15 min）	填写监测报告	数据统计、监测报告撰写	讲解数据统计方法及报告要点	能够正确填写监测报告	通过填写监测报告，培养认真严谨的职业素养	搜集地下水环境质量的监测报告，利用Excel工作表完成监测数据统计
	总结（S）（5 min）	总结本次内容，布置下次任务	填写评价表	展示广东省水污染防治攻坚成果	巩固所学知识	通过了解所学知识在水污染防治中的应用，树立"绿水青山就是金山银山"的生态文明理念	问卷星发布问卷
课后（30 min）		完成预习任务	完成习题	查询学生电子作业	巩固所学知识		Word文档

五、教学考核与评价

针对教学目标，设计多元全过程教学评价体系，如图4-6所示。

（1）将"水体监测方案制定""水中溶解氧测定"等8个任务，设计为问题导向工作页，便于学习效果的评价。

（2）通过问卷星发布学习情况问卷。

（3）电子文档作业。

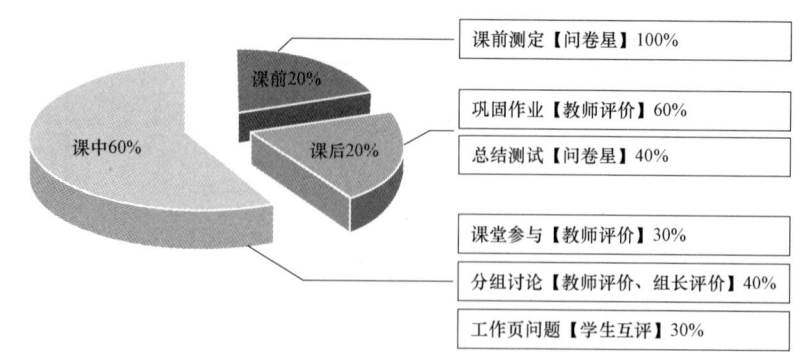

课前测定【问卷星】100%
课前20%
巩固作业【教师评价】60%
课后20%
总结测试【问卷星】40%
课中60%
课堂参与【教师评价】30%
分组讨论【教师评价、组长评价】40%
工作页问题【学生互评】30%

图 4-6 多元全过程教学评价体系

六、教学反思

针对疫情期间在线教学的需求，教师探索出"两平台、一驱动、一融合"的在线教学实践模式。

（1）两平台：依托中国大学 MOOC 平台和工业分析技术专业资源库平台，开展在线学习。

（2）一驱动：创设基于工作过程的监测情景，以任务驱动和问题导向方式开展教学，提升理论及实操能力，培养工匠精神。

（3）一融合：将课程思政、专业核心素养和职业核心素养培养融合于在线专业教育过程中，提升团队合作能力，强化学生的环保意识，提升职业能力。

根据课前的提问及问卷星调查结果发现，存在的问题主要有：学生线上自主学习能力较差、收集整理信息的能力不足、个别学生缺乏学习的主动性。

针对性的改进措施有：布置学习任务由浅到深，将学习的目标进一步细化，以便于学生对照学习；信息收集整理任务进一步明确；加强职业规划和就业教育，提高个体学习的积极性和主动性。

【点评】

按照课前、课中、课后三段设计线上教学。教学方法设计的重点是构建"做中学""学中练""练中会"的探究性学习场景。尊重学生的认知差异，为知识而设计、为技能而设计、为习惯而设计、为环境而设计，整个教学过程应用慕课、微课、网站等数字化资源引导学生学习知识、展示技能而不是强制灌输。

课前（30 min）：利用慕课进行线上自主学习，学习水中 COD 测定的知识和技能，掌握 COD 概念及测定原理。

课中（80 min）：教学步骤设计按照加拿大 ISW 迷你教学的教案设计 BOPPPS 模块化方法，采用的是 BPOPPS 模块化组合（没有后测，新知讲解+工作页填写两段参与式学习）。教师主导活动时间为 40 min，学生主体活动时间为 40 min，适应职业院校学生的学习风格。

导言（B），5 min，利用生态环保部和广东生态环境厅网站资源，总结调研情况以及课前学习情况，引出本次课的任务：COD 的测定。

先测（P），5 min，利用学习平台的统计功能，展示讲解易错题，并引出本次课的重难点。

目标（O），5 min，介绍本次课的学习目标，利用图片展示企业进行 COD 测定的工作情境，深化本次课的学习目标。

课中参与式学习活动 1（P）：新知讲解，20 min，通过 QQ 课堂、微课，学习 COD 测定的关键知识和步骤，突破教学难点。

课中参与式学习活动 2（P）：工作页填写，40 min，填写监测报告，搜集地水环境质量的监测报告，利用 Excel 工作表完成监测数据的统计，突出教学重点。

总结（S），5 min，总结本次课内容，布置下次课任务，应用问卷星发布问卷并布置预习任务。

课后（30 min）：完成预习任务，利用 Word 文档进行知识巩固，帮助学习困难学生对教学内容有更深入的理解。

案例 4

主讲教师： 颜靖初

◎工作单位：广东轻工职业技术学院　◎性别：女
◎主讲课程：人机界面设计　　　　　◎教龄：9 年
◎职称：讲师　　　　　　　　　　　◎学历：硕士研究生

教学感言

努力只是起步，拼命才是品格。感怀与教学团队伙伴的日夜风雨兼程，感恩专家们的悉心指导，感谢与我们一起站在讲台上的老师。时光荏苒，岁月静好，韧性让我们走过今天，遥望明天，再说声感谢。

教学设计

一、授课信息

【案例名称】微屏小技术 赋能新生活　　　　【案例学时】16
【所属课程】数字媒体应用技术　　　　　　　【课程学时】64
【授课班级】2018 级数字媒体应用技术专业（1）班　【授课人数】53
【授课类别】理工类专业基础课
【参考教材】《信息交互设计》
【教材类型】国家规划教材

二、教学分析

1. 学情分析

（1）知识基础

学生学习了"数字媒体技术基础""图像处理技术""Web 前端基础"等先导课程，具备基本的图像处理能力和前端代码编程能力，掌握 H5 制作的信息架构和一般流程。由于专业型 H5 制作需要深入掌握 H5 互动技术及其应用，以及做好互动技术与故事情节的匹配，本次项目将着重引导学生掌握以上两种能力。"人机界面设计"课程的课时安排如图 4-7 所示。

第四章 线上教学设计案例

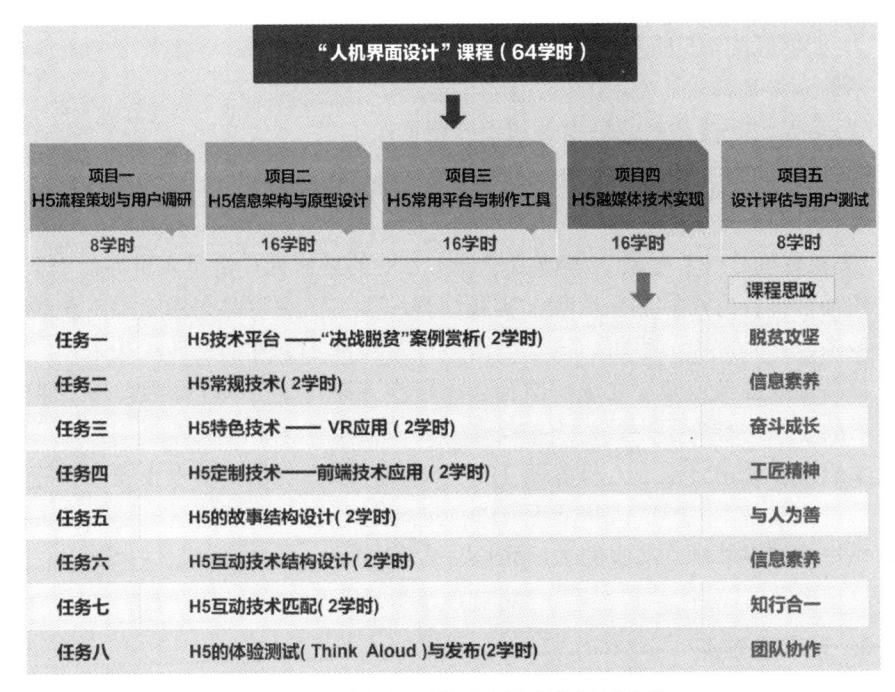

	"人机界面设计"课程（64学时）				
项目一 H5流程策划与用户调研	项目二 H5信息架构与原型设计	项目三 H5常用平台与制作工具	项目四 H5融媒体技术实现	项目五 设计评估与用户测试	
8学时	16学时	16学时	16学时	8学时	
					课程思政
任务一	H5技术平台——"决战脱贫"案例赏析(2学时)				脱贫攻坚
任务二	H5常规技术(2学时)				信息素养
任务三	H5特色技术——VR应用(2学时)				奋斗成长
任务四	H5定制技术——前端技术应用(2学时)				工匠精神
任务五	H5的故事结构设计(2学时)				与人为善
任务六	H5互动技术结构设计(2学时)				信息素养
任务七	H5互动技术匹配(2学时)				知行合一
任务八	H5的体验测试(Think Aloud)与发布(2学时)				团队协作

图 4-7 "人机界面设计"课程的课时安排

（2）认知能力

① 有技术与艺术融合的专业基础；

② 有 H5 源码编写能力和图像处理的基础知识与技能。

（3）学习特点

本专业生源文理兼收，学生理论分析能力相对较弱，创意思维方式较为单一。

（4）专业特性

本专业面向新兴信息技术的数字媒体交互技术企业，采用"产品开发导向、创新创业驱动"的人才培养模式和"新工科"的育人理念，培养具有行业视野、技术素养和审美能力；掌握数字媒体交互产品相关知识；熟悉 VR/AR/MR 产品开发和多媒体网站开发等技能；能胜任 VR/AR/MR 产品开发工程师和互动媒体网站开发工程师等岗位工作的高素质技术技能人才。

2. 教学目标

（1）知识目标

① 掌握 H5 的互动技术原理和实现方法；

② 掌握 H5 的互动技术类型和匹配方式。

（2）技能目标

① 能够应用 H5 互动技术制作作品；

② 能够匹配 H5 的互动技术和故事情节。
（3）素质目标
① 培养精于技艺的信息素养和工匠精神；
② 培养助力脱贫、与人为善的人文情怀。

3. 教学内容

"人机界面设计"是数字媒体应用技术专业的必修课，讲授人机界面 H5 互动作品的项目设计方法和制作流程，实践性强，学生毕业后可在新能源、互联网、电子技术、家具家电、手机、汽车等诸多行业从事 H5 互动设计相关工作。围绕国家特高专业群专业建设要求，结合人才培养方案、专业课程标准，1+X 证书技能证书的要求，参考国规教材，整门课的知识结构包含了人机界面 H5 互动设计的基本概念和使用方法、人机界面 H5 互动设计项目制作的基本步骤，并能根据引导，设计出基本完整的人机界面 H5 互动设计项目，为后续学习更加深入的项目制作技术打下基础。选定的 16 学时来自"项目四——H5 融媒体技术实现"，依托中央精准扶贫精神背景，导入"脱贫攻坚"社会公益项目展开教学。

4. 教学重难点

（1）教学重点

① 内容。互动技术应用，包括熟悉人机界面设计的各项技术功能，能够熟练运用人机界面设计的布局与结构，能够掌握人机界面设计中的手势操作等。

② 突出教学重点的方法。主要采取以下三种方法：

一是采用任务驱动教学法。通过一个应用进行实际操作的任务，并对任务进行分析，提出要求，再讲述实现这一操作的具体方法，然后章节系统地对该案例所涉及的知识点进行全面讲解，以帮助学生进一步掌握和巩固基本知识，快速提高综合应用的实践能力，使学生的学与做、理论和实践达到有机的统一，真正做到"在做中学，在学中做"的目的。

二是引入真实命题。严格按照企业的产品开发流程，邀请企业专家担任指导老师，与校内老师共同完成课程教学的设计与实施，用企业产品标准对学生作品进行真实评价。

三是教师根据教学目标。用机器人讲故事、案例启发等，有针对性地启发学生，帮助学生更深入地理解人工智能的技术和手段，促进知识向成品的转化。

（2）教学难点

① 内容。互动技术和故事情节匹配，包括能够完成人机界面设计的故事创意，能够完成人机界面设计线框原型图，能熟练制作人机界面 H5 互动设计、制作小型项目等。

② 突破教学难点的方法。主要采用以下三种方法：

一是任务教学法。以小组为企业真实命题任务，在有声思维（Think Aloud）

检测阶段分组、小组分别负责体验以及检测、监督和分析，共同完成作品检测与作品互评，进而获得知识技能及锻炼团队协作能力、共同学习、共同进步。

二是实践突破法。开展多层次的实践教学，培养学生理论联系实际的综合能力，根据实践教学内容的难易程度以及循序渐进的教学规律，合理设计多层次实践环节，由易到难，分别开设基本技能、综合性应用能力学习，培养学生综合运用能力和创新能力。课外兴趣活动构成多层次多形式的实践教学体系，进一步训练学生的综合动手能力，调动学生的学习兴趣和主动性。在综合应用技能训练环节都体现出实践的项目化、企业化、素质化，并始终贯彻以就业为导向的方针，将人机界面 H5 互动设计的技能训练与企业职业能力和职业素养结合起来，突出职业技能训练，注重对学生分析问题、解决问题能力的培养。

三是 VR 情景教学法。引导学生体验 VR 眼镜来理解 720 度全景图的制作 VR 原理，辅助学生深入学习 VR 应用在 H5 的特色技术；用机器人讲故事、案例启发等，有针对性地启发学生，帮助学生更加深入地理解人工智能的技术和手段，促进知识向成品的转化；用"MOOC 课程资源"实现课前、课后资源的发布和学生作品提交；课中用职教云平台发布课堂学习资源和提交学生课堂作业；用微信群，实现课后互动和答疑；用各种网络资源，提高课后自主学习能力。

"H5 融媒体技术实现"教学重点、难点解析如图 4-8 所示。

图 4-8 "H5 融媒体技术实现"教学重点、难点解析

三、教学策略及流程

1. 教学方法

（1）项目教学法

引入"脱贫攻坚"公益命题，严格按照企业的产品开发流程，邀请企业专家担任指导老师，与校内老师共同完成课程教学的设计与实施，用企业产品标准对学生作品进行真实评价。

（2）合作探究法

以小组为单位实施"脱贫攻坚"公益 H5 任务，在有声思维（Think Aloud）检测阶段分成小组分别负责体验、检测、监督和分析，共同完成作品检测与作品互评，获得知识技能，锻炼团队协作能力，共同学习、共同进步。

2. 教学手段

运用真实项目导入、互动游戏、VR 虚拟现实、智慧职教平台测试等手段来解决教学重点；运用机器人讲故事、案例示范、企业导师点评、有声思维等手段突破教学难点。

3. 教学资源

（1）教材和参考书

根据人机界面设计课程的特点，作为融媒体学科，技术更新较快，选用近年业界领先的教材，结合教学参考书和参考网站，便于学生线上线下的学习（如：《信息交互设计》，范凯熹，"十二五"规划教材，中国海洋大学出版社，2015 年第二版；《交互设计——设计思维与实践》，由芳，电子工业出版社，2017 年第一版）。

（2）课件和教程视频

木疙瘩 H5 制作平台课件和教程视频，结合任务导学案，供学生做课前自学、课中演示、课后复习所用。

（3）多媒体机房

具备高速上网、广播教学功能的多媒体机房的选用，实现全面调动、全员动手，体验"创作之旅"的快乐。把课堂建在实训室，把理论课堂与实践场地结合起来，增强学生的职业体验。

四、教学实施过程

以"项目四 H5 融媒体技术实现"中的"任务 7 H5 互动技术匹配（2 学时）"为例，围绕故事情节与互动技术匹配应用展开教学实施，如图 4-9 所示。具体教学实施过程如表 4-4 所示。

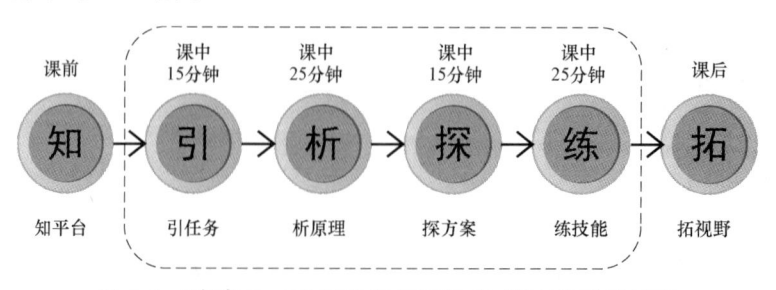

图 4-9 "任务 7 H5 互动技术匹配（2 学时）"教学过程

表 4-4　具体教学实施过程

教学环节	教学内容	学生活动	教师活动	教学目的	课程思政	信息化资源、手段和作用
课前启化（知结构）	互动技术与故事脚本匹配的合理方式	学生回顾资源库的H5的互动设计案例归纳总结互动技术与故事脚本匹配的合理方式	教师在课前利用智慧职教发布"脱贫攻坚"社会公益任务、学习资源	初步了解互动技术与故事脚本匹配的合理方式	通过了解"脱贫攻坚"社会公益任务，引导践行脱贫攻坚精神	智慧职教（国家级教学资源库）
课中　引任务（15 min）	互动手势技术类型和作用，互动技术与故事脚本匹配的合理方式	学生学习互动技术与故事脚本匹配的合理方式，针对课前典型案例，掌握手势类型和匹配知识点和总结手势类型和匹配技巧	教师再次下发资源库的H5的互动设计案例，归纳总结互动技术与故事脚本匹配的合理方式，针对课前典型案例，讲解手势类型和匹配知识点和总结手势类型和匹配技巧	了解互动手势技术类型和作用，互动技术与故事脚本匹配的合理方式，为制作原型流程图打下基础，激发学生学习兴趣		智慧职教、木疙瘩平台
课中　析原理（25 min）	故事脚本和互动技术	学生回顾案例学习和讲解，登录学习平台进行故事情节与手势匹配练习测试	对课前学生不易掌握的内容，教师在职教云平台下发故事情节与手势匹配练习题，掌握故事脚本和互动技术匹配方式	领会故事脚本和互动技术	通过完成故事情节与手势匹配练习测试，培养精益求精的工匠精神	智慧职教、木疙瘩平台

图　故事情节与手势匹配训练学习

（按压手势　滑动手势　夹紧伸缩手势　来回旋转手势　摇动设备手势　抖动手势　挥动选择手势　轻敲手势　向右滑动手势　拉伸手势）

续表

教学环节	教学内容	学生活动	教师活动	教学目的	课程思政	信息化资源、手段和作用
课中 探方案（15 min）	情节与技术匹配应用互动技术	进行技术匹配实操，掌握专业实操技能，实现情节与技术匹配应用互动技术呈现效果	在懂互动技术的基础上，教师邀请企业专家引导学生登录H5制作平台，企业专家示范	体会情节与技术匹配应用互动技术		智慧职教、木疙瘩平台

图　公益故事情节与互动技术呈现效果

| 课中 练技能（25 mim） | 人机界面设计的各项技术功能、人机界面设计的布局与结构、人机界面设计中的手势操作等 | 学生进行"脱贫攻坚"互动匹配技术汇报；学生听取和记录专家点评，课后修改和提升 | 教师巡回指导，记录学生操作情况，及时纠错和规范操作。养成良好的职业素养。圆满完成了教学案例中的任务，掌握了教学重点，同时实现了能力和素养目标 | 掌握人机界面设计的各项技术功能、人机界面设计中的布局与结构、人机界面设计中的手势操作等 | 通过汇报"脱贫攻坚"互动匹配技术，听取、记录专家点评，培养认真严谨的职业素养 | 智慧职教、木疙瘩平台 |
| 课后 拓视野 | H5 互动设计技能训练与企业岗位标准相结合 | 学生完善作业，和企业专家保持专业学习，提升综合问题解决能力 | 教师建立企业交流群，加强指导，巩固所学 | 掌握H5互动设计技能 | | 智慧职教、木疙瘩平台 |

五、教学考核与评价

1. 践行以学生为中心教学理念，学生能力、兴趣有效提升

整个教学过程以学生为中心展开，用年轻群体喜闻乐见的典型真实 H5 案例为教学载体，明显提升了学生了解和制作 H5 的学习兴趣。以全景、直播、游戏

等多种 H5 技制作任务驱动教学，学生参与其中实现目标，掌握 H5 作品全覆盖的技术体系及全流程的制作能力。把精准滴灌、脱贫攻坚的课程思政元素贯穿各节课程内容，让精益求精的工匠精神、回馈社会的思想信念进一步得到弘扬，提高教学成效，如图 4-10 所示。

图 4-10　以学生为中心理念指导下的教学

2. 推行企业标准引入企业导师，校企深度合作初见成效

以真实任务引领教学，依据企业级产品开发流程，对教学过程实施再造，把企业专家引入课堂点评作品辅导学生，引入企业师资进行演示和教学，引用企业产品标准进行学生作品评价，推进企业全方位参与复合型技术技能人才的培养过程。

六、教学反思

1. 教学成果

实施多维度多主体全过程评价，促进学生全面发展。主体多元（教师、学生、专家）和维度多元（技术性、故事性、可用性），过程性评价、结果性评价并存的评价方式贯穿整个 H5 技术实现的教学过程，通过平台采集学习数据，从学生个人成绩进展、班级学习情况统计等多个方面进行分析，促进学生全面发展。本项目实施前学生能力分析雷达如图 4-11 所示。本项目实施后学生成绩分析如图 4-12 所示。

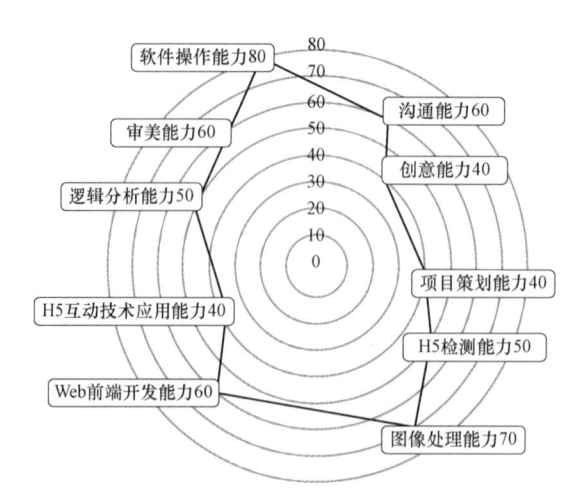

图 4-11 本项目实施前学生能力分析雷达

序号	学生姓名	学号/账号	学校	章节测检(25%)	作业(20%)	考试(30%)	签到(5%)	课堂互动(20%)
1		2018061001301	网络教学平台	22.98	19.26	28.75	5	18.33
2		2018061001305	网络教学平台	24.88	18.78	28.95	5	16.59
3		2018061001318	网络教学平台	23.75	16.98	28	5	18.9
4		2018061001321	网络教学平台	24.4	18.3	27.45	5	17.66
5		2018061001332	网络教学平台	24.95	17.36	26.39	5	18.81
6		2018061001346	网络教学平台	24.2	15.7	29.5	5	17.2
7		2018061001352	网络教学平台	23.75	18.12	26.77	5	15.56
8		2018061001355	网络教学平台	23.88	17.67	24.75	5	17.55

图 4-12 本项目实施后学生成绩分析

2. 教学特色

（1）课程思政元素有机融入教学过程，内化培养学生综合素养。以"脱贫攻坚"为项目主题，在多个 H5 案例中融入国家倡导和社会责任，塑造学生的价值走向；在不同情景下分别纳入艺术审美、劳动精神、人文情怀等课程思政要点，培养新一代大学生的综合素养。

脱贫攻坚：在 H5 项目导入、H5 案例分析、H5 项目制作等课程内容当中多角度全方面融入脱贫攻坚的国家倡导和社会责任。

工匠精神：严格遵守 1+X 证书"数字媒体交互设计职业技能等级标准"Web产品页面规范，分毫必究，精益求精。

与人为善：坚持技术为本、价值为魂的信念，在 H5 项目中设置助人为乐、与人为善社会公德的技术匹配点，突破了技术与创意融合的教学难点。

艺术审美：H5 案例分析和项目执行当中选择优质作品，潜移默化提升学生的艺术赏鉴能力和审美标准，并通过分镜头绘制、原型图制作体现。

（2）新兴技术赋能课堂教学，优化教学流程提升教学效率。充分运用新兴技术赋能人才培养的理念，在多个课堂教学情境中分别采用人工智能机器人、虚拟现实 VR 眼镜、手机投屏等新兴信息技术教学手段，针对性解决 H5 案例教学的重点和难点，有效激发学生兴趣，提升教学效率。同时，采用智慧职教云课堂进行日常课堂组织、任务发布、互动答疑、班级管理、成绩管理等工作，在教学中超越校内课堂的时空局限，有效打破课内外隔阂，学生体验深刻。

3. 教学反思与诊改

（1）教学反思。H5 作品体现技术和艺术的结合，对学生的审美制作能力有一定的要求。本专业生源多样，以技术培养为主，学生能够熟练地应用 H5 互动技术制作作品，但审美制作能力普遍不高，在一定程度影响和制约 H5 作品制作的美观程度。

（2）教学诊改。可在课外面向学生发布经典艺术作品，引导学生体验作品，提升艺术素养和鉴赏能力；在课内剖析优秀 H5 案例，增加构图、配色、排版等审美制作能力的训练任务，将技术要求与艺术要求融入作品制作。

第三节　一个章节的教学设计

本节的案例，是从一个章节的整体角度，设计线上教学的。其中，农学类、经管法类专业核心课两篇，理工类专业基础课、专业核心课案例三篇，公共基础课（韩语）一篇。

每个案例按照授课信息、教学分析（学情分析、教学目标、教学内容、教学重点难点）、教学策略及流程（教学方法、教学手段、教学资源、教学实施流程）、教学实施过程（课前、课中、课后三阶段，教学目的、教学内容、学生活动、教师活动、课程思政元素、信息化资源和手段六要素）、教学考核与评价、教学反思六个模块详细介绍教学设计的整体思路。

案例 5

主讲教师：王妍

◎工作单位：广东轻工职业技术学院　　◎性别：女
◎主讲课程：韩语口语　　　　　　　　◎教龄：15 年
◎职称：讲师　　　　　　　　　　　　◎学历：硕士研究生

教学感言

在信息时代做好老师，自己所知道的必须大大超过要教给学生的，要与时俱进，善于利用先进的科技手段为教学服务，让有效学习更容易发生；要善于利用国内外事实、案例、素材，在比较中回答学生的疑惑，既不封闭，也不崇洋媚外，引导学生全面客观认识当代中国、看待外部世界，善于在批判鉴别中明辨是非；要积极探索新时代的教育教学方法，不断提升教书育人本领。

教学设计

一、授课信息

【案例名称】信息介绍　　　　　　　【案例学时】4
【所属课程】韩语口语　　　　　　　【课程学时】24
【授课班级】2019级电子商务（4）班　【授课人数】36
【授课类别】公共基础课
【参考教材】《韩国语1》《标准韩国语1》
【教材类型】自编

二、教学分析

1. **学情分析**

（1）知识基础

根据课前在线测试的结果进行分析，学生整体掌握的知识技能情况如下：

① 对语言术语知识有一定的基础；

② 韩语与汉语分类认知较为薄弱；

③ 韩语与汉语差异认知较为薄弱；
④ 已掌握韩国语发音知识。
（2）认知能力
根据课程前面内容的学习数据进行整体分析，学生的整体认知和实践能力如下：
① 具有良好的沟通基础；
② 具有良好的服务意识和团队协作能力；
③ 具有较强的获取信息的学习能力和逻辑能力（主要指就某一主题是否可以产生大量的创意）；
④ 现代化信息手段的运用能力较强；
⑤ 具有一定的自我管理能力和自主学习能力。
（3）学习特点
根据教务处和调查问卷数据进行整体分析，学生的学习特点如下：
① 授课班级为2019级电子商务（4）班，共36人，线上教学，同学之间交流较少；
② 有良好的团队写作能力和一定的自主学习能力；
③ 更喜欢学习后得到及时的反馈；
④ 碎片化学习能力强；
⑤ 善于使用手机和笔记本电脑等移动设备；
⑥ 善于通过信息化手段获取资源和信息。
（4）专业特性
① 电子信息技术应用能力很强，希望学习多元化、趣味化；
② 希望多动手实践，有很强的动手实践能力；
③ 沟通能力强。

2. 教学目标

（1）知识目标
① 掌握判断句型；
② 掌握终结语尾；
③ 掌握肯定、疑问的表达及应答技巧；
④ 掌握环境的判定和应对技巧。
（2）技能目标
① 能进行自我介绍及遵守相关礼仪；
② 能用敬语进行表达；
③ 能获取对方基本信息；
④ 能介绍他人及遵守相关礼仪；

⑤ 能介绍所处环境。

(3) 素质目标

① 弘扬中国优秀传统文化，坚定文化自信；

② 养成严谨、团结、创新、专注的职业素养；

③ 勤于反思，塑造文明形象。

3. 教学内容

"韩语口语"课程在"信息介绍"这个教学单元，设计了三个教学任务。新冠肺炎疫情期间开展线上授课和学习等在线教学活动，教师团队及时调整教学策略，利用线上教学平台完成课程教学任务，达成教学目标。

4. 教学重难点

(1) 教学重点

① 内容。辨别使用的词性；助词和语尾的作用；尊敬阶的使用。

② 突出教学重点的方法。韩汉词性分类不同，名称不同，首先确认汉语词汇名称，在句子中常做成分，再根据此说明讲述韩语词汇的分类及其使用规则；从字面意思入手，再举例说明，强调固定位置，再反复练习；首先确定谁是尊敬对象及其尊敬方式，其次确定尊敬的是谁，选择对应的尊敬方式。

"韩语口语"课程模块设计如图4–13所示。

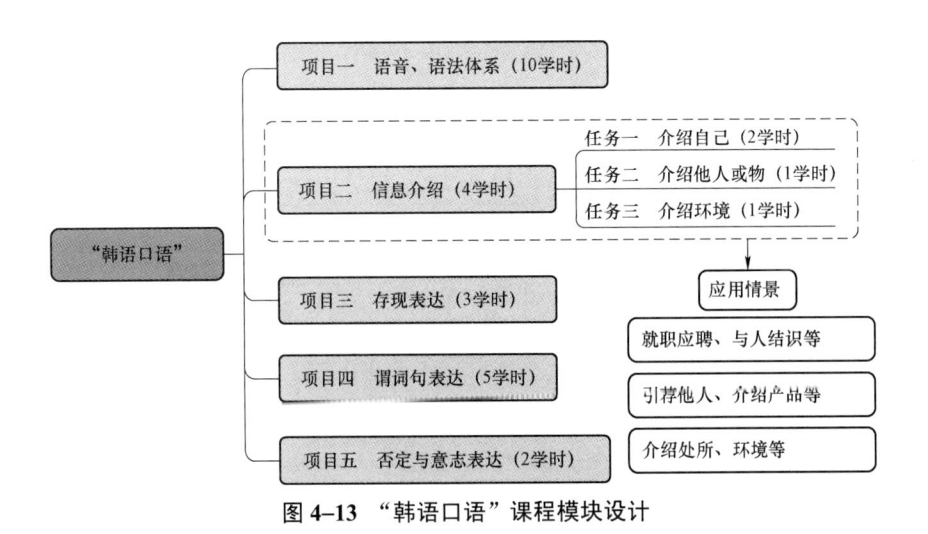

图4–13 "韩语口语"课程模块设计

(2) 教学难点

① 内容。能够在指定的情境下正确应用判断句型；区分"입니다"和"습니다"；助词和语尾的区分。

② 突破教学难点的方法。通过模拟情境—复盘研讨—再模拟的形式突破；通

过课堂活动"找茬"来强调、加深印象；通过分析韩语例句和汉语例句这种"双向"分析法来突破。

三、教学策略及流程

1. 教学方法

（1）任务驱动法

结合课程在线教学特点，采用在线自学+在线互动教学+线下实践任务的组合方式，通过"课前导学（慎思），课中练学（明辨），课后践学（笃行）"的教学过程，完成学习任务，达到学习目标。

（2）问题导向法

课前引导学生自主探究，学生采取自主学习、小组合作的学习方法，利用网络学习平台"轻工教育在线"完成学习任务，达成学习目标。

（3）多元化教学方法

课中教师采取任务驱动法、情景教学法、角色扮演法、讨论教学法，引导学生完成活动。学生采取小组合作及问题探究学习方法，完成教学活动，达成学习目标。课后教师采取案例分析、任务驱动等教学方法，引导学生采取探究学习和小组合作等学习方法，完成项目任务，提升综合运用知识的能力。

2. 教学手段

本课程采用了以下信息化手段，如图 4-14 所示。

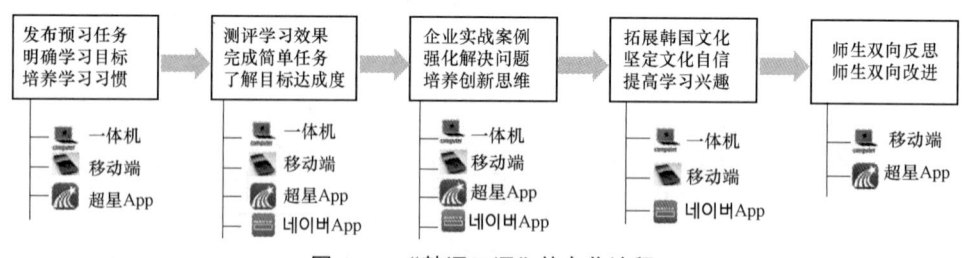

图 4-14 "韩语口语"信息化流程

3. 教学资源

（1）线上课程资源

"轻工教育在线"平台上建有韩语类在线开放课程 13 门，并将出版教材电子版全部上传至平台建立课程资源库，每个学期课程负责人都会筛选适当的网络资源，包括微课、微视频、动画、音频、图片等，对课程的教学资源进行补充。轻工教育在线平台上的每门韩语课程资料都较为完备，均在使用中。其中，本门课程已使用三个学期，一直位于热门课程排行榜第二。

（2）线下师资团队

校企双导师：教学团队采取学校教师和企业导师共同教学的双导师制。教学团队年龄结构合理，3位教师具有高级职称，2位教师具有博士学历，1位外教，1位对韩企业高管，1位软件工程实验员，都是具有10年以上工作经验的专业教师及资源人士，保障了教学的顺利实施及质量。

4. 教学设计流程

教学设计流程如图4-15所示。

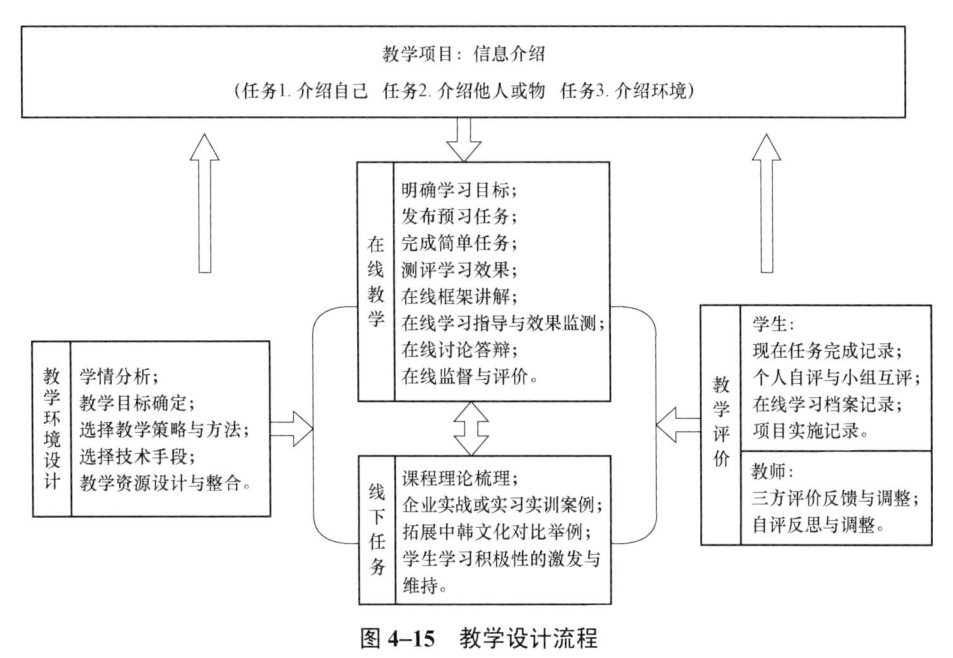

```
教学项目：信息介绍
（任务1. 介绍自己  任务2. 介绍他人或物  任务3. 介绍环境）
```

教学环境设计：
- 学情分析；
- 教学目标确定；
- 选择教学策略与方法；
- 选择技术手段；
- 教学资源设计与整合。

在线教学：
- 明确学习目标；
- 发布预习任务；
- 完成简单任务；
- 测评学习效果；
- 在线框架讲解；
- 在线学习指导与效果监测；
- 在线讨论答辩；
- 在线监督与评价。

线下任务：
- 课程理论梳理；
- 企业实战或实习实训案例；
- 拓展中韩文化对比举例；
- 学生学习积极性的激发与维持。

教学评价：
- 学生：现在任务完成记录；个人自评与小组互评；在线学习档案记录；项目实施记录。
- 教师：三方评价反馈与调整；自评反思与调整。

图4-15　教学设计流程

四、教学实施过程

教学实施过程如表4-5所示。

表4-5　教学实施过程

教学环节	教学内容	学生活动	教师活动	教学目的	课程思政	信息化资源、手段和作用
课前 （60 min）	・基本句型的结构； ・基本句子的使用	在平台上观看讲解知识点的微课短视频，进行简单的测验，思考老师布置的问题等课前预习	・发布本讲知识点微课短视频及测验，提出思考问题； ・学生在平台上测验反馈，分析问题	了解"N 은/는 무엇입니까？" "N 입니다." 句型结构		网络学习平台"轻工教育在线"或学习通App

续表

	教学环节	教学内容	学生活动	教师活动	教学目的	课程思政	信息化资源、手段和作用
	导言 (B) (5 min)	针对课前预习进行反馈分析	回顾上次课所讲知识	讲解预习反馈中的问题，分析原因	了解本讲内容		网络学习平台"轻工教育在线"或学习通App
	先测 (P) (3 min)	• 基本句型的巩固练习； • 代词词义的巩固练习	• 分析预习反馈的问题； • 通过基础练习巩固"N은/는 무엇입니까?"和"N 입니다"的学习	互动练习巩固"N은/는 무엇입니까?"和"N 입니다."句型	理解"N은/는 무엇입니까?"和"N 입니다."的句型结构		网络学习平台"轻工教育在线"或学习通App
	学习目标 (O) (2 min)	本讲学习目标介绍	了解学习目标	介绍本讲学习目标	了解本讲的学习内容		网络学习平台"轻工教育在线"或学习通App
课中	参与式学习活动1 (P) (15 min) 新知识讲解	• 基本句子的表达； • 基本句型在具体情景中的应用	引导归纳总结"N은/는 무엇입니까?"和"N 입니다."应用在学习和实践过程中应注意的重点和难点	引导学生对本讲内容进行归纳总结	能够分析和应用句型"N은/는 무엇입니까?"和"N 입니다."	通过了解韩语中，与人沟通、交流中的礼貌用语、禁忌、礼仪出自中国儒家文化思想，坚定文化自信	网络学习平台"轻工教育在线"或学习通App
	参与式学习活动2 (P) (20 min) 方案完善	运用过程中出现的问题归纳	根据学生所创设出的日常生活情境和对话，分析是否正确，找出问题	引导学生完成任务，找出问题	加深对基本能力的认识与体会		网络学习平台"轻工教育在线"或学习通App
	后测 (P) (30 min)	• 在特定的简单商务环境下阐释知识点的运用； • 问题归纳	分组讨论既定的简单的商务情境下"N은/는 무엇입니까?"和"N 입니다."该如何应用，并进行角色扮演，模拟对话练习	设定商务情境，组织学生进行演练	能够在工作中应用句型"N은/는 무엇입니까?""N 입니다."		网络学习平台"轻工教育在线"或学习通App

续表

教学环节		教学内容	学生活动	教师活动	教学目的	课程思政	信息化资源、手段和作用
课中	总结（S）（5 min）	• 基本句型中词语的词性的辨别； • 区分 입니다 和 습니다 的使用； • 具体情境中应用基本句子表达要注意的问题归纳	反思本讲学习内容，总结学习收获与不足	反思教学过程，总结优点与不足	能够辨别基本句型中词语的词性，并区分 입니다 和 습니다 的使用		网络学习平台"轻工教育在线"或学习通App
课后（60 min）		• 课文朗读打卡； • 运用所学知识制作情景对话短视频； • 预习下一讲学习内容，并完成任务	• 每天1分钟打卡朗读单词和课文； • 完成学习平台上的课前预习； • 运用本讲所学知识点制作微视频	• 检查纠正学生朗读和微视频中的问题； • 发布本讲知识点微课短视频及测验，提出思考问题； • 学生在平台上的测验反馈，分析问题	巩固、强化本讲所学内容、重点、难点及其应用，并了解下一讲的内容	养成严谨、专注的职业素养	网络学习平台"轻工教育在线"或学习通App

五、教学考核与评价

针对教学目标，设计多元全过程教学评价体系，该体系具有以下特点：

一是教学项目围绕教学目标设计，任务明确，便于生生、师生在线及时互评；

二是学习和评价数据在线自动生成，不可篡改，学生随时查看，激励学生努力学习；

三是在线教学资料可随时查找、观看、学习，为每位学生个性化学习提供条件；

四是进行教学过程中完成的优秀项目展示，使学生充满成就感，提高学习积极性。

教学考核与评价表如表4-6所示。

表4-6 《韩语口语》教学考核与评价表

序号	学习任务	评价方式	评分标准	分数分配/%
1	考勤	按时上课，不迟到、不早退	缺勤一次扣5分,全勤100分	25

续表

序号	学习任务	评价方式	评分标准	分数分配/%
2	课堂表现	认真听讲，积极完成课堂任务	一次课堂任务没有完成或上课纪律差扣2分，每次课堂表现都好100分	25
3	项目1：语音语法体系	• 熟练掌握发音要领、发音准确； • 掌握语法体系	每个项目满分5分	5
4	项目2：信息介绍	• 发音准确度； • 单词及句型的使用； • 应变能力； • 获取信息准确度； • 项目完整性	每个项目满分5分	5
5	项目3：存现表达			5
6	项目4：谓词句表达			5
7	项目5：否定与意志表达			5
8	作业完成情况	• 平台测验； • 每日打卡	• 平台测验：1分/次，满分50分。 • 每日打卡：漏打5天扣1分，满分50分	25
	合计			100

六、教学反思

1. 他评成效（学生、督导、同行）

学生是课程的主体，教师通过学生学习效果调查问卷和访谈交流等方式了解学生基本学习效果。每学期会在课程的三分之一节点和五分之四节点进行两次学生学习效果调查，用于调整教学策略和验收教学效果等。

督导以导为主，观察学生课堂对教学知识的把握与理解程度，课后与学生交流，找出影响学习效果的有关因素，并向教师反馈，提出建设性意见和建议，指导教师改进。督导听评课交流不低于三次。

同行通过相互观课或集体观课，相互学习。每学期同行听评课不低于三次，集体听评课不低于二次，通过反馈意见和建议的交流探讨，使课程更加趋于成熟。

2. 自评效果

课程负责人积极参加学校自评"种子计划"项目，进行自评。每学期对课程进行两次自评。经过两次学生学习效果调查和两次教师自评，运用课程合理性反思确认表来反思课程实施，进行总结。"韩语口语"教学设计对比如图4-16所示。

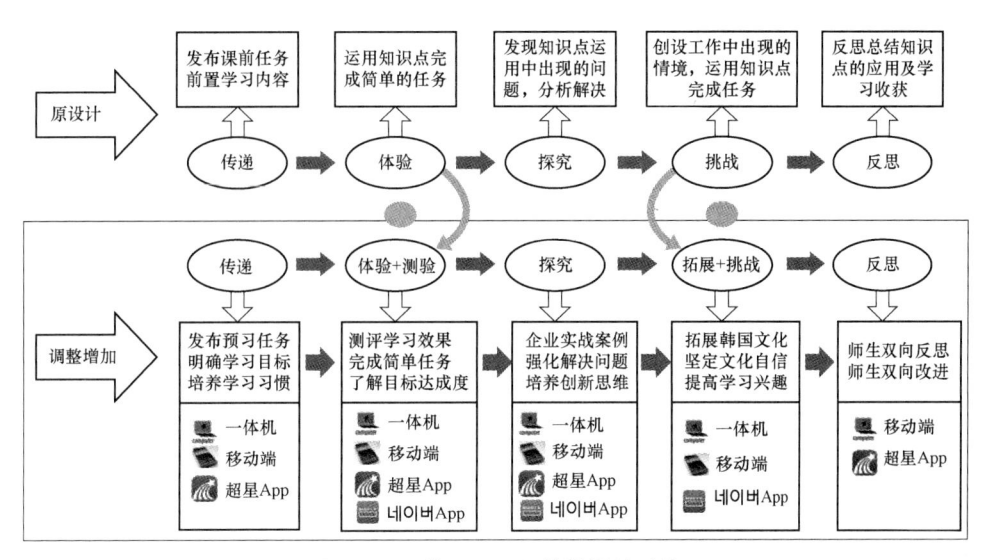

图 4-16 "韩语口语"教学设计对比

3. 教学特色

课程采用以学生为中心的任务驱动教学模式，充分利用信息化教学手段和教学资源进行线上教学与自评，实行"一贯穿，两联动，三段式，四面评，五结合"的教学实践和监督模式。依托教学平台在线课程，将增强学生民族自豪感和文化自信心的思政元素贯穿始终（一贯穿）；教学模式突破互联网限制，线上指导学生完成线下学习任务，加强学生对知识的理解和应用（两联动）；按照课前、课中、课后"思、辨、行"的授课步骤进行（三段式）；在学生、督导、同行以及自评的监督反思中（四面评），使课程更加趋于成熟。结合专业特点、职业需求、岗位职责、职业教育特点和专业交叉的特点，将所学的韩语语法知识点和语法框架融合其中，培养"岗位技能+复合型"人才。

4. 改进方向

（1）调整线上教学资源颗粒化的大小。单项教学资源大，会加大学生理解难度，不利于学生吸收利用。调整课堂结构和活动安排，合理分配时间，实现教学效果最大化。

（2）进一步增强课程思政效果。思政元素全面渗透每节课的教学环节，内容根据各班学生特点调整，更好地达到课程思政目标。

【点评】

按照课前、课中、课后三段设计线上教学。教学方法设计的重点是构建"做中学""学中练""练中会"的探究性学习场景。结合专业特点、职业需求、岗位职责、职业教育特点、专业交叉的特点和学生认知的差异而设计。整个教学过程通过让学生逐步完成既定任务，实现运用知识、技能和情感而不是简单灌输。

课前（60 min）：应用学习通组织学生线上自主学习句型结构和使用的知识，对句型结构有所了解。

课中（80 min）：教学步骤设计按照加拿大 ISW 迷你教学的教案设计 BOPPPS 模块化方法，采用的是 BPOPPS 模块化组合。80 min 的两节课，教师主导活动时间:学生主体活动时间=15 min:65 min=0.23，适应职业院校学生的学习风格。

导言（B），5 min，利用学习通上的微课、视频资料等，总结句型运用情况及课前学习情况，引出本次课的任务——判断句型运用。

先测（P），3 min，利用学习平台的统计功能，讲解和学习课前测试的错题，展示易错题。

目标（O），2 min，介绍本次课的学习目标，利用情境对话展示的对比，引出本讲学习目标及达成情况。

参与式学习活动（P），新知识讲解 15 min，讲解句子的表达和基本句型在具体情景中的应用，利用学生应用过程中出现的错误，强化练习，突破教学难点。方案完善 20 min，应用学习通 App 等进行分组讨论、同伴互评、展示、点评，完善在具体情境中的运用，突破教学难点。

后测（P），30 min，利用腾讯会议、学习通 App 等教学平台，完成进阶挑战任务，突出教学重点。

总结（S），5 min，利用学生自制短视频展示进阶挑战任务，根据其完成情况，引出拓展任务。

课后（60 min）：通过朗读打卡巩固基础，运用所学知识制作情景对话短视频，预习下一讲学习内容并完成任务，提升学生运用基础知识的能力。

总而言之，教师需要结合线上教学学生的学习行为，研究教学活动设计对学生参与学习活动促进的有效性。持续提升教学方法的灵活性、师生互动的覆盖面、课中测试的有效性、课后辅导的及时性等教学技能的熟练度，任重而道远。

案例 6

主讲教师：易弦

◎工作单位：广东农工商职业技术学院　　◎性别：女
◎主讲课程：园林规划设计　　　　　　　◎教龄：9 年
◎职称：讲师　　　　　　　　　　　　　◎学历：硕士研究生

教学感言

2014 年年初，我开始探索将信息技术与教育教学进行有机融合。微课是我的第一次尝试，我惊喜地发现，自己制作的视频可以有效帮助学生理解教学重点、化解教学难点。紧接着，我建立了网络课程平台，以提供学习资源，方便学生进行线上学习；并使用微信公众号来加强课堂的师生互动。这些信息化教学手段得到了历届学生们的充分肯定，得到了学生、督导和同行的充分肯定，也让我在教学比赛中也获得了较好的成绩。我将不忘初心，继续在职业教育教学的道路上不断思考、奋力前行。

教学设计

一、授课信息

【案例名称】景观化的生态护岸设计　　【案例学时】4
【所属课程】园林规划设计　　　　　　【课程学时】64
【授课班级】2018 级园林技术（1）班　【授课人数】36
【授课类别】农学类专业核心课
【参考教材】《园林规划与设计》《生态工程》
【教材类型】国家规划

二、教学分析

1. 学情分析

（1）知识基础

大二的学生有专业基础课学习的理论基础，正在进入专心核心课实践学习的阶段。已经掌握了园林工程制图、计算机辅助设计、植物生态学和土壤学的相关知识。

（2）认知能力

学生具有较强的职业认知能力，能够以实际工作内容为导向学习，做到"知行合一"。

（3）学习特点

善于接受新的学习方式，思维活跃、动手能力强，渴望表现自己。对本专业的课程有一定的兴趣，已经熟练使用网络课程平台进行线上学习。

（4）专业特性

正处在运用专业知识强化实践技能的训练阶段，具有一定的软件操作能力。

2. 教学目标

（1）知识目标

① 理解生态护岸的设计原则和依据；

② 理解生态护岸工程技术的要求。

（2）技能目标

① 掌握常见生态护岸设计的方法；

② 掌握将生态护岸与景观结合、表达视觉仿真效果的方法。

（3）素质目标

① 具备良好的沟通与协调能力；

② 具备良好的团队合作精神。

3. 教学内容

（1）教学模块一（1学时）

创设情境，引入新课。通过图文并茂的形式，展示城市里常见的河道护岸景观，引入新的课程内容。

（2）教学模块二（1学时）

讲解河道生态护岸与传统护岸的区别，及河道生态护岸的设计要点。

（3）教学模块三（1学时）

① 教师布置实训任务，并分析实训任务的设计要求。

② 学生查找相关工程技术规范。

③ 课后，学生根据任务书的要求，使用 AutoCAD、SketchUp 等软件进行河道生态护岸的设计。

（4）教学模块四（1学时）

① 根据工程设计图纸和模型展示，分别进行教师评价、小组互评和企业人员

评价。

② 教师和企业人员对本单元内容进行总结。

4. 教学重难点

（1）教学重点

① 内容。设计符合技术要求、适应生态环境的河道生态护岸。

② 突出教学重点的方法。教师讲解河道生态护岸与传统护岸的区别，及河道生态护岸的设计要点；教师布置实训任务，并分析实训任务的设计要求，学生查找相关工程技术规范；课后，学生根据任务书的要求，使用AutoCAD、SketchUp等软件进行河道生态护岸的设计。

（2）教学难点

① 内容。将生态护岸与景观结合、表达视觉仿真效果的方法。

② 突破教学难点的方法。利用VR资源库，进行案例学习；学生将设计模型渲染成360度立体全景形式展示的场景，显示在具有重力感应的手机上，结合VR眼镜可以体验到身临其境的效果，根据虚拟现实的效果再次调整方案。

三、教学策略及流程

1. 教学方法

（1）案例分析法

通过VR虚拟现实案例库展示典型案例的生态护岸设计图册，让学生清楚了解学习案例中设计成果的组成要素、核心内容与基本要求。融合企业真实案例，帮助学生掌握生态护岸"总体设计–平面设计–断面设计–种植设计"的整体设计流程与方法，掌握河道生态护岸的设计要点，激发学习潜能。

（2）任务驱动法

以企业真实的校企合作项目作为任务驱动，布置本市河涌整治工程的设计项目。让学生对河道长度为3.61 km的水环境进行综合治理，其中涉及到河道整治、景观建设等工程内容并明确设计成果包括总平面图1张，断面图4-6张、效果图3张和600字设计说明。学生使用Sketchup软件合作完成河道整体场景的三维建模，将护岸设计渲染成360度立体全景形式展示的场景，最终形成一整套电子图册。通过任务驱动帮助学生掌握常见生态护岸设计的方法以及护岸设计与景观表现有机结合的方法，培养学生发现问题、分析问题和解决问题的能力。

2. 教学手段

（1）构建网络课程平台，提供学习资源；

(2)使用微信公众号促进师生互动；
(3)结合 VR 虚拟现实技术实现仿真式案例学习；
(4)利用远程视频连线进行校企合作。

3. 教学资源

(1)"园林规划设计"课程网络课程平台；
(2)园林技术专业微信公众号；
(3)河道护岸设计微课视频；
(4)VR 虚拟现实案例库。

4. 教学设计流程

教学设计流程如图 4–17 所示。

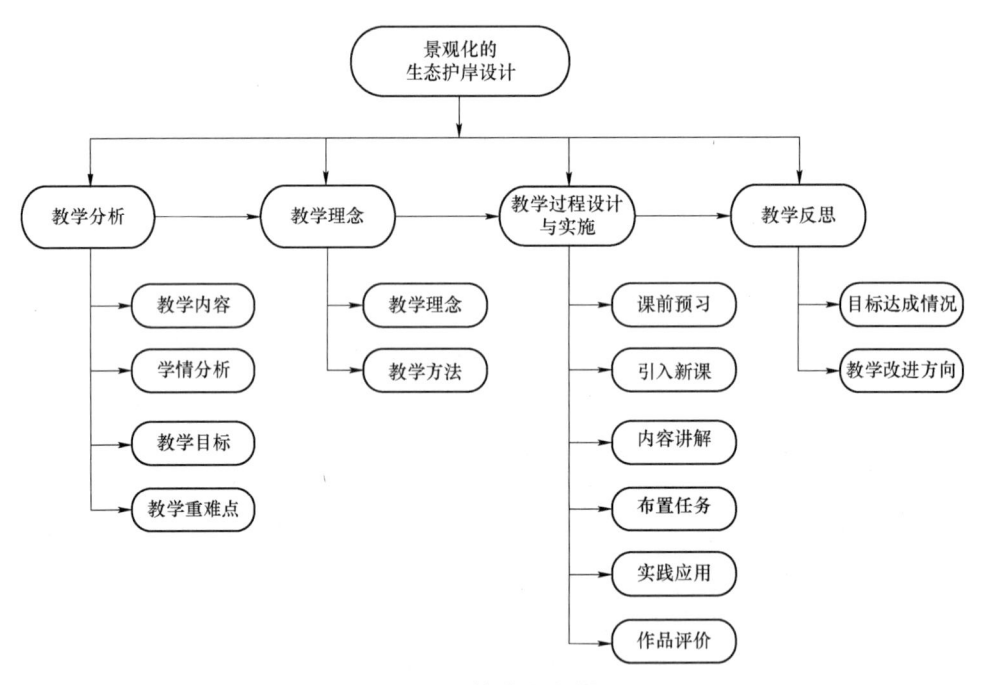

图 4–17　教学设计流程

四、教学实施过程

教学实施过程如表 4–7 所示。

表 4-7 教学实施过程

教学环节		教学内容	学生活动	教师活动	教学目的	课程思政	信息化资源、手段和作用
课前 (10 min)		生态护岸常见的形式以及材料应用	·用手机或平板电脑接到微信推送后进行课前预习； ·在微信上完成测试题部分	·利用微信公众号推送课前预习内容； ·根据测试结果及时调整教学策略	了解关于生态护岸常见形式、材料	通过了解古往今来生态护岸的优秀案例，坚定文化自信	微信公众平台：使用微信公众号的群发功能，在上课前一天，将预习内容推送到微信公众号上
课中	引入新课 (10 min)	景观化的生态护岸的概念、特点和分类	·结合课前预习内容，同时思考问题； ·观看新闻视频，理解学习内容的重要性	播放新闻视频，强调学习景观化的生态护岸设计的重要性，以及明确教学目标	了解景观化的生态护岸的概念、特点和分类	通过学习景观化的生态护岸的概念、特点和分类，树立"绿水青山就是金山银山"的生态文明理念	视频：以新闻的形式导入新课，明确学习内容的重要性
	内容讲解 (50 min)	·河道生态护岸与传统护岸的区别； ·景观化的生态护岸的设计流程与方法、设计要点	·登录网络课程平台，查阅工程技术规范图集，并且理解工程技术规范的要求，同时记录重要知识点，方便在设计中随时参考翻阅； ·观看微课件视频，学习生态护岸设计的案例； ·观看VR场景	归纳生态护岸的分类与特点； ·讲解工程技术规范的相关要求，引导学生登录网络课程查阅相关规范，指出在生态护岸设计中需要重要注意的规范； ·播放微课视频，展示和讲解生态护岸的典型案例； ·讲解案例的设计	·掌握景观化的生态护岸的设计流程与方法； ·掌握河道生态护岸的设计要点	通过学习景观化的生态护岸设计的相关法规，树立法治意识	·网络课程平台：提供工程技术规范的查阅和下载； ·微课视频：通过视频展示河道生态护岸设计的实际案例； ·VR案例库
	布置任务 (20 min)	生态护岸设计与景观表现有机结合的方法	在网络课程下载任务书文件，并且分析任务。如果对项目有疑问，可以与企业人员实时视频连线	布置任务，引导学生进一步分析任务	·掌握常见生态护岸设计的方法； ·掌握生态护岸设计与景观表现有机结合的方法		·网络课程平台：提供任务书文件和场地cad基本文件的下载； ·实时视频连线：如果学生对实际项目有疑问，可以采用QQ群视频功能，由实时视频连线向企业人员提问

续表

教学环节		教学内容	学生活动	教师活动	教学目的	课程思政	信息化资源、手段和作用
课中	实践应用（60 min）	景观化的生态护岸的总体设计、平面设计、断面设计和种植设计	• 学习案例设计成果，明确设计成果要求，对比案例设计和实景图的效果； • 下载工程规范图集、计算设计洪水水量和设计水位。使用AutoCAD软件进行总体设计、平面设计； • 使用AutoCAD制作草皮护岸断面、石笼护岸断面等图纸，并进行种植设计； • 完成三维场景建模； • 将sketchup模型使用VR插件渲染，并且观看效果，根据效果再次调整设计方案	• 展示和讲解生态护岸的设计图册，以及展示项目施工建成后的实景图； • 明确生态护岸的设计流程，关注学生的操作过程，适当引导； • 播放视频动画，讲解工程技术与景观结合的运用； • 观察学生的建模过程，并且进行指导； • 观看VR虚拟现实效果，根据表达效果指导学生再次调整方案	能够完成作品的三维建模	通过设计景观化的生态护岸模型，培养创新精神、团结合作精神和精益求精的工匠精神	• 视频动画：展示断面设计过程中，结合水位变化的设计要求； • Sketchup三维建模：使用sketchup软件对项目河道场景进行整体建模； • VR虚拟现实：将设计模型渲染成360度立体全景形式展示的场景，显示在具有重力感应的手机上，结合VR眼镜可以体验到身临其境的效果
	作品评价（20 min）	设计作品的多重评价	完成作业，提交到网络课程平台，并且对其他小组的作业给出评价和评分	批量下载作业文件，并且根据评价量规表进行评分			网络课程平台
课后扩展（15 min）		总结教学内容	利用微信复习、登录网络课程平台复习旧知，在学校图书馆查询课后学习书目进行课后扩展学习	利用微信公众号推送课后复习内容	巩固所学知识		• 微信公众号：提供课后小结内容和扩展学习的相关资源链接； • 网络课程平台：提供微课学习视频

五、教学考核与评价

在课程的考核方面，采用多重考核的形式。根据工程设计图纸和模型展示，分别进行教师评价、小组互评和企业人员评价。评价内容和分数可以上传到网络课程平台，由系统自动生成课程成绩。

将多种信息化手段应用到教学后，有效实现了教学的知识目标、技能目标和素质目标，从课前预习率到作业成绩都有了大幅的提升。在相同的评价标准和评价人员的前提下，平均分从过去的 71 分增长到 80 分。

从学生的作业成果来看，设计的表现质量也有了明显提高，视觉表达效果突出的优秀作业数量增加了两成，成果同样也受到了企业人员的肯定。

六、教学反思

在课程结束后，使用微信问卷的形式，给本专业 3 个班的同学发放了教学评价问卷，得到了 120 份有效问卷。问卷调查结果显示，通过多种信息化教学手段，解决传统教学中的瓶颈问题，提高了教学效果。调查数据显示，97%的同学认为有必要将多种信息化教学手段引入课程教学，95%的同学认为已经充分掌握景观化的生态护岸设计方法，88%的同学认为对课堂实时视频连线能够更有效地解决项目实际问题，82%的同学对 VR 虚拟现实的信息化手段有强烈的学习兴趣，并调动了他们的学习积极性、提升了学习的专注力，78%的同学认为通过微课视频能更好地掌握教学重点和难点。

督导评价：该案例选取了目前的热点，即生态城市建设中的生态护岸为教学内容，紧跟国家政策，体现了高职教育的特点；采用任务驱动教学策略，融合企业真实案例，激发学习动机与潜能；合理应用 VR 等信息技术，突破重难点，提升教学效率和效果。

同行评价：设计成果更符合实际项目的需求，VR 成果的创新表达也得到了项目甲方的重视、能够更好地表达视觉仿真效果。

教学特色主要包括两点：一是采用任务驱动教学策略，融合企业真实案例，激发学习动机与潜能。以真实企业任务为导向，鼓励学生自主进行创新设计，培养学生的动手能力和职业素养，强调校企合作，紧跟行业变化。"理论、仿真、实操"一体化，将理论教学与实践教学有机融合，指导学生确定目标，拟订计划，逐步完成方案的设计。二是合理应用信息技术，突破重难点，提升教学效率和效果。充分利用 VR 虚拟现实案例库的实际案例，可以打破空间的限制，以浸入式体验来学习各类案例，全方位展示案例的设计细节，以此解决解学重难点，并且提升学生的学习兴趣和专注力。利用微视频提供及时的指导和帮助，提升教学效果。利用微信公众号、网络课程平台提供预习和拓展材料，提供课前、课中、课后的全方位学习支撑服务，利用远程视频连线实现校企联合培养。

  在改进方向和措施方面，可以进一步组织好师生互动、生生互动，提升学生的沟通和表达能力，进一步提升学生的自主学习能力。

案例 7

主讲教师：阎汉生

◎工作单位：广东工贸职业技术学院　　◎性别：男
◎主讲课程：机械制图　　　　　　　　◎教龄：15 年
◎职称：副教授　　　　　　　　　　　◎学历：硕士研究生

教学感言

我认为，拉开高职生和本科生差距的不是课本里的技能，而是课本外的眼界。秉持"只问对错，不争得失，敢于担当的理念"，只要对学生有益的，就是老师应该做的。在完善自身的同时，尽力将丰富的知识技能、正确的方法观念、善良的情操道德传递给青年学生。

教学设计

一、授课信息

【案例名称】组合体三视图的画法　　　　　【案例学时】5
【所属课程】机械制图　　　　　　　　　　【课程学时】72
【授课班级】2020 级机械制造与自动化（1）班　【授课人数】42
【授课类别】理工类专业基础课
【参考教材】《机械制图》《机械制图习题集》
【教材类型】"十二五"国家规划教材

二、教学分析

1. 学情分析

（1）知识基础

根据课前全班调研的结果进行分析，学生整体已掌握的知识技能情况如下：
① 已掌握立体空间的概念；
② 已掌握平面图形的表达方法；
③ 已掌握基本立体的绘制步骤。

根据课前的大数据画像进行个体分析，学生的知识和技能基础如下：

85

① 少部分同学对立体表达中不可见部分的理解不清楚；
② 少部分同学在三视图展开后对视图方向的判断不够熟练。
（2）认知能力
根据先序课程的学习数据进行整体分析，学生的整体认知和实践能力如下：
① 根据中学阶段已学知识，平面几何的能力较强；
② 查询、收集、处理信息的能力较强；
③ 对空间中三坐标轴上位置判断能力较弱；
④ 团队协作解决问题的能力偏低。
（3）学习特点
根据教务处和调查问卷数据进行整体分析，学生的学习特点如下：
① 授课班级为 2020 级机械制造技术（1）班，全班共 42 人，其中男生 32 人，女生 10 人，新冠肺炎疫情期间在家进行线上学习，同学之间的交流较少；
② 36%的学生是独生子女，团队协作能力比较薄弱；
③ 90%的学生非常关注新冠肺炎疫情的进展，希望外贸和制造业尽快复苏，能用所学知识生产更多更好的医疗防疫设备；
④ 71%的学生来自农村，希望学习机械制图相关技术，参与乡村振兴建设。
（4）专业特性
① 希望学习符合企业需求和国家标准的机械制图知识，但学习的积极性欠缺，复杂空间想象力需加强；
② 希望多动手多实践，对理论知识的学习兴趣不足。

2. 教学目标

（1）知识目标
① 了解组合体的构型方式；
② 掌握组合体三视图的绘图方法与步骤；
③ 理解形体分析法的含义；
④ 掌握不同构型组合体的结构形式。
（2）技能目标
① 能使用形体分析法画出支座的三视图；
② 能正确分析导向块组合体的结构组成方式和细节特征；
③ 能对复杂形体进行多种构型方式组合分析；
④ 能完成其他中等难度组合体三视图的绘制。
（3）素质目标
① 养成探究学习的精神；
② 养成一丝不苟、精益求精的工匠精神；
③ 具备良好的三维创新构型思维能力。

3. 教学内容

机械制图是机械类及相关专业开设的一门专业基础课，是培养学生识读和绘制工程图纸能力的首要途径。本次教学内容选自机械制造与自动化专业"机械制图"课程，参考职业教育"十二五"国家规划教材，依据人才培养方案，立足地区对加工制造类人才需求，结合学院条件，将教学内容确定为制图基础、点直线和平面的投影、基本体及其表面交线、组合体绘制与识读、轴测图、机械图样表达、标准件与常用件、零件图和装配图共 9 个教学章节。本案例针对内容是第 5 章第 1 节和第 2 节：组合体三视图的画法。

4. 教学重难点

（1）教学重点

① 内容。掌握组合体的三种构型方式：叠加、切割、综合；掌握支座组合体的结构形式和绘制方法；掌握导向块组合体的构型方法和绘制方法。

② 突出教学重点的方法。观看线上慕课构型过程视频，使用 VR/AR 虚拟技术进行交互展示，辅助理解组合体构型；通过任务驱动、小组讨论的方式，引入企业导师参与方案点评；通过教师动作与二维动画合二为一的"板书式 PPT"示范作图过程。

（2）教学难点

① 内容。组合体构型的空间想象力训练；正确对组合体进行形体分析；③ 组合体中各部分连接位置的线条画法。

② 突破教学难点的方法。层层设问、逐层递进引导学生思维，通过雨课堂奖励提出创新设想的学生；教师现场操作 Rhino 三维软件动态演示组合与切割、剖切、半透明等实时特效；手把手指导学生当堂手工绘图。

三、教学策略及流程

1. 教学方法

（1）任务驱动法

在混合式教学模式下，采用问题驱动和任务驱动等教学方法，以学生为主体，引入企业生产任务，激发学生学习兴趣，作为课后拓展任务，灌输劳动教育理念。

（2）探究法

通过实际任务促使学生进行探究式学习，自主建构组合体的构型和绘制相关知识，结合教师演示与学生实操，实现"做中学、做中教"。

（3）一题多解法

鼓励学生进行一题多解，拓展创新思维，并进行实时奖励，提升学生的获得感。

2. 教学手段

（1）慕课、微课相结合，通过在线视频满足学生预习和复习的需求。

（2）AR 资源与 VR 实践操作相结合，全面提高三维图形识读的沉浸感、交互性。

（3）板书式 PPT 演示与手把手指导绘图相结合，既注重细节也提高效率。

3. 教学资源

（1）以视频形式展现的慕课、微课资源

学生通过浏览器，可以不受时空约束地使用工贸慕课平台上的工程制图国家精品课程、国家职业教育资源库微课，在课前进行线上预习。同时，教师可以根据每位学生的进度进行督促，掌握学生对知识的了解情况。

（2）移动端虚拟交互模型、实体模型

教学团队制作的"3d 秀秀"移动端虚拟交互组合体模型、3D 打印的案例实物模型，随堂使用，可以将抽象的空间思维形象化，有利于学生理解组合体的空间形态，同时具备交互功能，使原本枯燥的学习具有趣味性。

（3）"名师名匠"的专兼融合团队

教学团队年龄结构合理，4 位教师具有高级职称，2 位教师具有博士学历，1 位教师是省级模具设计领军人才、南粤优秀教师，1 位教师是广东省技术能手、省工程图学学会理事，3 位教师是来自制造企业的高级工程师，保障了教学实施效果。

4. 教学设计流程

教学设计流程如图 4–18 所示。

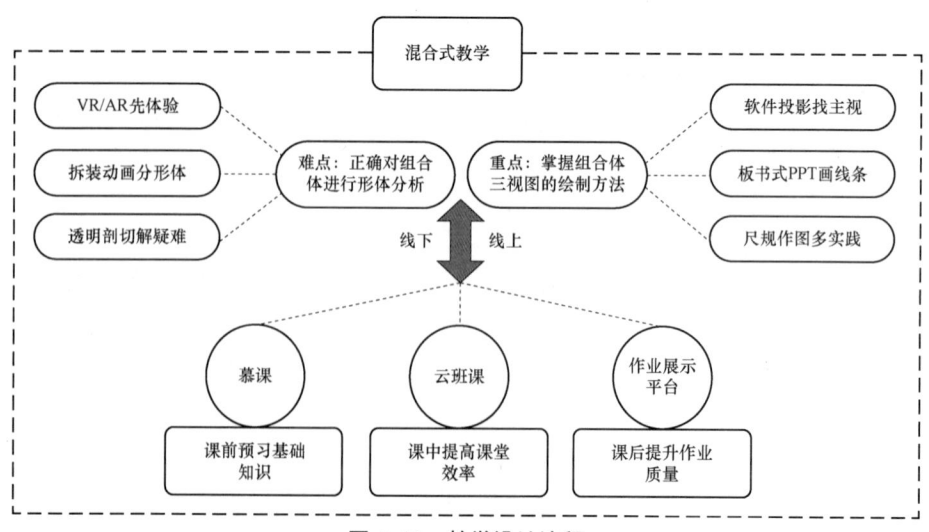

图 4–18　教学设计流程

四、教学实施过程

教学实施过程如表 4-8 所示。

表 4-8 教学实施过程

教学环节	教学内容	学生活动	教师活动	教学目的	课程思政	信息化资源、手段和作用
课前（40 min）	组合体的构成方式，特别是叠加型组合体的构型	通过慕课、微课、AR 技术完成预习任务	发布预习任务，做好进度督查	初步了解组合体的构成方式，特别是叠加型组合体的构型		远程慕课、微课平台、VR/AR 交互技术体验
课中 任务导入（B）（10 min）	支座零件的表达方法	明确任务后，分组讨论，各自表达合理的视图绘制方法，包括视图的方向、数量、表达要点	讲解课前学习情况，布置给同学，引导学生从已有知识出发，寻找支座零件组合体的表示方法	了解支座零件的表达方法，通过创设与工程实际相关的学习情境，激发学生的学习积极性	通过思考知识与生产的结合意义，认识劳动的意义和价值	采用 3D 打印实物模型，说明企业任务。学生采用电子白板，微信群的方式研讨方案
课中 参与式学习活动 1（P）（10 min）新知讲解	组合的构成方式和分类	边听边思考组合体的构成方式，可以自行安装相关软件学习	通过 Flash 动画+Rhino 软件实时剖切演示组合体各个组成部分之间的位置关系，让学生理解透彻	了解组合的构成方式和分类	通过初步了解先进工程软件的功能以及国产工程软件较为匮乏的现状，树立技能强国意识	通过三维拆装动画演示、透明剖切特效，使学生更形象化理解问题
课中 参与式学习活动 2（P）（5 min）方案完善	组合体主视图投影方向的判定原则	边听边思考，在学生做选择的时候，积极主动，选择正确投射方向	通过 Rhino 软件演示 3 种不同投影方向得到主视图的方案，让学生来直观评价哪种方向最好	领会组合体主视图投影方向的判定原则		Rhino 软件实操投影出多个方案给学生参考，利用对分易实时投票，选出正确方案
课中 参与式学习活动 3（P）（15 min）学生练习	组合体其他各视图的表达规范	动手实操，绘制一个类似的，难度稍简单的组合体视图，使用尺规作图，符合国标要求	教师在讲授完成后，立刻布置一个较简单的习题由学生动手绘制。教师巡视并纠正学生的不规范作图习惯	体会组合体其他各视图的表达规范，并掌握简单的组合体视图绘制技术	通过绘制组合体的视图，培养精益求精的工匠精神	通过雨课堂实时分享题目图纸，指导纠正学生不规范的作图习惯
课中 后测（P）（5 min）	支座组合体三视图的绘制	完成绘图，拍照上传云班课，进行互评	指导学生拍照上传云课堂，老师打开后学生进行互评	体会组合体其他各视图的表达规范，并掌握简单的组合体视图绘制技术		采用云班课软件进行图纸的上传和展示
课中 总结点评（5 min）	叠加型组合体的绘制步骤，布置切割型组合体的拓展任务	学生观看典型绘图，听教师讲解并记录要点	教师进行疑难讲解	领会叠加型组合体的绘制步骤，为绘制切割型组合体打下基础	通过听取教师关于叠加型组合体典型绘图的讲解，培养爱岗敬业的职业素养	采用云班课软件进行图纸的疑难讲解

89

续表

教学环节	教学内容	学生活动	教师活动	教学目的	课程思政	信息化资源、手段和作用
课后（60 min）	切割型组合体的构型和绘制	在模型库的辅导下，完成作业。登录作业展示平台，对比标杆。观看慕课视频	批改、扫描优秀作业上传到学生作业展示平台	掌握切割型组合体的构型和绘制		采用得实平台展示，提供历届优秀作品，学生对比标杆，自我提升

五、教学考核与评价

1. 教学考核方式

在教学过程中，尊重学生的主体地位和主体人格，贯彻以学生为中心的理念。在课前体验、任务导入、小组讨论、课堂实操、成果互评等环节都进行实时评价，精准把握学生的学习进度和状态。除了作业、习题的分数之外，同时考察学生参与学习的积极性、在组内进行分工合作时的主动性和领导力，以及操作的规范性和精益求精的工匠精神。利用先进的移动教学信息化软件统计全过程考核评价信息，根据分析结果及时调整教学策略，通过教师教学行为引导学生的情感、态度、价值观健康综合发展。在具体评价比重中，过程评价占 60%，结果评价占 40%。考核评价表如表 4-9 所示。

表 4-9 考核评价表

	评价因子	评价内容	比重/%	评价依据	评价主体
过程评价（60%）	平时表现	查阅资源、电子考勤等	10	教学系统、学生互评	教师、学生
	任务完成度	预习情况、方案展示等	35	教学系统、组内互评	教师、学生
	团队合作	参与讨论、互评互助等	15	教学系统、小组互评	教师、学生
结果评价（40%）	综合成长	技能竞赛、"双创"活动等	5	学生自评	学生
	作业习题	完成的正确率、幅面质量等	20	教学系统	教师
	单元测验	对单元知识的综合应用	15	教学系统	教师

2. 教学实施效果与成果

（1）慕课平台、网络微课、微信群的使用，使沟通更有效率、课外预习复习更加便捷，教师对预习复习的监督也更到位。

（2）AR 模型、VR 虚拟拆装：科技手段辅助学生自主完成预学习，拓展了学习时间与空间，实现了个性化、差异化的学习，提升了科学素养。

（3）板书式 PPT：兼具传统粉笔板书和一般电子课件的优势，绘图速度快、精度高、线型丰富，步骤清晰，学生代入感强，专注度高。

（4）在各种启发和任务下，学生能主动进行探究式学习，积极讨论，习题完成后，愿意上台分享，学习积极性得到明显提高。

（5）学生以"机械制图"课程为基础的工程图纸识读、三维模型绘制、机械创新设计能力得到提升。在专业领域内获得系列奖项，包括2020年"高教杯"全国大学生先进成图技术与产品信息建模创新大赛一等奖等。2020年，学生参加"1+X"数字创意建模师高级考证通过率达到95%。

（6）教学改革成果丰硕，任课教师的"组合体三视图的画法"参加2019年广东省职业院校技能大赛教师教学能力比赛获二等奖，并以此为基础获2019年全国高校教师教学创新大赛三等奖、广东省职业教育省级教学成果二等奖。

六、教学反思

从教学反馈来看，近七成学生能很好地完成支座组合体三视图的绘制任务，近九成学生认为丰富的教学手段融入后课堂积极性和专注度得到明显提升。学生最感兴趣的方式是 AR 交互、软件实操演示和云班课。学生希望增加课堂练习时间的建议，则说明手工绘图仍然不可替代，今后要更加注重将传统教学与信息化方式取长补短，相互融合。教学反馈相关调查结果如图 4–19 所示。

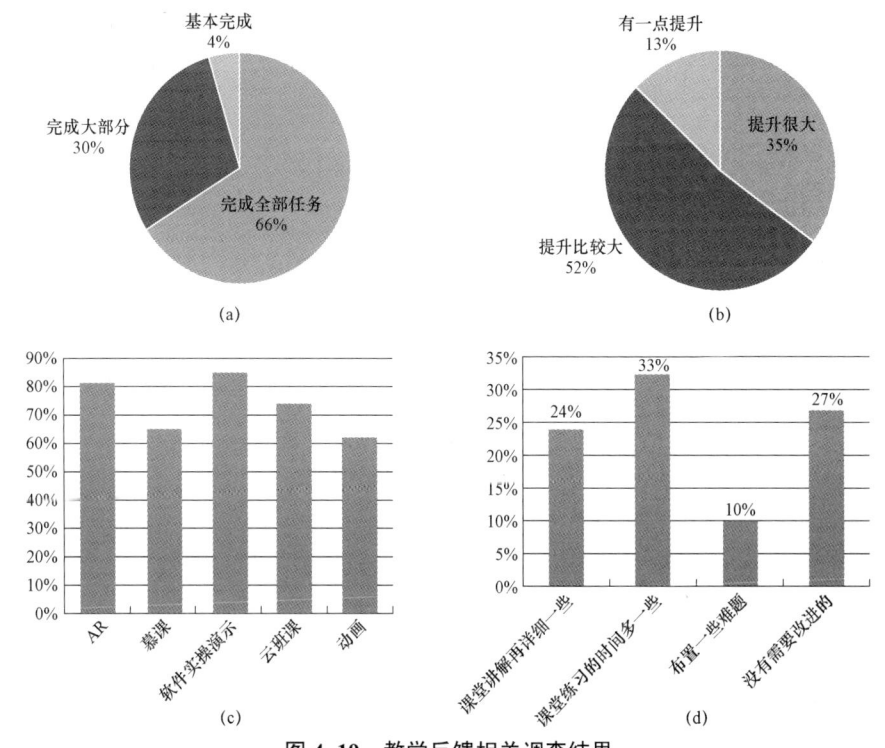

图 4–19 教学反馈相关调查结果
（a）企业绘图任务完成情况；（b）课堂积极性和专注度提升情况；
（c）最感兴趣的信息和方式；（d）需要改进的地方

本部分课程的教学实施，以构型设计的思想、方法和原则来讲解组合体的构建过程，把空间想象和型体表达有机结合起来。根据建构主义学习理论，转换教师角色，营造教学情境，培养学生创造性思维，让学生参与到整个教学过程中。

通过展示实物模型和机械零部件动画，采用了层层设问、启发引导的教学方法，培养了学生的探究学习习惯和创新构思能力。同时为了突破教学难点，采用了 VR/AR 先体验、3D 打印案例模型、拆装动画分形体、透明剖切解疑难等多种技术手段。为了掌握教学重点，重点采用了板书式 PPT+教师演示的方法，这种方法既有一般 PPT 图线清晰、演示快速的优点，同时具备了传统手工画图给学生的代入感强、步骤清晰的优点。学生在手工绘图实践中体会精益求精的工匠精神。

针对新冠肺炎疫情期间在线教学的需求，教学团队积极探索线上线下混合式教学模式，综合使用多种信息化手段，调整了教学策略，积累了有益经验。今后在针对学生个性化培养、原创 VR/AR 资源方面将进一步开展工作。

案例 8

主讲教师：孟真

◎工作单位：珠海城市职业技术学院　　◎性别：男
◎主讲课程：智能安防设备安装与调试　　◎教龄：20 年
◎职称：讲师　　　　　　　　　　　　◎学历：本科

教学感言

从事教学工作 20 年了，自己也有了一些感悟。从懵懂地初入职场，到现在人到中年，对教育的热爱，让我一直留在这个岗位上。随着时代的发展，教学手段愈加丰富，在 2020 年新冠肺炎疫情期间，几乎所有的学校都开展了线上教学活动。与传统课堂教学不同，师生可能远隔万里，没有现场的指导与交流，很多传统教学手段无计可施。我也在不断学习同行的经验，尝试在新的教学环境下能够出色完成教学工作。

教学设计

一、授课信息

【案例名称】红外防入侵报警系统设计　　【案例学时】4

【所属课程】智能安防设备安装与调试　　【课程学时】64

【授课班级】2019 级电子技术（3）班/　　【授课人数】30（本校）
　　　　　　慕课学员（专业不限）　　　　　　　　　 358（社会）

【授课类别】理工类专业核心课

【参考教材】《智能小区安全防范系统（第 2 版）》实训指导书
　　　　　　及安防协会培训教材

【教材类型】国家规划

二、教学分析

1. 学情分析

（1）知识基础

根据课前在线测试的结果进行分析，学生整体已掌握的知识技能情况如下：

① 已掌握安防仿真软件的使用方法；

② 已掌握安防项目拓扑设计方法和 CAD 安防制图；

③ 已熟悉基本的安防项目设计规范。

根据平台的大数据反馈结果进行个体分析，典型个体学生的知识基础情况如下：

几位同学有与本课程相关的兼职经验，兴趣高，动手能力强，在课堂上起到很积极的带动作用；

有两位同学只喜欢动手实操，但相关理论掌握不足。

（2）认知能力

根据先序课程的学习数据进行整体分析，学生的整体认知和实践能力如下：

① 班级整体理解能力较强，思维比较活跃；

② 具备较强的对所学知识的归纳、分析能力；

③ 很多同学的观察能力强，模仿能力强；

④ 从方案设计中发现问题的能力偏低。

根据前期课程的在线测试统计结果，进行个体分析，存在少数同学分析、解决问题的能力不足。

（3）学习特点

根据智慧职教慕课平台调查问卷数据进行整体分析，学生的学习特点如下：

① 91%的学生能够按时完成在线学习和课后复习；

② 83%的学生喜欢使用慕课平台和微信公众互动学习交流；

③ 96%的学生更喜欢借助微课、仿真等多媒体资源进行学习。

根据慕课即时在线讨论统计数据进行个体分析，个别学生线上学习过程参与度不高，很少参与讨论。

（4）专业特性

① 校内班级为 2019 级电子技术（3）班，这个班为 3+2 分段班，在中职阶段参加过顶岗实习，学生整体动手能力强，部分学生有相关岗位工作经验；

② 较高中生源相比，学生理论基础较差，设计软件掌握程度不好；

③ 本课程同时在职教云慕课学院开课，社会学员同步班生源复杂，专业基础参差不齐，截至目前有 37 家院校和公司的 358 人参与学习；

④ 不少网上 MOOC 学员没有相关专业的学习背景，只是出于对课程的兴趣自愿参与学习，针对此类学员，推荐多学多练，通过在线论坛多与其他学生及老

师讨论交流。

2. 教学目标

（1）知识目标

① 掌握红外遮断式防盗栅栏工作原理；

② 掌握报警主机的功能；

③ 掌握两种防卫模式的设计方法；

④ 掌握红外遮断式防入侵报警系统设计方法；

⑤ 了解防盗入侵系统在社会安全中的重要作用。

（2）技能目标

① 能够设计简单的红外防入侵边界防入侵系统；

② 能够使用仿真软件完成红外栅栏防入侵报警系统的连接方法；

③ 能够完成小型红外防入侵报警系统的方案设计。

（3）素质目标

① 具有安全防范的意识，及服务于国家安全和社会稳定的信念；

② 具有遵守安防行业设计规范的职业素质；

③ 具有对工作务实求实、对任务精益求精的匠人精神。

3. 教学内容

本课程是电子信息工程技术专业核心课程，培养安防行业设计、施工、维护、项目管理等技术技能型人才。学生能够完成典型安防工程项目的咨询、设计、施工、调试、维护等工作，能够对简单安防项目进行评估和初步验收，具备职业素养和操守；课程内容符合就业岗位的任职要求。

本单元内容为安防五大典型系统之一的边界防入侵系统，是安防工程中第二大系统；学生通过本单元学习，能够完成一个简单的完整边界防入侵系统设计、选型配置、仿真、搭建、调试、项目评价等。

本次课 4 课时，学习边界防入侵系统的组成、主要工作原理，引导学生设计某企业典型红外防入侵报警系统，通过仿真完成系统的搭建验证，并形成较为完善的设计方案；对于有线下实训条件的学生，还可以通过微课实训教学完成实物系统搭建。

4. 教学重难点

（1）教学重点

① 内容。红外边界防入侵报警系统的设计。

② 突出教学重点的方法。原创微课视频，在动画中讲解；在线仿真实训小游戏，在娱乐中学习；案例演示讲解和练习，在实战中提高；提供在线拓展学习资源，取长补短，积累经验。

（2）教学难点

① 内容。采用高防卫模式和普通防卫模式时，设计和接线区别。

② 突破教学难点的方法。互动论坛：提供慕课互动论坛，共同讨论协同解决，对于经典问题长期置顶，长期参考学习；案例学习：提供冗余案例资源、官方文档、实操视频等多种资源帮助学生多角度理解难点；教师演示视频和学生实操视频：通过录制的难点实操视频，让在线学习更加直观化。

三、教学策略及流程

1. 教学方法

（1）任务驱动法

选择一个经过优化设计的某企业真实工程案例作为情境任务，为某企业设计一套红外防入侵报警系统。

（2）讨论法

通过在线课堂讲解与讨论、案例分析等，促进学生对所学理论的理解和运用，以培养其实际操作技能。

2. 教学手段

（1）利用腾讯课堂平台，在线直播授课过程，建立实时互动；

（2）使用职教云慕课在线学习平台，面向全国学生及社会学员开放；

（3）建设和使用省级精品在线开放课程平台，面向安防从业人员继续教育；

（4）利用"孟老师的微课堂"微信公众号，发布业界资讯，了解行业发展动态。

3. 教学资源

（1）职教云慕课在线学习平台

全国性慕课在线学习平台，能实现学习跟踪智能化、教学决策数据化、交流互动实时化、评价反馈广泛化。

（2）广东省精品在线开放课程学习平台

本人主持的精品开放课程学习平台，由珠海市公安局、珠海市公共安全防范协会及珠海深圳多家安防企业共同开发建设，能为在校生、社会学员、珠海市安防从业人员提供全面的专业学习、继续教育在线培训等教学资源。

（3）专业教学资源库

资源库提供的专业知识覆盖面广、服务对象多元化、资源丰富、分类清晰，包含继续教育培训库、工程规范库、工程案例库、安防工程申报库、科技资讯库等十余种学习资源。其中，继续教育培训库为珠海市安防从业人员继续教育现行培训资料，每年更新；安防工程申报库，包含珠海市公安局技防大队提供的安防企业项目申报必备材料。

（4）"专家型"专业教学团队

教学团队由本校教师和行业人才组成，其中，3人为珠海市公共安全专家库在册专家；1人为珠海市公安局技侦大队干警，负责和参与珠海市安防工程审批及验收工作。

4. 教学设计流程

教学设计流程如图4-20所示。

10分钟	利用新冠肺炎疫情期间安全管控案例，引入项目任务	40分钟	学生在线讨论方案，教师引导设计	15分钟	学生完成项目设计；学生互评；教师点评	10分钟
一个微课引发兴趣导入课题	15分钟 任务剖析，教师精讲重点难点，互动小测验	30分钟 通过在线仿真小游戏，练习系统设计和搭建		60分钟 本课重点难点归纳总结，布置作业		

图4-20 教学设计流程

四、教学实施过程

教学实施过程如表4-10所示。

表4-10 教学实施过程

教学环节	教学内容	学生活动	教师活动	教学目的	课程思政	信息化资源、手段和作用
课前	• 查看课时安排，明确学习内容；• 搜索整理关于防入侵的基础知识	• 登录职教云慕课平台预习；• 查看课时内容，了解本次任务；• 利用网络学习防入侵报警器的基础知识；• 完成课前摸底小测	• 布置课前内容；• 查看学习情况：教师后台查看学生预习情况，评判学生学习基础，调整教学策略	了解关于防入侵的基础知识	通过预习防入侵报警器的基础知识，树立国家、社会安全意识	• 职教云慕课学习平台：学生可反复学习知识点；教师可实时跟踪学生学习情况，调整教学策略；师生通过平台交流互动答疑；• 微信公众号"孟老师的微课堂"：通过手机端，利用碎片时间，了解当前行业资讯
课中	环节1 课程导入（10 min）	• 边界防入侵系统的概念；• 边界防入侵报警系统的重要性	• 观看微课视频，了解本课内容；• 在线讨论中回答教师提问	• 播放微课"边界防入侵系统的由来"；• 启发性提问"现代防入侵系统比古代有什么优势"；• 对学生的讨论回答进行归纳	了解防入侵报警系统的重要性和优越性	通过了解防入侵对于国家的重要性，树立国家、社会安全意识	• 在线学习平台腾讯直播和慕课可同时进行；边看直播，边看学习资料；• 微课动画：吸引学生注意力，启发思考；• 在线讨论：即时在线交流，了解学生想法

续表

教学环节	教学内容	学生活动	教师活动	教学目的	课程思政	信息化资源、手段和作用
环节2 任务导入 （15 min）	• 引入项目任务"设计一个简单的红外防入侵报警系统"	• 观看视频，思考和回答传统防入侵系统的不足，以及红外防入侵系统的优点	• 通过一段微课视频，让学生讨论和认识传统防入侵手段的不足； • 归纳红外防入侵系统的优势； • 引用现实案例，结合目前防疫形式，引入本课的任务	领会红外防入侵系统的优点	通过了解边界防入侵系统对防疫的重要性，筑牢防疫意识	• 微课动画：诱发学生思考； • 慕课在线讨论：在线头脑风暴分析讨论
	从生活案例分析需求，启发思维			引入项目任务，如某企业设计防盗入侵报警系统		
课中	环节3 任务剖析，教师精讲重点、难点 （40 min）	• 红外光束遮断式感应器工作原理； • 报警主机的结构； • 红外防入侵报警系统的组成； • 红外防入侵报警系统设计和搭建方法（重点）； • 两种防卫模式的不同连接方法（难点）	• 腾讯课堂直播平台收看红外防入侵报警系统讲解； • 利用互动讨论，随时可以提出疑问； • 完成阶段知识小测试	• 配合微课视频，讲解红外防入侵报警系统基本知识； • 任务剖析：设计一个工厂的边界防入侵报警系统； • 精讲和强调两种防卫模式的不同连接方法（第一次）：从理论上破解教学难点； • 安排和了解学生知识小测试情况，便于掌握学习效果	• 掌握红外报警器的工作原理； • 掌握报警主机的功能和连接方法； • 理解红外防入侵报警系统设计要点和搭建方法，为下一步仿真和设计提供理论支撑	• 通过了解海康威视、大华在安防领域销量位居世界前列的案例，坚定四个自信； • 通过了解我国在防疫期间，大量应用红外防入侵系统，确保重要区域、设施人员流动有效监管的案例，筑牢防疫意识	• 慕课平台，面向全国学员提供开放性在线学习环境； • 腾讯课堂，直播讲解本课重点、难点内容，精细任务剖析； • 在线测试，自动统计分析回答结果，便于即时掌握学生学习效果

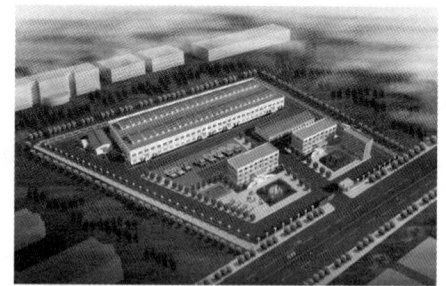

续表

教学环节	教学内容	学生活动	教师活动	教学目的	课程思政	信息化资源、手段和作用
课中	环节3 任务剖析，教师精讲重点、难点（40 min）					
	详细分析两种防卫模式的不同接法（教学难点）					
课中	环节4 方案初期设计（30 min）	边界防入侵系统初期设计方案的可行性及完善	·资料搜集整理； ·任务分析，模块拆解； ·讨论和确定初期设计方案	·对学生在任务分析拆解过程中出现的问题在线答疑； ·对学生的初步方案进行点评，去粗取精，去伪存真	·体会防入侵报警系统初期方案的设计方法； ·完成简单的系统初期设计方案	通过设计防入侵报警系统初期方案，培养遵守安防行业设计规范、遵守国家法律法规的职业素养，树立法治意识	·慕课平台与腾讯课堂：依托平台开展在线讨论、指导； ·在线教学资源库：提供设计标准、行业规范、法律法规等文档
	教师对关键设计环节点评					

99

续表

教学环节	教学内容	学生活动	教师活动	教学目的	课程思政	信息化资源、手段和作用
环节5 仿真系统设计和搭建（15 min）	初期设计方案的在线仿真	·学生完成初期设计方案在线仿真，验证可行性；·对初期设计方案出现的问题进行修正	·教师布置在线仿真小游戏；·根据反馈情况，对出现比较集中的问题进行点评	体会使用仿真工具对初期方案进行可行性验证	通过防入侵报警系统初期方案设计的多次仿真实操，培养认真严谨的职业素养	·在线仿真小游戏：充满趣味地完成初期设计方案验证；·慕课讨论区交流讨论遇到的问题，个人的想法和经验
环节6 项目实施和点评（60 min）	·系统设备选型；·系统设计图；·中期设计方案	·根据拓扑图进行设备选型；·根据给定任务情境环境，绘制红外防入侵报警系统CAD设计图；·完成红外防入侵报警系统中期设计方案	·教师引导性解答学生遇到的问题；·教师注意观察学生在实训中对教学难点的反馈	·能够绘制红外防入侵报警系统CAD施工简图；·能够完成红外防入侵报警系统设计方案	通过完成红外防入侵报警系统中期设计方案，贯彻国家"安全防范工程技术规范"标准，培养遵守安防行业设计规范、遵守国家相关法律法规的职业素养，树立法治意识	·慕课平台与腾讯课堂：依托平台开展在线讨论、指导；·在线教学资源库：为学生在实训中提供设计标准、行业规范、法律法规等文档
课中 环节7 归纳总结（10 min）	·优秀设计方案点评和分享；·本课知识重点、难点归纳；·布置作业	通过学习优秀设计方案，查找自身不足，吸取经验，取长补短；·记录教师归纳的要点，强化学习效果	·教师点评优秀设计方案；·总结知识难点和重点；·提出改进意见；·作业：课后修改和完善，形成终期设计方案	能够完善防入系统设计方案		·使用慕课平台布置作业，学生通过平台提交作业；·使用直播软件开展课堂总结，录制上传，供没有时间的社会学员学习
课后	·作业评阅；·答疑	·修改和完善设计方案；·同学可以通过平台录像和大量拓展学习资源查漏补缺；·学生在平台对本次课进行评价	·教师评阅学生提交的设计方案，选取优、良、中各一份，为下次课做准备；·教师团队在慕课平台讨论区参与答疑，回答一些较集中的问题	能够修改、完善防入系统设计方案		慕课讨论区互动交流

五、教学考核与评价

本课程整体采用形成性考核。成绩由"平台大数据智能化分数+任务完成质量分数"组成。平台智能化分数由学习平台根据课程的视频、文档等的观看情况，课堂测验、单元测验、结课考试的分数，以及参与论坛讨论、课堂讨论的情况，综合得出。任务完成质量分数，由教师根据学生项目任务及作业完成情况给出。

六、教学反思

通过课程评价和反馈，整理了一些存在的问题。有些是线下教学没有或者容易解决的，有些则是线上教学独有，或者较难解决的问题。

（1）目前课程的在线仿真资源还没有做到全覆盖，由于是在线教学，很多线下的实训活动无法开展，这就需要制作更多、更好的仿真实训软件，争取可以涵盖更多的知识点、技能点。

（2）线上教学无法与学生面对面交流，仅使用文字和语音交流，对于较复杂的项目存在指导难的问题。今后将尝试改进部分实训内容，配合最新的线上多媒体技术，完善教师指导手段。

案例 9

主讲教师：许桂骏

◎工作单位：广州市信息技术职业学校
◎主讲课程：摄影摄像
◎职称：初级讲师
◎性别：男
◎教龄：7 年
◎学历：本科

教学感言

在"摄影摄像"课程中为了讲好十种摄影的构图方法，寻找了一百多张优秀的摄影作品，如同筹备一场摄影展。新冠肺炎疫情网课开设期间，学习到了二次元虚拟直播（VTB）的方法，因此为自己的直播间定制了一个卡通虚拟形象"老许"。经过不断努力，网络课程在推出以后深受同学们的喜爱。

教学设计

一、授课信息

【案例名称】 虚拟直播里的摄影构图技巧　【案例学时】 4
【所属课程】 摄影摄像　【课程学时】 48
【授课班级】 2019 级软件媒体（1）班　【授课人数】 46
【授课类别】 数字媒体应用专业基础课
【参考教材】《摄影摄像入门教程》
【教材类型】 其他

二、教学分析

1. 学情分析

（1）知识基础

该教材具有典型性和实用性，注重学生实践操作能力的培养，摄影构图是"摄影摄像入门教程"课程的一次新课，学生已经掌握相机单反的使用，也学习过 PS 软件，这是在摄影实操前的第一个摄影技巧和方法，是摄影入门中必不可少的一项重要技巧。

（2）认知能力

中职学生的认知能力相对于高中生普遍稍弱，特别是对理论知识的认知和理解，但是画面和视觉上的认知和捕捉能力比较强，本次课程为远程网络授课，因此应该充分利用这个特点，让学生提高综合认知能力。课程采用虚拟人物代替真实教师出镜，表现力强，吸引现代学生的注意力。

（3）学习特点

本节课的授课对象为数字媒体专业一年级的学生，学生有一定专业基础，具有初步的设计思维和创造能力。一年级的学生喜欢新鲜事物，学习热情较高，动手能力较强，有较强的好胜心，但是学习缺乏主动意识，摄影水平参差不齐。

（4）专业特性

本课程是专业一年级的一门核心课程，学生在此之前学习了图形图像、计算机基础、美术基础等基础专业课程，对于数字媒体技术应用影视方向的专业核心课的学习和了解相对较少，因此大部分学生基础薄弱；有一小部分同学通过参加专业社团或者网上自学已经，有了初步的影视创作能力。

2. 教学目标

（1）知识目标

掌握摄影构图的基本方法，了解常见摄影构图的意义。

（2）技能目标

运用合理构图创作摄影作品。

（3）素质目标

具备审美能力，提高媒介素养；具有团队协作意识，打造工匠精神。

3. 教学内容

本节课选取的是学习摄影入门的第一关——摄影构图，学生在进行摄影构图实操前需要掌握单反相机、拍摄设备的基本操作。从生活的真实到艺术的画面，遇到的第一关即是构图，构图决定着作者构思的实现，甚至决定着作品的命运，因此在学习本课程过程中不仅要掌握理论知识，而且要学会从理论到实践的迁移。课程创建虚拟主播人物，通过学习通平台整合信息化资源，实现翻转课堂。课上检查课前学习情况，以虚拟 AR 导入，通过老师简单的技术点拨，完成摄影构图初探并且展示分享，通过微课的学习、抖音 App 教学、企业点评，让学生在线上线下能够掌握基本技能，课堂教师对学生实操进行指导并提出意见，学生创作作品后通过展示平台进行相互评价和票选。

4. 教学重难点

（1）教学重点

内容 1：掌握摄影构图的基本方法

突出教学重点的方法：翻转课堂寻找学生易接受易上手的课程资源，制作系列微课，采用任务驱动法进行课前学习，通过 AR 虚拟演示复习单反基本操作，课上进行学习成果验收和温故知新，深入探究，迁移学习。

内容 2：常见构图形式以及对应的效果

突出教学重点的方法：采用对比式、探究式的教学方法，通过大量的摄影作品分析和分类，逐步掌握不同构图对应的效果，从而达到潜化于心的效果。

（2）教学难点

内容 1：摄影构图方法实操迁移使用

突破教学难点的方法：采用摄影作品展示投票、多元评价的形式，对作品进行自评、互评、教评，再引入企业专家的指导，最终将作品进行展示，让学生逐步提升作品创作能力。

内容 2：结合理论创作优秀摄影作品

突破教学难点的方法：创设作品展示情景，激发学生创作欲望，让学生学会知识技能的迁移。让学生学会举一反三，学会触类旁通，在摄影这门艺术和技术相结合的课程中不断吸取其他姊妹艺术的精华。提供精彩展示平台，将优秀作品制成明信片，推荐刊登到摄影刊物，收集举办摄影展等。

三、教学策略及流程

1. 教学方法

（1）从技能、创作两个方面对学生进行知识传授和能力培养，让学生始终处于"探究""尝试""创作"状态，激发学生的创作欲望，提高媒介素养。

（2）课程采用双主体教学形式，依据学生的学习方法制定对应的教学方法，让课堂不再单一，培养学生从"要我学"到"我乐学"的钻研态度，如图 4-21 所示。

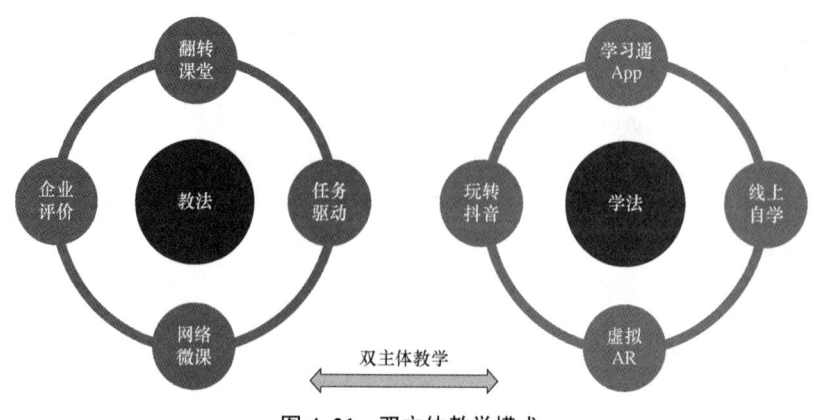

图 4-21　双主体教学模式

（3）在课前让学生在手机端通过学习通进行线上学习，通过问卷星了解学生学习的兴趣点、自学的情况。学生线上自学四大法宝如图 4-22 所示。

图 4-22　学生线上自学四大法宝

（4）课堂上通过 AR 虚拟演示复习单反基本操作，通过自主探究摄影构图的方法和注意事项，做到理实结合、翻转课堂。课堂上通过作品展示，师生互评、企业点评，提供平台展示学生作品，实现线上线下的互动，提高学生学习与创作的兴趣。

2. 教学手段

（1）创建 VTB 虚拟主播形象进行网课直播，定期更替不同虚拟主播，让学生在网课学习过程中保持新鲜感和神秘感，集中学生的注意力，如图 4-23 所示。

图 4-23　教师采用虚拟主播进行线上教学

（2）课前，通过学习通平台将公众号平台、问卷星、网络微课、网络投票、抖音 App 等信息化手段整合为一体。

（3）课中，通过 101 教育 PPT 平台将虚拟 AR、PP 匠网页学习进行展示，通过学习通平台发布任务，将多元资源通过信息化手段整合为一体，做到优化课堂。

（4）课后，通过"短平快"的学习途径，打造学生喜爱的学习氛围与环境。

3. 教学资源

（1）软件：101 教育 PPT、PP 匠、学习通 App、抖音 App、直播虚拟姬。

（2）硬件：手机、单反相机。

（3）资源库：系列微课、抖音微课、优秀摄影作品。

4．教学设计流程

教学设计流程如图 4-24 所示。

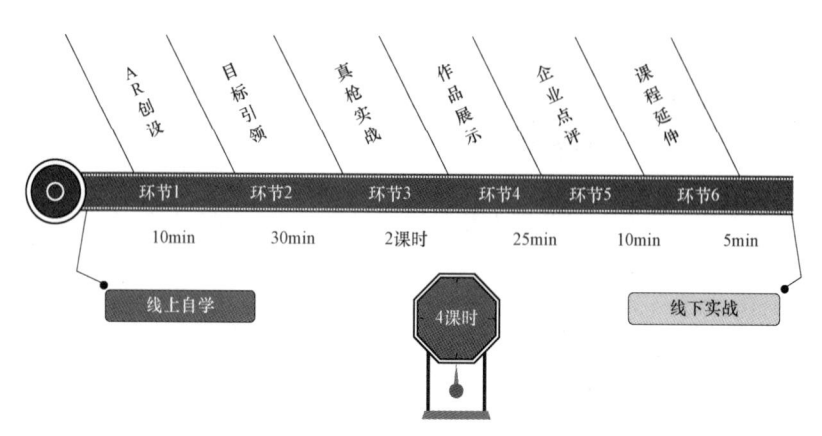

图 4-24 教学设计流程

四、教学实施过程

教学实施过程如表 4-11 所示。

表 4-11 教学实施过程

教学环节	教学内容	学生活动	教师活动	教学目的	课程思政	信息化资源、手段和作用
课前 准备线上自学 （30 min）	摄影构图的基本构图方法、常用的构图技巧，包括框架式构图、九宫格构图、曲线构图、对角线构图等	·打开学习通平台，提前学习和复习课程内容，及时完成老师发布的任务，完成课前练习； ·在学习群里识别二维码，完成课前调查； ·通过手机App或阅读平台上的抖音教程资源，玩转抖音，通过抖音摄影教学，进行学习	·在学习通平台上传微课、课程章节知识、发布任务等学习资料，通过平台了解学生学习的情况，做好课前分析； ·发布问卷星问卷调查学生对课程的学习兴趣点，对统计结果进行分析，引导学习； ·共享推荐抖音优秀短片	初步了解摄影构图的基本构图方法、常用的构图技巧		运用学习通 App 实现互联网+模式，资源共享，让学生能够实现课前课后在线上的学习，同时也实现随时学、随地学、随心学

续表

教学环节	教学内容	学生活动	教师活动	教学目的	课程思政	信息化资源、手段和作用
课前	检查AR引入（10 min）	单反相机的结构，摄影中快门、光圈、IOS的三角关系	·扫码进入网课； ·对课前学习不明白、不懂的地方进行提问； ·进入AR三维虚拟场景，回顾已学习知识； ·思考如何使用单反进行创作	·对网课学校进行考勤统计； ·通过学习通平台检查学生自学情况，对易错、多错的地方进行分析讲解； ·引入社会热点"疫痕"摄影作品； ·通过创设AR场景，建立模拟佳能单反； ·温习单反的基本操作	了解单反相机的结构，摄影中快门、光圈、IOS的三角关系		采用虚拟主播的形式开展远程教学，课程通过虚拟AR场景，能够全面展示设备的操作界面，学生能够清晰地回顾知识要点
课中	目标引领创设任务（20 min）	摄影构图方法，包括黄金构图法等；常见的十种构图技巧；不同优秀摄影作品使用的摄影构图技巧	·学生打开手机，登录学习通，领取并认真阅读任务书； ·认真完成任务一、二、三，了解并掌握构图的技巧； ·对不同的摄影作品进行探究，分析其构图方法	·通过学习通平台发布课程任务书； ·发放学生电子优秀摄影作品； ·在不同环节，明确任务要求，让学生独立完成任务一、二，小组一起完成剩下的任务； ·公布网课学习的夺分升级榜规则	掌握常见的十种摄影构图技巧		使用虚拟直播捕捉原理，实现虚拟人像代替教师形象，使用平台实现任务发放资源共享。不同的主播形象能提高学生的兴趣度，保持新鲜感
	实战演练技能（20 min）	单反相机、手机进行摄影创作的使用，完成八种不同构图的摄影作品	·课程学习结合微课复习，完成摄影构图知识和技能的学习掌握； ·在防疫条件下，尽可能在不同场景尝试不同的摄影构图方法创作摄影作品； ·完成构图方法的控件绘制掌握，构图技巧	·提前录制好系列微课，准备好课程资源； ·对学生作品进行点评指导； ·检查学生课后作业情况，通过线上联系指导学生完成作品创作	能够使用单反相机、手机进行摄影创作，完成八种不同构图的摄影作品	通过创设情境，举办班级摄影展，培养学生摄影作品创作的中国美学意识	微课资源的信息化手段，实现翻转课堂，重复学习，巩固知识和技能。提供学习网站，方便学生自我提升

续表

教学环节		教学内容	学生活动	教师活动	教学目的	课程思政	信息化资源、手段和作用
课中	作品展示多元评价（20 min）	摄影作品简介撰写，摄影作品创作的思路和构图方法	·学生提交拍摄作品，写好作品简介； ·手机扫码进行投票选择喜欢的作品； ·课程上对自己作品创作思路进行介绍	·制定摄影作品评价标准； ·组织学生进行相互评价； ·发起网络投票，组织学生进行投票	能够区分摄影构图的优劣		采用公众号投票平台进行网络展示，学生通过线上平台进行投票，赏析作品
	企业点评专业指导（10 min）	从行业角度分析摄影作品，挖掘摄影构图的魅力	·学生根据企业专家的点评认真进行自我归纳提升； ·与企业专家互动，提出问题	·整理学生摄影作品并上传至网络，实现远程观看； ·邀请企业专家到课堂或者远程指导		通过分享优秀的影视素材、挑选爱国主题作品，培养学生用红色作品增强民族自信的创作意识	远程作品点评评价，远程指导作品，采用PP匠二维码共享读取资料，开展疫情防控下的企业评价
	课程延伸知识拓展（1h）	人像拍摄的构图技巧，并尝试拍摄不同构图方法的人像摄影作品	·根据老师共享的资源和自己探索，研究人像摄影方法并创作人像摄影作品； ·观看姊妹艺术——影片，学习电影里面的构图技巧	·专业技能拓展，寻找人像构图的资源，引导自学人像构图技巧，并完成作品； ·下载电影《金陵十三钗》，并寻找网络资料，编辑相关网络问卷	掌握人像拍摄的构图技巧，并尝试拍摄不同构图方法的人像摄影作品		资源共享，通过微信群共享作品，推荐作品，拓展学习范围和渠道
课后	线下实战精彩平台（1h）	摄影后期调色、二次构图技巧；摄影作品完善	·收集教学资源，共享给学生学习； ·利用网络平台，展示学生作品并发动投票； ·提供精彩展示平台，将优秀作品制成明信片，推荐刊登到摄影刊物，收集举办摄影展等	·不断创作优秀作品； ·参与网络平台的学习和投票，鉴赏他人优秀作品； ·推荐自己的优秀作品在多元平台上进行展示	掌握摄影后期调色、二次构图技巧		线上、线下平台展示，提供学生自我展示的机会。通过公众号对作品进行展示

五、教学考核与评价

教学考核与评价采用形成性考核与结果考核相结合的方式，由夺分大联盟网课积分、作品完成度考核、作品完成质量评价表考核三部分组成，各占总成绩的40%、30%、30%，具体如下。

1. 夺分大联盟网课积分考核（40%）

（1）升级规则

夺分大联盟网课积分包括三部分：一是基础分，根据每次网课课程报到和作业提交的情况进行积分；二是拓展分，根据网络课程的表现互动回答进行加分；三是奖励分，对于作品的资料、活动的参与度、特别的贡献等，根据情况进行不同分值奖励。

（2）封神榜

根据夺分大联盟网课积分成绩排名，包括五级，分别为大神榜（前5）、大师榜（前10）、高手榜（前20）、入门榜（前30）、待修行（30后）。

2. 作品完成度考核（30%）

作品完成度考核包括四个方面，一是实习期间遵守纪律，服从安排，认真完成每一项任务（占30%）；二是按要求提交每一个主题摄影的作品，每类最少一份作品（40%）；三是根据作品入围数量、作品质量进行评价（30%）；四是附加分，每个作品按获奖等级分3分、2分、1分进行加分（上限为20分）。

3. 作品完成质量评价表考核（30%）

作品完成质量评价包括三个维度，如作品的主题内涵、创意构图和视觉效果，具体如表4-12所示。

表4-12 《摄影摄像》教学考核与评价表

评价指标	观测点	分值
主题内涵（40分）	主题明显且紧扣比赛的主题，准确表达主题内容、寓意	40～30
	主题较为明显，与比赛主题联系较紧密，能引起欣赏者一定共鸣	30～20
	主题不明显，与比赛主题相差较远	20～10
	主题涣散、不集中	10以下
创意构图（30分）	构图较完美，整个作品看起来均衡、稳定、有规律，有视觉美	30～25
	构图和谐，轮廓清晰，主体突出，线条分明	25～20
	构图杂乱、头重脚轻、主题过多，给人以混乱的感觉	20～10
	基本没有构图规划，作品布局杂乱，主体模糊，没有视觉焦点	10以下

续表

评价指标	观测点		分值
视觉效果（30分）	色彩饱和度（15分）	色彩鲜艳、饱和、丰满，层次分明，有较强的感染力；十分契合创作者所要表达的主题、内涵	15～10
		色彩多样，较能表达作者创作意图，存在搭配不合理之处	10～5
		色彩单调，基本无色彩搭配技巧，不能给人以视觉上的享受	5以下
	对焦曝光（15分）	对焦清晰，曝光正确；主题突出，细节明了	15～10
		对焦比较清晰，曝光良好；主题相对突出	10～5
		对焦效果较差，曝光不准；整个作品呈现"散焦"	5以下

六、教学反思

1. 课程自评效果

摄影是一门艺术和技术相结合的课程，采用多元的信息化教学手段，可以有效提升学生的学习兴趣。课前通过学习通平台将公众号平台、问卷星、网络微课、网络投票、抖音App等信息化手段整合为一体；课中通过学习通平台发布任务，通过虚拟主播人物、101教育PPT平台将虚拟AR、PP匠网页等进行学习展示，将多元资源通过信息化手段整合为一体，激发学生学习热情，引导学生自主探究学习，形成具有个人特色的摄影专业技能。秉承让学生在学习中易获取、易学习的教学理念，通过美育教育提高学生的媒介素养，营造学生喜爱的学习氛围与环境，打造"短平快"的学习途径，让学习从此简单并快乐起来，如图4-25所示。

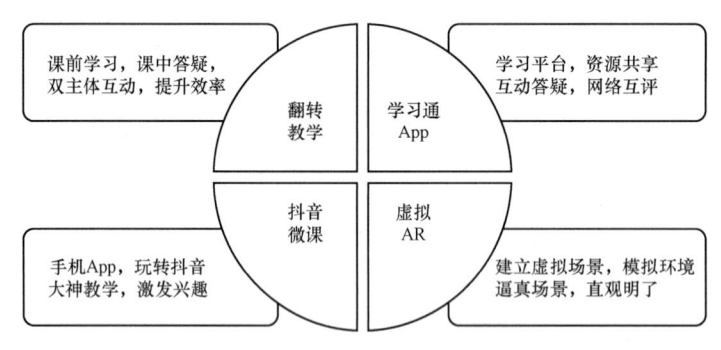

图4-25 教学中使用多元化信息手段辅助线上教学

2. 教学特色和亮点

（1）虚拟主播：根据网课特点，探索出VTB虚拟主播的教学模式，让学生对网课教学保持新鲜感、神秘感，增加学生网课学习效率。

（2）教材处理：根据学生的特点对教材进行二次开发，重组教学内容，学习任务贴近工匠人才培养，做到因材施教。

（3）教学方法：任务导向、翻转课堂、自主探究、虚拟 AR、移动端学习平台、网络微课等有利于突破重点难点，提高学生的学习兴趣。

（4）学习过程：理实一体化的课堂教学，通过学习通手机平台达到让学生"会做、能做和爱做"的目的，引入抖音视频等多元展示平台，充分尊重学生发挥学生特长。

3. 课程的不足和提升方向

努力方向：课程的微课资源开发不够完整，组成专业教师团队，融入企业指导，开发系列微课；对学生掌握课程实操的情况把握无法很准确详细，探索线上实操技能点的检查验收方法；课堂教学与企业的工作流程还可以更加紧密地结合，学生可以在校完成企业岗前教育和技能培训，挑战企业项目制作；课程思政的融入点仍比较零散，选择切入点贯彻"三全育人"。

加油贴

教学内容是教学过程中师生发生交互作用、服务于教学目的达成有意传递的、动态生成的素材及主要信息，一般包括课程标准、教材、行业规范条款、岗位资格证书标准要求涉及的素材及信息等。

教学活动是以教学班为单位的课堂教学环节，它是由一个个相互联系、前后衔接的环节构成的，是课堂教学设计的主要内容。

教学手段是在教学过程中所运用教具的统称，包括现代教学手段和传统教学手段，像幻灯片、小黑板、多媒体、实物展示台、虚拟仿真实训平台、腾讯会议教学平台等。

案例 10

主讲教师：黄新谋

◎ 工作单位：中山职业技术学院　　◎ 性别：男
◎ 主讲课程：仓储与配送　　　　　◎ 教龄：13 年
◎ 职称：副教授　　　　　　　　　◎ 学历：硕士研究生

教学感言

"没有不会学的学生，只有不会教的老师。"教育不是浮光掠影，而是良知的守望。作为一名教师，应为学生的未来扬帆起航，将每个学生送到理想的彼岸。

教学设计

一、授课信息

【案例名称】入库综合作业　　　　　　【案例学时】16
【所属课程】仓储与配送　　　　　　　【课程学时】72
【授课班级】2018 级物流班　　　　　 【授课人数】60
【授课类别】经管法类专业核心课
【参考教材】《仓储与配送管理》《物流管理》（"1+X"职业技能等级认证教材）
【教材类型】国家规划、1+X

二、教学分析

1. 学情分析

（1）知识基础

根据职教云课前测验的结果进行分析，学生整体已掌握的知识情况如下：

① 已掌握入库作业的概念及业务流程；

② 已掌握入库验收的方法；

③ 已初步掌握仓储设备的使用方法；

④ 已掌握货位选择的依据与方法；

⑤ 已掌握托盘使用量计算方法；

⑥ 对入库作业前后环节之间的衔接理解不够深入。

（2）认知能力

根据课程先序内容的学习数据进行整体分析，学生的整体认知和实践能力如下：

① 学生能利用 Excel 进行物动量分析，且操作较为熟练；

② 能利用 PPT、Word、Visio 绘制组托图，画图能力较强；

③ 对入库作业前后环节之间的衔接理解不够深入；

④ 已完成的入库作业规划无法对接实际操作；

⑤ 团队协作完成任务的能力较弱。

（3）学习特点

课程通过调查问卷数据进行整体分析，调查结果显示，授课班级 2018 级物流班学生的学习特点如下：

① 性别比例：全班共 60 人，其中男生 32 人，女生 28 人，女生占比约 46.67%；

② 招生来源结构：自主招生来源 22 人，高考生源 38 人，高考生源数学基础较好，自主招生生源有较多的实际操作经验，学生具有较强的操作意愿；

③ 学生生源地结构：中山本地 11 人，珠三角地区（除中山）24 人，粤东地区 15 人，粤西地区 6 人，粤北地区 4 人，53.33% 的学生来源于农村；

④ 90% 的学生所在地市未被列入非疫情中高风险地区，91.67% 的学生具备联系周边企业开展实践的条件；

⑤ 93.33% 的学生对枯燥的知识讲解缺乏兴趣，76.67% 的学生数学基础较差（高考数学分数低于 80 分），不擅长思维。

（4）专业特性

① 学生对物流行业的职业岗位有一定的了解，希望能够参与实践，但学生学习主动性不高；

② 学生能够较好地完成入库方案设计，但对于如何在实际中应用缺乏了解。

2. 教学目标

（1）知识目标

① 掌握入库验收工作作业流程；

② 掌握组托规划与作业流程；

③ 掌握上架准备与作业流程。

（2）技能目标

① 能根据入库任务完成验收任务；

② 能根据入库信息完成组托规划、组托作业任务；

③ 能准确完成货位优化与上架任务。

（3）素质目标

① 培养诚实守信、恪尽职守的职业道德；

② 培养工作严谨、精益求精的工匠精神；

③ 具有良好的团队协作、环境保护意识。

3. 教学内容

本课程是一门实践性较强的物流管理专业核心课程，主要内容包括走进仓储与配送、仓库布局规划、入库综合作业、货物在库管理、出库综合作业、配送作业，是物流管理 1+X 证书的重要考察内容和职业院校技能竞赛（智慧物流赛项）的主要支撑课程。所有项目的学习任务均按照"先规划、后作业"进行组织实施，让学生在学习"如何操作"的同时，更能掌握"如何更高效地操作"，综合培养学生分析问题与解决问题的能力，强化系统思维、成本意识、节约意识，帮助学生树立诚实守信、严谨负责的职业态度和精益求精的工匠精神，为学生从事现代储配岗位工作打下基础。

4. 教学重难点

（1）教学重点

① 内容。完成货位优化、组托优化任务；根据货位优化、组托优化情况，完成入库验收、组托、上架等任务。

② 突出教学重点的方法。教师分小组发布 WPS 协同编辑文档，学生分组在文档上完成规划任务；教师团队视频演示操作过程及注意事项，根据学生就近联系企业情况，教师通过远程直播指导学生完成实训作业任务。

（2）教学难点

① 内容。托盘需求量的计算，实践作业规范。

② 突破教学难点的方法。教师通过职教云、智能教学管理系统和 WPS 协同编辑文档，在线观看学生完成进度，并组织学生开展组内评价和组间评价；按照仓储虚拟仿真实训平台+远程企业实训实施教学，提升学生的实践能力。

三、教学策略及流程

1. 教学方法

（1）情景教学法

通过设定真实场景的工作任务，学生在企业或虚拟仿真实训平台完场实训任务，解决线上实训实操的难题。

（2）合作探究法

以小组为单位，通过课前讨论工作任务，课中开展头脑风暴，获得知识技能，锻炼思维能力和团队协作能力。

（3）教学演示法

学生探究和思维训练后，教师利用WPS演示货位优化方法，通过视频直播现场演示上架作业，帮助学生快速掌握知识技能。

2. 教学手段

（1）利用职教云平台，进行学生学情分析，完成课前学习、课堂管理和课后提升。

（2）利用腾讯课堂开展在线教学、直播教学，完成远程实训任务。

（3）利用WPS（协同编辑），学生在线完成团队规划任务，锻炼学生团队协作能力。

（4）利用虚拟仿真实训平台，完成仓储作业虚拟仿真实训任务，搜集学生虚拟仿真实训数据，突破课程教学难点。

（5）利用交互式游戏资源，提高互动性和趣味性，提高学生参与的积极性。

3. 教学资源

（1）设计多样化教学资源

为了满足新冠肺炎疫情期间学习需求，课程教学团队相互协作，录制课堂教学视频、现场操作视频，设计任务工单、案例素材、习题库、3D动画等一系列教学资源，与企业共同开发交互式游戏资源，并上传至职教云平台，学生通过职教云平台链接即可完成在线学习、测验和游戏任务。

（2）建立结构化教学团队

教学团队由4位教师组成，其中具有高级职称的教师2人、具有中级职称的教师2人，1人是智能仓储企业技术主管。不同学科背景、不同来源、不同职称结构的教师团队，为课程实施打下坚实的基础。

（3）打造可视化实训资源

为了确保新冠肺炎疫情期间实训教学目标的达成，课程教学团队联系合作企业，共同优化智能仓储系统，以满足线上实训教学的需要。同时，在实践教学过程中，融入WPS、虚拟仿真实训系统、组托闯关游戏等软件资源，增强了实训教学的趣味性和互动性，突破教学重点和难点。

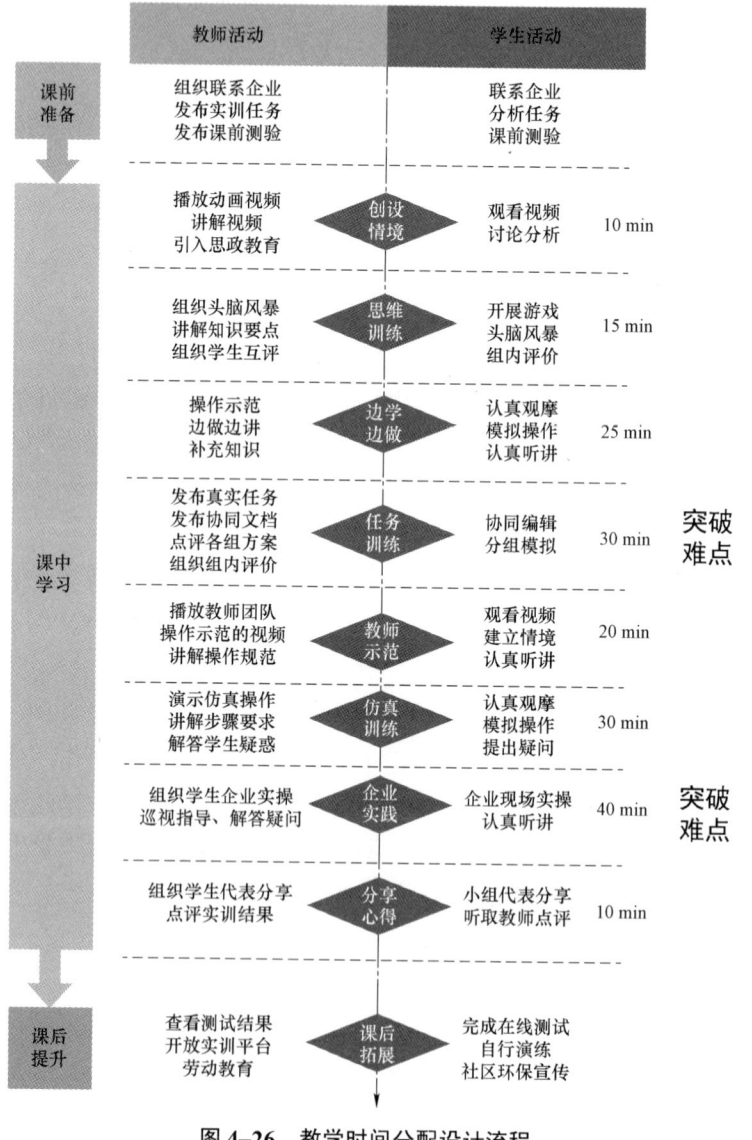

4. 教学时间分配设计流程

教学时间分配设计流程如图4-26所示。

阶段	教师活动	环节	学生活动	时间	备注
课前准备	组织联系企业 发布实训任务 发布课前测验		联系企业 分析任务 课前测验		
课中学习	播放动画视频 讲解视频 引入思政教育	创设情境	观看视频 讨论分析	10 min	
	组织头脑风暴 讲解知识要点 组织学生互评	思维训练	开展游戏 头脑风暴 组内评价	15 min	
	操作示范 边做边讲 补充知识	边学边做	认真观摩 模拟操作 认真听讲	25 min	
	发布真实任务 发布协同文档 点评各组方案 组织组内评价	任务训练	协同编辑 分组模拟	30 min	突破难点
	播放教师团队 操作示范的视频 讲解操作规范	教师示范	观看视频 建立情境 认真听讲	20 min	
	演示仿真操作 讲解步骤要求 解答学生疑惑	仿真训练	认真观摩 模拟操作 提出疑问	30 min	
	组织学生企业实操 巡视指导、解答疑问	企业实践	企业现场实操 认真听讲	40 min	突破难点
	组织学生代表分享 点评实训结果	分享心得	小组代表分享 听取教师点评	10 min	
课后提升	查看测试结果 开放实训平台 劳动教育	课后拓展	完成在线测试 自行演练 社区环保宣传		

图4-26 教学时间分配设计流程

四、教学实施过程

教学实施过程如表 4–13 所示。

表 4–13 教学实施过程

教学环节		教学内容	学生活动	教师活动	教学目的	课程思政	信息化资源、手段和作用
课前 (60 min)		仓库设备的类型及仓库作业的重要性	• 学习任务"入库综合作业"及教学资源； • 观看视频"高原信使王顺友"； • 参加课前测试	• 发布入库综合实训任务； • 发布视频"高原信使王顺友"； • 对测评结果进行分析	了解仓库设备的类型及仓库作业的重要性	通过开展劳动模范主题教育，弘扬劳模精神，增强学生职业荣誉感	• 慕课资源：利用课程资源帮助学生做好预习、知识准备； • 职教云平台：加强互动，统计学生学习情况
课中	创设情境 (10 min)	入库作业规范、安全要求	• 观看视频，开展讨论分析； • 将讨论结果上传至职教云平台； • 认真听取教师安全教育	• 播放视频，组织学生进行视频分析讨论； • 讲解视频，导入任务； • 引入思政教育	了解入库作业规范、安全要求	通过观看入库作业视频，培养认真严谨的职业素养	• 腾讯课堂：利用腾讯课堂进行直播教学； • 职教云平台：利用职教云平台进行教学互动
	思维训练 (15 min)	入库作业规划的必要性	• 在职教云开展头脑风暴； • 认真听取教师讲解； • 对小组成员进行评价	• 组织各小组在职教云开展头脑风暴； • 审阅各小组讨论的结果，提炼共性问题	了解入库作业规划的必要性		• 腾讯课堂：利用腾讯课堂进行直播教学； • 职教云平台：利用职教云平台进行教学互动
	边学边做 (25 min)	入库验收作业流程、工作内容	• 小组完成多回合游戏、在线交互式游戏； • 在职教云参与小组头脑风暴； • 认真听取教师点评	• 组织在线交互式游戏"验货"； • 组织开展头脑风暴； • 提炼出共性问题进行点评	体会入库验收作业的工作内容，掌握入库验收作业的流程	通过交互式游戏，培养认真严谨的职业素养	• 腾讯课堂：利用腾讯课堂进行直播教学； • 交互式游戏：训练学生思考和解决问题的思维能力
	任务训练 (30 min)	组托作业规划方法	• 认真观摩教师的操作示范，记录问题； • 完成组托闯关游戏任务； • 认真听教师讲解	• 演示托盘需求量计算过程； • 教师在实训室直播演示组托作业； • 布置虚拟仿真实训任务	了解、掌握组托作业规划方法	通过听取教师讲解组托作业规划方法中的纸箱堆码技术，减少纸箱使用，树立绿色物流理念	• 腾讯课堂：利用腾讯课堂进行直播教学； • 虚拟仿真实训平台：在游戏平台完成模拟组托任务

117

续表

教学环节		教学内容	学生活动	教师活动	教学目的	课程思政	信息化资源、手段和作用
课中	教师示范（20 min）	货位优化方法，入库上架作业规范	·根据教师示范，完成货位优化，并在完成货位选择与上架作业； ·及时反馈操作过程中遇到的问题； ·认真听教师讲解	·演示物动量ABC分类、货位优化； ·点评学生任务； ·解答学生操作过程中遇到的问题	了解、掌握货位优化方法、入库上架作业规范	模拟入库整体作业流程，树立安全意识、大局意识	·腾讯课堂：利用腾讯课堂进行直播教学； ·WPS协同编辑：利用协同编辑功能，团队完成货位优化任务； ·虚拟仿真实训平台：完成在线实训任务
	综合实训（70 min）	入库作业流程与规范的练习	·在企业员工的指导下，进行现场入库作业； ·及时提出在实训过程中遇到的问题； ·认真听教师点评	·组织学生按照任务要求和企业现场条件进行入库操作； ·在腾讯课堂巡视学生现场操作情况； ·点评学生实训情况	掌握入库作业流程与规范	通过学习入库操作安全和操作规范的重要性，培养作业规范意识	利用腾讯课堂进行直播教学、课堂管理
	总结分享（10 min）	课堂教学内容重点难点的总结	·学生代表汇报心得，其他学生提问和补充； ·认真听取教师点评	·抽取学生代表分享企业现场实训心得； ·选取学生代表分享远程实训心得； ·点评竞赛，重点是操作的规范性和合理性	巩固入库作业流程与规范		利用腾讯课堂进行直播教学、课堂管理
课后拓展（90 min）		入库作业流程与规范的任务训练	·完成在线测试，参与课后讨论，提出疑问； ·在虚拟仿真实训平台进行自主练习； ·走进社区，回收纸箱和报纸，进行环保宣传	·发布课后测试题； ·查看课后测试结果； ·在职教云发布课后讨论，并进行答疑； ·开放虚拟仿真实训平台		通过课后走进社区，回收纸箱和报纸，进行环保宣传，践行保护环境、节约资源的生态文明理念	·慕课资源：完成课前预习、课后巩固； ·虚拟仿真实训平台：进一步巩固所学

五、教学考核与评价

在教学过程中，将"以学生为中心"的理念贯穿始终。针对教学目标，将课前测试、任务发布、小组讨论、组内评价、实训成果评价以及课后拓展评价贯穿教学全过程，并利用智能教学系统和虚拟仿真实训系统采集教学全过程的考核评价信息，根据数据分析结果调整教学策略，促进学生全面发展。教学考核与评价表如表4–14所示。

表4–14 《仓储与配送》教学考核与评价表

任务名称	入库作业			
评价项目	评价标准	分值	组内评分	教师评价
课前测验（10%）	得分	10		
过程评分（40%）	参与实训积极性	20		
	组内分工与合作	20		
成果评分（40%）	入库验收的准确性	8		
	组托时托盘的利用率	8		
	货位选择的准确性	8		
	货物上架的规范性	8		
	任务完成时长	8		
课后测验（10%）	得分	10		

六、教学反思

1. 使用多种教学手段，创新远程实训教学模式

针对新冠肺炎疫情期间在线教学的需求，课程教学团队充分利用现有教学资源和手段，采用"WPS协同编辑+虚拟仿真+企业实践"远程实训教学方式。在规划环节，学生在教师发布的WPS协同编辑文档进行方案设计；在单项实训环节，教师团队先在实训室演示，学生再通过虚拟仿真平台开展实训；在综合实训环节，组织学生联系就近企业，在企业完成真实工作任务的实践。

2. 融入竞赛、职业技能证书内容，实现课证融通、课赛结合

课程设计对照仓储管理岗位职业能力要求，将物流管理职业技能等级（1+X）认证和全国职业院校技能大赛物流赛项内容有机融入课程教学内容，提高人才培养的灵活性、适应性、针对性，实现课岗对接、课证融通；通过竞赛教学法，提高学生学习兴趣和学习效果。在教学设计过程中，将技能大赛的内容融入课程中，

119

注重规划与作业相结合,学生分组扮演不同角色,开展对抗竞赛,不仅提高了学生的学习积极性,也提升了学生的综合素质。

3. 规划与作业并重,培养学生综合能力

采用"先规划、后作业"的教学安排,要求学生不仅关注规范流程,更要思考如何更高效地完成操作。通过引入企业真实反面案例和教师的言传身教,培养学生诚实守信、遵纪守法、认真负责的职业道德以及良好的大局意识和绿色发展理念,实现课程思政与专业教育有机融合;介绍"高原信使王顺友"案例,弘扬劳模精神,培养学生吃苦耐劳的品质;在课后拓展环节,组织学生深入社区开展环境保护宣传主题活动,树立劳动意识和劳动观念,培养职业荣誉感。

现有学生大数据画像存在以下问题:由于虚拟仿真后台数据资源有限,仿真实训时只能按照虚拟仿真平台现有的数据(如箱子规格)进行设计,否则无法真正做到规划与实操相一致;同时,虚拟仿真实训平台功能有限,导致不得不使用两个不同的仿真平台进行实训。

针对性的改进措施:针对虚拟仿真实训平台问题,教学团队拟通过与智慧物流企业、软件供应商共同商讨改进仿真软件,增加人工智能测评模块,以更准确地把握学生学习进度,提高学习效率。

第四节 一堂课的教学设计

本节的 10 名老师案例，是从一堂课的整体角度，设计线上教学的。其中，理工类专业核心课案例 6 篇、经管法类专业核心课 1 篇、文史哲类专业核心课案例 1 篇、艺术类专业基础课案例 1 篇、公共基础课（语文）案例 1 篇。

每个案例按照授课信息、教学分析（学情分析、教学目标、教学内容、教学重点难点）、教学策略及流程（教学方法、教学手段、教学资源、教学实施流程）、教学实施过程（课前、课中、课后三阶段，教学目的、教学内容、学生活动、教师活动、课程思政元素、信息化资源和手段六要素）、教学考核与评价、教学反思六个模块详细介绍教学设计的整体思路。

案例 11

主讲教师：卢淑萍

◎工作单位：广东科学技术职业学院　　◎性别：女
◎主讲课程：用户交互设计与实现　　　◎教龄：19 年
◎职称：讲师　　　　　　　　　　　　◎学历：硕士研究生

教学感言

从教 19 年，我坚守初心，真心对待每位学生，认真对待每堂课，积极开展教学改革。作为一名高校教师不但要有崇高的师德，还要有深厚而扎实的专业知识。教师不断地更新知识结构，拓宽视野，不断地钻研学习，加强对教学内容的驾驭能力，提升自己的教学质量，才能在学生心目中树立起较高的威信，做一名让学生崇拜的老师；才能以己为范，引导学生保持对知识的兴趣与敏锐。

教学设计

一、授课信息

【案例名称】使用 jQuery 实现学习强国网轮播图效果　【案例学时】2
【所属课程】用户交互设计与实现　　　　　　　　　　【课程学时】72
【授课班级】2019 级软件 UI（1）班　　　　　　　　　【授课人数】53
【授课类别】理工类专业核心课
【参考教材】《JavaScript 与 jQuery 实战教程（第 2 版）》
【教材类型】国家规划

二、教学分析

1. 学情分析

（1）知识基础

学生通过前序课程和章节的学习，根据课前在线测试的结果进行分析，学生整体已掌握的知识技能情况如下：

① 已掌握 jQuery 定位页面元素的方法；

② 已掌握 jQuery 基本动画方法。
（2）认知能力
根据先序课程的学习数据进行整体分析，学生的整体认知和实践能力如下：
① 能根据要求，使用 HTML+CSS 完成页面设计和样式设计；
② 对交互效果的设计有自己的见解；
③ 能准确地使用 jQuery 选择器选取页面元素。
（3）学习特点
学生渴求了解自定义动画，但图片移动原理较为抽象，自定义动画 Animate 方法参数相对复杂，学生抽象思维弱，对复杂代码有畏难情绪。
（4）专业特性
2019 级软件 UI（1）班是软件技术专业对接中职三二分段学生所开设的，该专业目标岗位是前端开发岗，培养前端开发高素质技能型人才是本专业的目标。

2. 教学目标

（1）知识目标
① 理解图片轮播原理；
② 掌握 Animate 方法；
③ 理解动画队列。
（2）技能目标
① 会使用 Animate 方法；
② 会设置 Animate 参数；
③ 能实现图片横向移动的幻灯片效果。
（3）素质目标
① 具备家国情怀；
② 具备精益求精的工匠精神。

3. 教学内容

本课程属于前端开发核心课程，是软件技术专业中一门综合性很强的核心课程，主要内容包括 JavaScript 和 jQuery 两个模块。本次课教学任务是使用 jQuery 实现学习强国网轮播图效果，实训任务是实现航天航空网轮播图效果，涉及知识点主要有 Animate 方法，能熟练应用 Animate 参数，能精准选取移动对象，学会解决动画累积问题。

4. 教学重难点

（1）教学重点
① 内容：理解 Animate 方法，应用 Animate 实现动画。
② 突出教学重点的方法。通过微课视频学习 Animate 方法，突出教

学重点；通过实训云平台在线协作，示范演示突出教学重点。

（2）教学难点

① 内容。如何精准选取移动对象；如何解决动画累积问题。

② 突破教学难点的方法。通过动画视频的方式形象演示图片轮播原理，破解难点；通过实训云平台，学生在线协作，使用陷阱法，提示学生注意关键代码及易错点，破解难点。

三、教学策略及流程

1. 教学方法

（1）引导文法

课前发布线上学习引导文，指导学生学习。

（2）自主探究法

通过发布任务，引导学生自主学习，增强学生对基础理论知识的理解。

（3）情境导入法

通过实际生产任务激发学习兴趣，导入学习任务。

（4）任务驱动法

采用学习强国轮播图任务，激发学习动力，完成教学任务。

（5）项目教学法

教学过程将教学情境项目和航天航空网项目贯穿，本次任务完成学习强国网的轮播图和航天航空网轮播图效果。

（6）演示法

通过演示学习强国网的轮播图效果和航天航空网轮播图效果，激发学生学习兴趣。

2. 教学手段

（1）利用钉钉直播平台，开展在线教学活动；

（2）利用 PPT 演示，辅助教学活动；

（3）利用在线实训云平台，开展在线实训教学；

（4）利用微课视频，解决教学重难点。

3. 教学资源

（1）省级精品在线开放课程平台

省级精品在线开放课程平台发布在线学习引导文、视频等教学资源，设置课前测试题并在线实时评价，同时对学生在线学习参与度进行累积评价。

（2）实训云平台

实训云平台发布真实情境任务——学习强国轮播图效果，学生在线完成。

（3）前端交互效果库平台

将平台集成的真实情境任务——学习强国轮播图效果，用于课堂教学，学生通过平台个性化学习完成相似任务。

（4）W3Cschool App 在线工作手册

在线查阅自定义动画 Animate 的使用方法所示。

4. 教学时间分配设计流程

受新冠肺炎疫情影响，教学过程采用线上互动教学模式，采用三阶段八环节实施教学，每个环节的具体内容如图 4-27 所示。

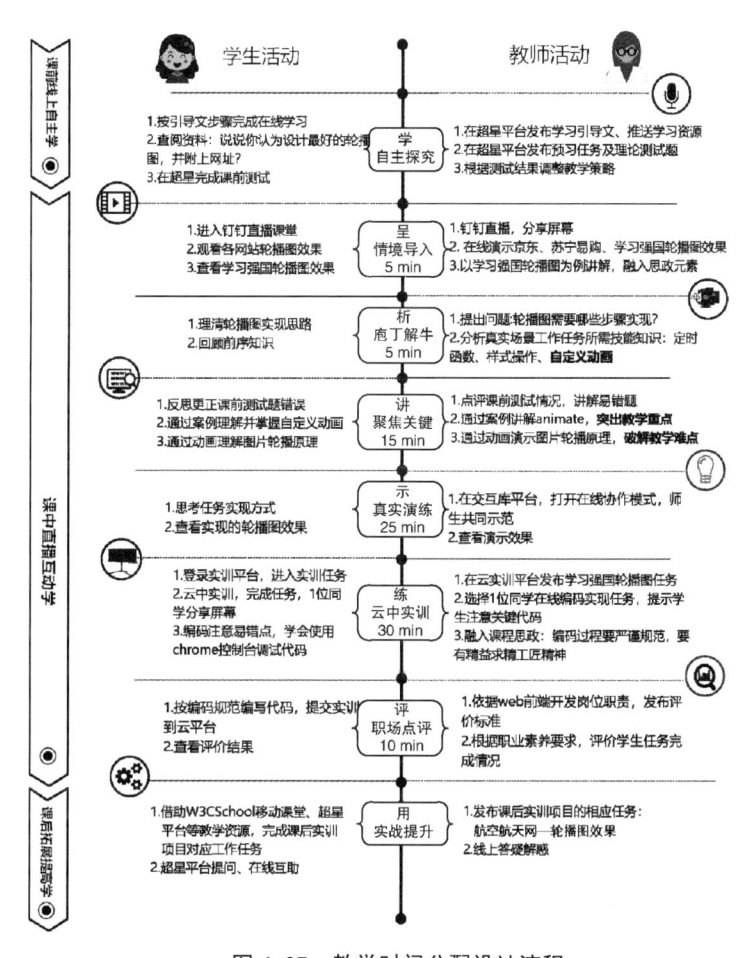

图 4-27 教学时间分配设计流程

四、教学实施过程

教学实施过程如表 4–15 所示。

表 4–15 教学实施过程

教学环节	教学内容	学生活动	教师活动	教学目的	课程思政	信息化资源、手段和作用
课前（20 min）	jQuery 自定义动画的知识	按学习引导文，在线学习并完成课前测试，讨论轮播图实现方法	发布学习引导文、课前测试，发布轮播图是如何实现的讨论主题	掌握 Ani-mate 方法的语法及参数意义，了解轮播图实现方式		利用学习通进行线上自主学习
课中 导言（B）（5 min）	京东、苏宁易购、学习强国轮播图效果	•查看京东、苏宁易购、学习强国轮播图效果；•思考如何实现学习强国轮播图效果	•钉钉直播；•在线演示京东、苏宁易购、学习强国轮播图效果，并以学习强国轮播图为例讲解	了解京东、苏宁易购、学习强国等轮播图的效果，激发学习兴趣	通过学习强国轮播图片，培养家国情怀	通过钉钉直播，让学生的在线学习更有参与感，演示真实情境任务，激发兴趣
课中 先测（P）（5 min）	讲解课前测试易错题	反思错题原因，学习解决方法	讲解课前测试的易错题	了解本次课的重难点		通过超星平台统计学生成绩，展示习题正确率
课中 学习目标（O）（5 min）	介绍本次课学习目标，分析学习强国轮播图的关键知识和步骤	线上白板写出实现步骤	通过提问引导学生思考轮播图实现的步骤、所需知识点	了解轮播效果的步骤	通过线上 PK 的形式，培养追求卓越的精神	利用线上 PK 帮助理清轮播图实现思路
课中 参与式学习活动 1（P）（15 min）聚焦关键	Animate 语法及参数应用，轮播原理	反思更正课前测试，结合案例掌握 Animate 方法应用，通过动画理解轮播原理	点评课前测试，讲解易错题，点拨 Animate 方法应用	了解 Animate 语法、参数应用及轮播原理	通过讲授抗疫案例，树立抗疫人人有责的防疫意识	利用钉钉直播、腾讯会议进行在线互动
课中 参与式学习活动 2（P）（25 min）示范演练	轮播图效果在线示范	在线查看轮播图效果实现过程	实操示范轮播图效果的关键步骤	领会轮播图效果的实现过程	通过示范演示，培养学生精益求精的工匠精神	利用云实训平台完成轮播图示范操作
课中 后测（P）（25 min）	完成轮播图效果	在线 PK 小组任务，完成轮播图效果	在平台发布小组任务，在线解决学生问题	体会轮播图效果的实现过程	通过轮播图效果的纠错，培养严谨细致的编码习惯、精益求精的工匠精神	利用云实训平台完成各小组轮播图效果

续表

教学环节		教学内容	学生活动	教师活动	教学目的	课程思政	信息化资源、手段和作用
课中	总结（S）（10 min）	总结本次课内容，布置拓展任务	进行组内和组间评价，查看小组任务评价结果，完成教学评价	根据岗位职责发布评价标准，在线点评小组任务，发布教学调查问卷	巩固所学知识		利用学习通展示小组作品，并完成评价
课后（30 min）		航天航空网轮播图拓展任务	分组完成拓展任务，完成个性习题	教师查询学生的活页式电子学习资料，关注个体	完成航天航空网轮播图		通过学习通提供活页式电子学习资料并进行答疑解惑

五、教学考核与评价

针对教学目标，按照课前、课中、课后三个环节进行考核与评价，具体如表 4-16 所示。

表 4-16 《用户交互设计与实现》教学考核与评价表

教学环节	教学任务	评价主体	评价要素	权重/%
课前（20%）	学习 jQuery 自定义动画的理论知识，尝试完成轮播图任务，完成课前测试	学生、超星平台	微课视频、教学课件	30
			轮播图任务	20
			课前测试	50
课中（50%）	实现学习强国轮播图效果	学生、教师、实训云平台	学习强国轮播图任务	100
课后（30%）	实现航天航空网轮播图效果	学生、教师、超星平台	航天航空网轮播图任务	100

根据任务完成情况，演示运行效果进行评判，具体标准如表 4-17 所示。

表 4-17 具体标准

评价内容	评价标准	分值
任务完成情况	完整实现任务需求，运行无错误；有合理的拓展和发挥，能灵活应用插件实现页面交互效果	9~10
	能完整实现任务需求，运行无错误	7~8
	能基本完成任务需求，有一些语法小错误，但不影响最终效果	6~7
	无法完成任务需求，有错误，并影响最终效果	0~5

六、教学反思

1. 教学效果与特色

本次教学采用"超星录播+钉钉直播"开展线上教学活动，为达到教学目标，课前准备了充分的线上教学资源，设计了线上学习引导文，指导学生应用线上资源。在教学过程中，由于线上教学，老师对着电脑自说自话，常常容易忽略学生听课的效果。因此，在教学中根据课堂内容，设计与学生互动的环节，实施后，学生能掌握轮播图交互效果的制作方法，达成教学目标。教学体现以下三个教学特色。

（1）对接职业岗位标准和"1+X" Web 前端开发职业技能等级标准，实施课岗融合、课证融通。对接真实应用场景，精选教学内容，以知名 Web 平台学习强国作为真实应用场景教学项目，精准选取场景中典型的页面交互设计技术与效果，融入新技术、新工艺、新规范。

（2）对接真实项目，实施产教融合。课后拓展选取校企合作真实项目航天航空网，完成真实项目的轮播图效果。

（3）对接知名平台，设计课程思政元素。依托学习强国等知名平台优质资源，精选思政素材，自然融入相关思政元素，实现知识传授与价值引领相统一，生动开展课程思政教育，激发青年学子使命感，勇于担当。

2. 改进方向与改进措施

（1）自定义动画交互效果在实际生产环境应用非常广，而且变化的方式也特别多，这些效果要求学生对 CSS3 动画掌握非常好才能灵活应用，在本次教学中，学生虽然能应用，但还不够熟练，在以后的教学中需要加强实践训练，特别是和 CSS3 相结合的应用。

（2）在教学中，从超星全过程采集的数据可以看出，有个别学生课后作业完成得较差，对综合性较强的作业有点力不从心，在以后教学中需要多关注这些同学，多设计层次化作业，以满足更多层次的学生。

【点评】

"停课不停学"，采用线上教学模式，整合教学做一体化云平台和资源，采用课前、课中、课后三阶段组织教学。

课前（20 min）：线上自主学发布线上学习引导文，指引学生在线学习相关知识，理解任务目标，开展知识测评。

课中（90 min）：直播互动学基于项目引领、任务驱动，按照加拿大 ISW 迷你教学的教案设计 BOPPPS 步骤，采用的是 BOPPPS 模块化组合，把"认知体验、剖析探究、在线协作、云中实践、展示点评"融为一体，避免了单一枯燥的讲授模式，学生学习与实践积极性显著提升。

导言（B），5 min，通过京东、苏宁易购、学习强国轮播图效果，导入本次课任务。

先测（P），5 min，利用学习平台的统计功能，讲解课前测试出现的共性问题，展示易错题的出错根源。

目标（O），5 min，介绍本次课学习目标，分析学习强国轮播图的关键知识和步骤，提出学习目标。

课中参与式学习活动 1（P）：聚焦关键，15 min，讲解 Animate 语法及参数应用，利用动画帮助学生理解轮播原理。

课中参与式学习活动 2（P）：示范演练，25 min，云实训平台助力师生在线互动，教师示范、学生演示轮播图效果，解决教学难点。

后测（P），25 min，运用云实训平台，组织学生按小组完成轮播图效果，测评教学重点掌握情况，反思教学目标达成度。

总结（S），10 min，总结本次课重点难点，布置拓展任务。

课后（30 min）：拓展提高学，学习通提供活页式电子学习资料，帮助学生完成航天航空网轮播图拓展任务，并针对学生个性问题进行答疑解惑。

案例 12

主讲教师：吴靓

◎工作单位：广东水利电力职业技术学院　　◎性别：女
◎主讲课程：电气设备运行与维护、电气试验　◎教龄：28 年
◎职　称：教授　　　　　　　　　　　　　　◎学历：本科

教学感言

本次课进行了顶层教学设计，重视学生对电气试验的实践与运用能力，课程教学采用问题导入、小组探究、代表汇报、仿真训练、VR 体验等手段，始终以学生为中心开展教学活动，老师"穿针引线"掌控课堂进度及深度，实现师生角色的衔接融合。

教学设计

一、授课信息

【案例名称】高压断路器交流耐压试验　　【案例学时】2
【所属课程】电气试验　　　　　　　　　【课程学时】60
【授课班级】2018 级供用电技术（1）班　【授课人数】52
【授课类别】理工类专业核心课
【参考教材】《高电压技术》《电气试验仿真实训指导书》
【教材类型】高职精品规划教材

二、教学分析

1. 学情分析

（1）知识基础

电气试验是供用电技术专业群核心课程。通过本课程的学习，使学生掌握各种电介质和绝缘结构的电气特性，掌握电力系统过电压及其防护措施，掌握电气设备试验规范及电气设备交接和预防性试验规程，掌握电气设备试验原理、方法及电气设备状态在线监测与故障诊断等方面的知识与技能。

本课程学习必须具备电路分析与实践、电机运行与维护、工程识图与电气 CAD、电气设备运行与维护等基础知识，并为继电保护运行与调试、用电管理、电力营销等后续课程的学习做好准备。

（2）认知能力

通过前序项目学生已经学习了三个非破坏性试验项目——绝缘电阻试验、泄漏电流试验和介质损耗角正切值测量，基本具备电气试验的原理知识和操作技能。本次课学习交流耐压试验，这是一个破坏性试验，试验电压极高、操作要求更细。需要利用多种信息化手段突出重点、难点，利用各种先进教学方法和手段提高课堂的学习效率。

（3）学习特点

学生有较强的责任意识和强烈的求知欲望，但是安全作业意识仍需加强，团队协作能力有待提高。行为倾向表现出的共同学习特点为"三喜两厌"：喜动手实操，喜计算机与互联网应用，喜颗粒化可视教学资源；厌枯燥的理论讲授，厌传统的安全教育。

（4）专业特性

电气试验是一门理论与实践高度结合的专业核心课程，对高压断路器进行交流耐压试验时，试验电压很高（50 000 V），远超过人体安全电压（50 V），安全风险系数极高，要求学生树立安全意识，对职业能力（试验操作）培养有一定困难。

因此，课程教学采用了"理—虚—实"一体的教学模式，以电气试验工职业技能鉴定规程为"理"，以我校自主研发的电气试验虚拟仿真软件和电力 VR 为"虚"，以国家骨干校重点建设实训基地——电气试验中心为"实"，虚实结合，扬长避短，辅以国家级专业教学资源库"供用电技术专业教学资源库"的丰富资源，实现理论点拨、虚拟仿真、实训操作的衔接融合，从而切实解决高压试验等特种作业职业能力培养过程中存在的高风险、难以重复操练等痛点，有效提高人才培养质量。

2. 教学目标

（1）知识目标

① 了解绝缘预防性试验的目的；

② 理解击穿的定义及特征；

③ 熟悉断路器交流耐压试验方法、接线和试验流程。

（2）技能目标

① 能使用虚拟仿真软件完成高压断路器交流耐压试验；

② 能在仿真训练中探究和确定试验电压和加压时间。

（3）素质目标

① 树立安全操作意识，增强安全责任心；

② 培养高度的责任感和爱岗敬业的核心素养；

③ 培养科学严谨的工作态度，精益求精的工匠精神。

3. 教学内容

本次课堂教学共两学时，因为新冠肺炎疫情影响采用线上教学（腾讯直播+智慧职教+职教云 App）。

教学内容是子情景五交流耐压试验，以变电站典型设备高压断路器为试验对象，如图 4–28 所示。主要包括破坏性试验（包括交流耐压、直流耐压和冲击耐压试验）通讲、小组讨论探究学习交流耐压试验的步骤和操作要点，初步掌握高压断路器交流耐压试验方法，有利于多种手段突破击穿的概念理解和试验电压的确定，并逐步培养建立高压电气试验的安全意识。通过虚拟仿真训练，进一步突出重点突破难点，学生进入 110 kV 仿真变电站，按照操作票的指引，一步一步进行断路器交流耐压试验操作，并可重复多次反复进行练习，最后进行在线考核，成绩通过后方可进入高压试验实训场，为现场实操打下坚实的基础。

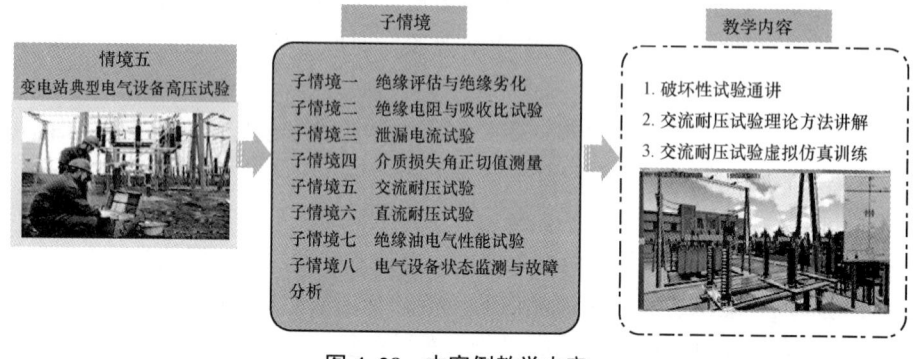

图 4–28 本案例教学内容

4. 教学重难点

（1）教学重点

① 内容：安全措施，树立安全意识；交流耐压试验的操作步骤。

② 突出教学重点的方法：让学生课前观看企业工程师现场讲解交流耐压试验视频和课中观看高电压危险安全教育微课视频，了解破坏性试验的危险性及安全问题，体会虚拟仿真训练的重要性；学生课前编写交流耐压试验步骤思维导图，老师课中进行点评，通过虚拟仿真软件系统，进入虚拟变电站，按照操作票进行断路器交流耐压试验，一步一步地仿真练习，学习操作要点。

(2)教学难点

① 内容：交流击穿的概念，试验电压值的确定方法。

② 突破教学难点的方法：播放动画讲述击穿的定义，进一步帮助学生理解和掌握击穿的概念；通过案例讲解，学生学会根据试验对象和电压等级查阅规程，确定试验电压值，利用虚拟仿真软件，进行试验电压值探究。

三、教学策略及流程

1. 教学方法

（1）问题教学法

以企业工程师现场讲解视频导入问题：为什么要进行破坏性试验交流耐压试验？以问题为线索，引导学生学会思考，学会学习和创造。

（2）任务驱动法

创建虚拟仿真场景，进行电气试验任务，在任务驱动学生进行学习活动的同时，探究解决学习问题，形成师生互动、生生合作的探究式学习氛围。

（3）讨论法

以学生为中心，针对交流耐压试验步骤这个重点问题，布置课前任务，利用思维导图工具绘制步骤流程和注意事项图；在课中组织学生讨论，小组代表汇报，老师进行点评，不仅活跃了学习气氛，也加强了学生对知识内容的掌握度。

2. 教学手段

利用腾讯课堂组织教学，以职教云教学平台为基础进行教学全流程管理，同时搭载多种信息化学习资源开展教学。教学资源主要有授课 PPT、动画（课件动画、二维动画、三维动画）、微课、仿真软件（VR）、现场操作视频、思维导图、H5 课件等。

3. 教学资源

（1）智慧职教+职教云 App

为了实现课前的线上学习，使课堂讲授和组织过程实现数据共享，使课堂进程更高效，更有助于教师随时调整教学策略，我们采用了职教云 App 教学（教学组织与管理的作用）。App 可实现课前、课中、课后三个环节的无缝衔接，并实现在线测试、试验数据统计、讨论结果发布等多项功能。

（2）虚拟仿真软件

我校自主研发的高压试验三维仿真系统高度还原了真实工作场景，与电力岗位任务无缝对接。在本次课中实现了安全工器具选择、试验电压确定、工作交底及试验分析等功能，有效解决了高电压环境下安全隐患的问题，为学生搭建了从理论到实际的桥梁，易学易用，是"理虚实"一体化教学思路的亮点所在。

（3）国家级专业资源库

国家级供用电技术教学资源库，设有课程中心、培训中心、技能训练、1+X证书、专业充电桩和工匠传承等一级栏目，现有微课 1 420 门、素材 22 200 条，注册学员超 7 万人。丰富的教学资源有力地支撑了课前自主学习、课中互动学习和课后拓展学习，优化了教学过程，提高了人才培养质量。

4. 教学设计流程

依托职教云平台，采用精讲理论、虚拟仿真、提升技能的螺旋式上升模式，以学生为中心组织活动，层层递进、环环相扣，使学生能力阶梯式递增；过程中从视频观看、精神传授、工作要求等多方面融入思政教育，覆盖教学全过程，全面提升人才培养水平的效果。最终达到项目学习目标。

本次课程的教学设计流程如图 4-29 所示，以高压断路器的交流耐压试验为任务驱动开展线上教学，教学过程分解为课前自觉、课中教学和课后拓展，并有机融入思政教育。学生课前自学线上资源，用思维导图绘制试验步骤，并进行线上测评；课中聚焦重难点，通过直播课理论讲授、虚拟仿真训练及在线考核，使学生在实操之前掌握牢固的试验方法；课后学生巩固所学内容，进行项目拓展。三个环节环环相扣、层层递进，达到教学目的。

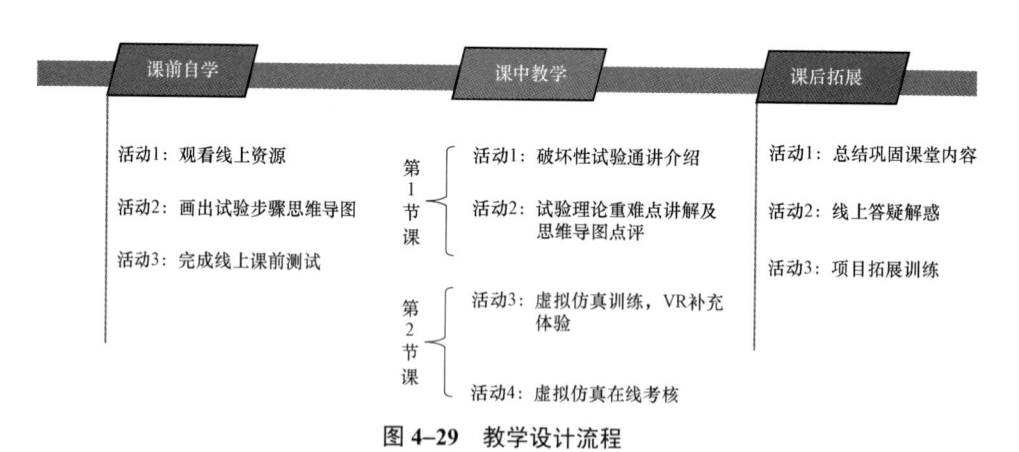

课前自学	课中教学	课后拓展
活动1：观看线上资源 活动2：画出试验步骤思维导图 活动3：完成线上课前测试	第1节课：活动1：破坏性试验通讲介绍 活动2：试验理论重难点讲解及思维导图点评 第2节课：活动3：虚拟仿真训练，VR补充体验 活动4：虚拟仿真在线考核	活动1：总结巩固课堂内容 活动2：线上答疑解惑 活动3：项目拓展训练

图 4-29　教学设计流程

四、教学实施过程

教学实施过程如表 4-18 所示。

表 4-18 教学实施过程

教学环节		教学内容	学生活动	教师活动	教学目的	课程思政	信息化资源、手段和作用
课前	复习预习 (20 min)	•断路器的作用及结构原理； •交流耐压试验的特点、方法和步骤	•线上自学，观看微课等资源； •绘制交流耐压试验步骤的思维导图	•发布任务，将学习资料上传平台（微课、操作视频）； •查看学生答题情况，分析调整教学策略	初步了解断路器的作用及结构原理和交流耐压试验的特点、方法和步骤，能够绘制交流耐压试验步骤的思维导图	通过观看微课、现场实操视频，学习电力工人高度负责、精益求精的工匠精神	职教云App实现课前活动管理； •资源库上的微课、现场实操视频，使教学内容可视化，激发学生学习的兴趣
	新知引入 (15 min)	•破坏性试验的分类、作用及意义 安全措施，树立安全意识	•通过课前教学资源的学习、相互讨论和自我理解，并回答问题； •根据教师播放的动画，对高压断路器的破坏性试验有一定的理解，认识到安全操作的重要性	•讲授破坏性试验的相关知识，强调试验电压更高，要注意做好安全措施； •组织学生探究问题； •通过动画等信息化资源展现试验过程，帮助学生了解交流耐压试验	了解破坏性试验的分类、作用及意义	•通过探究问题，培养学生爱思考、爱钻研的学习习惯； •通过视频学习，树立投身电力建设、中国电力引领世界的决心和信心	利用微课、动画等信息化手段及资源点拨和突出重点问题1，即高压危险，在进行交流耐压试验时，千万要做好安全措施，树立安全第一的思想
课中	重难点 (20 min)	•交流击穿的概念； •交流耐压试验的操作步骤	学生通过课前教学资源的学习、相互讨论和自我理解，回答什么是击穿等问题； •小组代表汇报思维导图根据教师播放的微课和动画，正确理解概念，小组讨论填写安全工器具的选择	•组织学生讨论和思考什么是击穿； •播放动画讲述击穿； •点评学生课前做的交流耐压试验思维导图； •播放高电压危险安全教育微课视频，强调安全问题，突出虚拟仿真的重要性	领会交流击穿的概念和交流耐压试验的操作步骤	通过学习高电压危险安全教育微课视频，培养学生树立安全第一的思想、清楚认识严格按章操作的必要性和团队协作的重要性	通过击穿的动画视频，解决击穿的概念抽象、难以理解的问题，从而突破难点； •通过讨论和头脑风暴，借用思维导图工具发散学生思维，梳理交流耐压试验的操作步骤，帮助掌握重点
	学习观摩 (10 min)	•高压试验虚拟仿真软件及VR训练； •重点交流耐压试验的操作步骤	观看思政系列视频，领会视频传达精神； •认真听讲，熟悉方法步骤，提出疑问，积极思考； •进行虚拟仿真操作练习，熟悉交流耐压试验操作流程	•播放电力工匠视频，展现电力人的工匠精神； •讲解虚拟仿真软件结构及试验操作步骤； •布置虚拟操作任务； •轮流安排学生进行VR项目体验	体会断路器交流耐压试验的步骤以及虚拟仿真软件的操作和注意事项	•通过播放大国工匠的系列视频，培养工匠精神； •通过完成耐压试验，培养实践能力和创新精神	虚拟仿真软件系统的应用，降低了高电压作业的安全风险，提供了标准的操作票引导学生安全操作，通过反复练习，达到掌握重点的目的

135

续表

教学环节		教学内容	学生活动	教师活动	教学目的	课程思政	信息化资源、手段和作用
课中	仿真训练（35 min）	难点：试验电压值的确定； •高压断路器交流耐压试验在线考核	进行仿真训练和电力VR体验； •查找试验规范，确定高压断路器交流耐压试验的试验电压值； •汇报探究结果，并进行各组间的比较； •进行在线考核	教师进行线上答疑，提出探究问题：如何进行试验电压值的确定？根据学生试验得出的结果，分析判断得出探究问题的结论：试验电压值选择60 kV	领会试验电压值，掌握高压断路器交流耐压操作	通过仿真训练和电力VR体验，培养爱岗敬业、认真负责的职业素养	电力VR体验使学生身临其境体验操作流程，零风险学习操作流程； •学生登录虚拟仿真软件在线考核系统参加考核，考核合格后方能进入实际操作，提高实操的正确性和规范性
	总结点评（10 min）	总结，布置课后学习任务	观看教师科技助农的成果	总结本次课内容，2个重点和2个难点，布置拓展任务	掌握本次课的主要知识点		利用教学平台级课件达到知识总结的目的
	课后（30 min）	复习交流耐压试验的步骤、方法及安全措施要点； •拓展练习：电力变压器的交流耐压试验	复习巩固，利用思维导图工具画出电力变压器的交流耐压试验步骤； •利用虚拟仿真软件进行变压器交流耐压试验的仿真操作	布置变压器交流耐压试验任务，发布推送任务书； •线上对学生画出的思维导图进行审核评价； •在线为学生虚拟仿真操作答疑	进一步掌握交流耐压试验的步骤、方法及安全措施要点，能够使用虚拟仿真软件进行交流耐压试验的仿真操作。		职教云App实现课后活动管理； •通过资源库上的资源，使学生再次回顾课堂学习的内容； •更换试验对象，借用思维导图绘制和仿真训练，再次巩固重要知识点

五、教学考核与评价

1. 教学考核方式

本课程重点考核学生进行各种电气设备绝缘预防性试验的能力。采用边学边评、以评促学、学评同步的"过程性考评"，即过程性考核和期末考试相结合的考核形式。本课程成绩（100%）=过程性考核（60%）+期末考试（40%）。

为对过程性评价进行有针对性的管理，利用数据进行分析，有效得出学生的学习情况，自主开发了过程性评价分析系统，将多方评价数据进行统一收集和分析，企业专家参与并通过平台上学生上传的实训视频对各组进行打分评价，如图 4-30 所示。

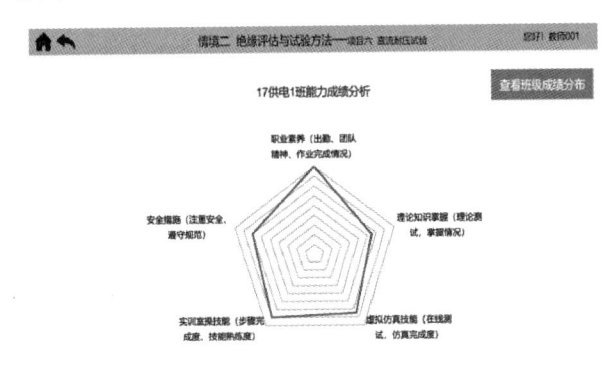

图 4-30 电气试验课程过程性评价分析系统

2. 教学实施效果与成果

本次课高压断路器交流耐压试验的理论传授以及虚拟仿真训练，目的是为后续实操训练奠定理论方法基础，解决疑难，突破重难点。利用仿真软件、电力 VR、视频、动画、职教云平台等信息技术手段，以掌握试验操作能力为最终目的，逐步引导学生学习和运用知识技能。通过本节课的学习，达到以下效果。

（1）信息技术手段和资源激发学生的学习热情，课堂更活跃，理解更深入。

（2）采用问题导向、头脑风暴的方法，形成以学生为活动中心的课堂。

（3）利用虚拟仿真与 VR 等信息技术手段深入解决教学重难点，还原工作现场。

六、教学反思

1. 教学特色

（1）自主研发虚拟仿真，构建理虚实一体化教学模式

我校自主研发的电气设备高压试验三维仿真系统、电气设备倒闸操作三维仿真系统等系列化虚拟仿真软件和电力 VR，真实还原工作现场，学生可按规范的试验步骤反复训练，有效解决了高压试验中高风险、难以反复规范操作等痛点。

（2）开发优质数字资源，有效重构传统课堂

以我校主持的国家级供用电技术专业教学资源库和省级电气试验精品课程为支撑，优化教学过程，重构教学内容，提高教学效率。资源库的丰富资源和共享平台，对课程的教学和推广具有积极意义。

（3）组织播放系列视频，课程思政融入专业教育

教学中，通过播放中国电力大国工程系列视频、电气试验岗位实战视频、企

业试验班组角色扮演等手段和方法，润物无声、潜移默化地培养学生的爱国情怀，培养精益求精、吃苦耐劳、永不言败的工匠精神。

2. 教学反思

（1）有效利用课余时间，合理分配线上线下讨论

课上的时间非常宝贵有限，应有效解决更多问题。本次课程将安全工器具的讨论环节考虑放到课余时间完成，通过职教云在线进行管理组织，提高课堂时间使用效率。

线上时间非常宝贵，应有效解决更多问题。学生通过学习资料的学习，在项目学习前线下提前绘制好思维导图，线上进行展示和点评，可有效提高课堂教学效率。

（2）虚拟仿真与 VR 项目需持续更新

我院自主研发的电气试验虚拟仿真软件，可实现多种电气设备的电气试验。本项目的学习以断路器为载体，进行交流耐压试验。学生使用虚拟仿真软件断路器交流耐压试验模块进行练习后，还可利用课余时间进行拓展，模拟变压器等其他设备的交流耐压试验，举一反三，极具教学意义。但随着在线监测技术等新技术、新工艺的发展以及高职扩招的新需求，虚拟仿真与 VR 项目仍需持续更新。

案例 13

主讲教师：丘宏俊

◎工作单位：广州民航职业技术学院　◎性别：男
◎主讲课程：飞行原理/飞机系统　　◎教龄：14年
◎职称：副教授　　　　　　　　　　◎学历：博士研究生

教学感言

师者，所以传道授业解惑也；师者，何以更好地传道授业解惑？

当今人类社会已经进入信息化时代，信息技术正以其广泛的渗透性、无形的价值和无与伦比的创造性、先进性与传统产业结合，学习、应用和拥抱信息技术是时代的需要，将信息技术应用于教学中，将不可能变为可能。

教学设计

一、授课信息

【案例名称】B737-NG 飞机绕机（线）检查　【案例学时】2
【所属课程】B737-NG 飞机系统与附件　　　【课程学时】68
【授课班级】飞机机电设备维修专业（多届）【授课人数】1 000+
【授课类别】理工类专业核心课
【参考教材】《波音 737-NG 飞机系统》
【教材类型】其他

二、教学分析

1. 学情分析

（1）知识基础

飞机绕机检查是按照规定的路线，主要通过目视等方法依次检查飞机的各重要部件，是飞机维护的一项日常工作，对确保飞机的安全运行有至关重要的意义。飞机绕机检查程序较固定，涉及多方面的内容，需要掌握飞机绕机检查的方法，对飞机的系统构成、工作原理、维护标准有比较深入的了解，需要具备空气动力学与飞行原理、飞机构造基础、飞机系统与附件等方面的基础知识。

（2）认知能力

通过本案例的学习，培训以下几方面的能力：

① 更直观了解今后自己所从事工作的特点；

② 更深入了解岗位工作对知识、技能、职业素养的要求；

③ 了解学习飞机绕机检查的相关知识，为今后工作奠定良好的基础。

（3）学习特点

飞机绕机检查是一项程序比较固定、内容繁杂的工作，与岗位工作内容紧密相关。在传统的教学过程中，受到教学时间、已有知识的限制，只能"点到则止"，不能更好、更全面地学习了解飞机绕机检查。在本教学案例中，通过线上教学设计开发专门的"B737-NG 飞机绕机（线）检查培训系统"，以达到在有限的学时内让学生更系统、更全面、更直观地学习和掌握飞机绕机检查知识，为今后工作奠定良好的专业基础，还可将相关内容用于行业工作人员的培训，达到提高效率、节省成本的目的。

（4）专业特性

飞机绕机检查是一项需要大量人员参与的飞机日常维护工作，也是一项事关飞机安全的重要工作，执行绕机检查人员素质、业务能力事关航空安全，所以，要培养高素质的飞机绕机检查人员。在学校课堂教学中，受教学时间、教学条件的限制，往往无法开展更全面、更深入的教学，教学效果不够理想。各航空公司或航空维修企业会不定期地对其员工进行培训，但这些培训形式不固定，或采用知识讲座，或采用现场讲解，更像是"师傅带徒弟的传帮带"式的培训。这种培训方式，一方面受培训时间、地点等因素的限制，给组织培训带来一定的难度，另一方面系统性不强，往往只局限于企业内部，推广性不强。

2. 教学目标

（1）知识目标

B737-NG 飞机绕机（线）检查教学将飞机绕机检查的业务流程、标准整理为相对固定业务标准，通过场景再现等虚拟动画技术，开发一套业务培训及考核系统，旨在更直观、更全面地学习飞机绕机检查的知识、技能，快速培养高素质的飞机绕机检查人员，提高飞机的航线维护水平，确保航空安全。通过本教学模块的学习，要达成以下目标：

① 学习掌握飞机绕机检查的基本流程、基本方法；

② 学习掌握飞机绕机检查的基本内容、检查标准；

③ 促使更好地学习和了解飞机的各个系统。

（2）技能目标

① 培养从事飞机航线维护的相关知识、技能；

② 为今后相关机型的维护工作奠定直接、坚实的基础。
（3）素质目标
① 增强对自己的职业特点认识，更好地践行当代民航精神；
② 具备满足将来从事的职业对知识、技能、素养的要求；
③ 培养实事求是、认真负责、遵章守纪、迅速准确、细致周到、团结协作、刻苦耐劳的机务作风。

3. 教学内容

B737-NG 飞机绕机（线）检查系统阐述飞机绕机检查的方法、工作内容与要求，本教学模块的教学内容主要包括以下几项：
① 熟悉和掌握飞机航线维护工作概况；
② 熟悉和掌握飞机绕机（线）检查的基本工作过程（路线）；
③ 熟悉和掌握 B737-NG 飞机绕机检查各检查部位的内容；
④ 熟悉和掌握 B737-NG 飞机绕机检查各检查部位的相关标准。

4. 教学重难点

（1）教学重点
① 内容：飞机绕机（线）检查的基本工作过程（路线）；B737-NG 飞机绕机检查各检查部位的内容；B737-NG 飞机绕机检查各检查部位的相关标准。
② 突出教学重点的方法：通过观看视频、多媒体课件讲解飞机绕机检查的目的、方法、过程，从总体上讲解飞机绕机检查各检查部位；通过专门开发的绕机检查培训系统，直观了解、学习飞机绕机检查过程（路线）；通过专门开发的绕机检查培训系统，直观了解、学习飞机绕机检查各检查部分的具体情况；通过专门开发的绕机检查培训系统，直观了解、学习飞机绕机检查部位的相关标准；通过专门开发的绕机检查培训系统考核相关学习内容。

（2）教学难点
① 内容：B737-NG 飞机绕机检查各检查部位的内容；B737-NG 飞机绕机检查各检查部位的相关标准。
② 突破教学难点的方法：通过专门开发的绕机检查培训系统直观模拟飞机绕机检查过程；通过专门开发的绕机检查培训系统的学习模块直观了解、学习飞机绕机检查部位的内容、标准；通过专门开发的绕机检查培训系统的考核模块考察飞机绕机检查部位的内容、标准的学习情况。

三、教学策略及流程

1. 教学方法

（1）课堂讲解教学。通过提纲挈领的方法在课堂上讲解飞机绕机检查的方法、工作内容与要求；

（2）仿真模拟教学。基于专门开发的教学系统，采用线上模拟教学，自主学习并考核学习结果；

（3）翻转课堂教学。通过自主学习，再加上课堂讨论巩固学习效果。

2. 教学手段

（1）理论讲解：通过视频、多媒体课件进行讲解；

（2）模拟仿真学习：通过专门开发的教学系统的学习模块功能实现；

（3）专项考核：通过专门开发的教学系统的考核模块功能实现。

3. 教学资源

（1）《波音 737-NG 飞机系统》教材、课件；

（2）B737-NG 飞机维修手册 AMM（Aircraft Maintenance Manual，AMM）；

（3）专门开发"B737-NG 飞机绕机（线）检查培训系统"。

B737-NG 飞机绕机（线）检查培训系统将现行飞机绕机检查的业务流程、标准整理为相对固定业务标准，通过 Flash、HTML5、多媒体、虚拟动画等技术，开发一套业务培训及考核系统。B737-NG 飞机绕机（外部）检查培训系统主要包括飞机绕机检查部位、检查标准和考核测试三个模块，如图 4-31 所示。

图 4-31　B737-NG 飞机绕机（外部）检查培训系统

① 检查部位：通过场景再现等虚拟动画、多媒体技术交互式地对绕机（外部）检查各部位的检查内容进行系统性描述，以使被培训人员尽快熟悉绕机（外部）检查各部位的检查项目与检查要求；

② 检查标准：通过场景再现等虚拟动画、多媒体技术模拟真实的绕机检查工作场景/环境，交互式地对绕机（外部）检查各部位的检查标准进行系统性描述，以使被培训人员熟悉绕机（外部）检查各部位的相关检查项目应达到的标准要求，

尽快发现、识别并报告飞机故障，或确保飞机当前的技术状态达到适航标准，满足安全飞行的要求；

③ 考核测试：通过多媒体技术将检查部位、检查标准中培训的相关内容，编辑整理为考核测试内容，供学员（学生）进行练习，随机生成考核题目对培训人员进行考核，以确保被培训人员掌握相关的知识，达到相应要求；

（4）国家级"飞机机电设备维修专业教学资源库"。

4．教学设计流程

本案例教学过程中，将充分利用专门开发的"B737-NG飞机绕机（线）检查培训系统"和"飞机机电设备维修专业教学资源库"进行信息化手段教学与考核，教学设计流程如图4-32所示。

（1）飞机航线维护工作概况：通过相关的理论讲解，观看飞机机务、航空维修（维护）工作相关视频，对飞机航线工作有初步了解。

（2）飞机绕机（线）检查基本工作：结合专门开发系统，讲解飞机绕机检查的基本流程和基本方法。

（3）B737-NG 飞机绕机检查各检查部位的内容：讲解典型的检查内容，再基于"B737-NG 飞机绕机（线）检查培训系统"进行自主学习。

（4）B737-NG 飞机绕机检查各检查部位的检查标准：讲解典型的检查标准，再基于"B737-NG 飞机绕机（线）检查培训系统"进行自主学习。

（5）B737-NG飞机绕机检查考核测试：考核测试中包括章节练习和综合测试两方面的内容，其中章节练习可以进行强化训练，也可以融合到检查部位或检查标准中进行讲解；综合测试则由学员自己独立完成，检验学习效果。

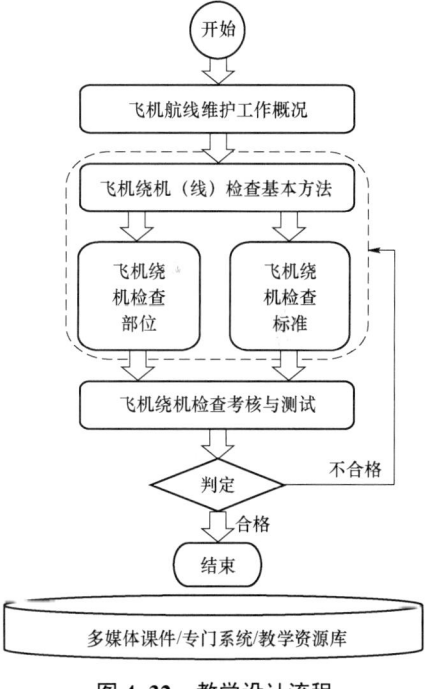

图 4-32 教学设计流程

四、教学实施过程

教学实施过程如表 4-19 所示。

表 4–19 教学实施过程

教学环节		教学内容	学生活动	教师活动	教学目的	课程思政	信息化资源、手段和作用
课前		飞机维修工作概况、特别是航线维护工作	通过网络收集相关资料，观看、学习相关内容	下达学习任务，提供收集资料的方法，提供一些专业教学资料	初步了解飞机维修工作概况、特别是航线维护工作	通过了解航空"安全"的重要性，正确认识职业特点，更好地践行当代民航精神	互联网、专业教学资源库
课中	导言（B）（15 min）	飞机航线维护工作概况	反馈课前学习效果，提出疑问	总结飞机航线维护工作作用、特点	了解飞机航线维护工作概况	通过了解航线维护事故案例，培养学生按标准进行航线维护，保护人民生命财产安全的职业素质	多媒体教学课件、教学视频
	参与式学习活动 1：（P）（15 min）	飞机绕机检查的基本流程、基本方法	倾听、学习、提问	讲解机绕机检查的基本流程、基本方法	领会飞机绕机检查的基本流程、基本方法	通过了解航线维护事故案例，培养学生认真负责、遵章守纪、迅速准确、团结协作、刻苦耐劳的机务作风	多媒体教学课件、B737-NG 飞机绕机（线）检查培训系统
	参与式学习活动 2：（P）（20 min）	飞机绕机检查各检查的主要部位	倾听、学习、提问、自学	以典型部位为例讲解飞机绕机检查的部位	认识和熟悉飞机各检查部位及检查内容		多媒体教学课件、B737-NG 飞机绕机（线）检查培训系统
	参与式学习活动 3：（P）（20 min）	飞机绕机检查各检查部位的检查标准	倾听、学习、提问、自学	以典型部位为例讲解飞机绕机检查部位的对应检查标准，引导学生自主学习	认识和熟悉飞机各检查部位对应的检测标准	通过学习飞机航线维护的相关知识、技能，逐步形成基本职业素养，树立航空强国意识	多媒体教学课件、B737-NG 飞机绕机（线）检查培训系统
	后测（P）（5 min）	飞机绕机检查学习情况	考核、测试	提供考核、测试资源，认定考核结果	掌握飞机绕机机检查的基本流程、方法和标准		B737-NG 飞机绕机（线）检查培训系统、飞机机电设备维修专业教学资源库
	总结（S）（5 min）	总结本次课内容，布置拓展任务	观看绕机检查培训系统	教师展示绕机检查培训系统			B737-NG 飞机绕机（线）检查培训系统
课后		自主学习飞机绕机检查	自主学习	提供学习资源，明确学习任务	巩固飞机绕机检查的基本流程、方法和标准		多媒体教学课件、B737-NG 飞机绕机（线）检查培训系统

五、教学考核与评价

飞机绕机检查是飞机航线维护中的一项日常化工作,对确保飞机的安全运行有至关重要的意义。飞机绕机检查业务程序比较固定,但内容繁杂,在传统的教学过程中,受到学习时间、已有知识的限制,只能是"点到则止"。在本教学案例中,通过线上教学设计开发专门的"B737-NG 飞机绕机(线)检查培训系统",以在有限的学时内通过教师的引领,课后通过学生的自主学习、考核,从而更系统、更全面、更直观地学习和掌握飞机绕机检查知识,为今后工作奠定良好的专业基础。

"B737-NG 飞机绕机(线)检查培训系统"在深入分析现行业务流程的基础上,将业务培训内容进行标准化、系统化处理,形成规范化的飞机绕机检查的业务流程;采用 Flash 虚拟动画技术、HTML5、多媒体技术,将规范化的业务流程培训内容融入近乎真实的工作场景,将检查项目、检查标准按实际工作路线(检查部位)进行再现,在模拟现实环境下完成对航线维护人员的培训(学习)。它具有一般教学课件不可比拟的优越性,高度模拟实际工作环境,可以任何时间、任何地点进行交互式的学习、培训和考核,具有系统性强、培训(学习)效果好、培训(学习)成本低的特点,可以实现快速培养高素质的飞机绕机检查人员的目的。具体而言有以下几个方面的优点:

(1)系统化地对绕机检查人员(学员)进行培训(学习);
(2)尽可能地模拟真实绕机检查工作场景/环境;
(3)任何时间、任何地点实施培训工作;
(4)达到培训、考核一体化的目的。

"B737-NG 飞机绕机(线)检查培训系统"曾获得"2015 年广东省信息化教学设计大赛"三等奖,"2015 广东省计算机教育软件评审"高等教育组多媒体课件优秀奖。

六、教学反思

B737-NG 飞机绕机检查针对具体机型系统与附件教学过程的知识模块,基于行业标准,采用 Flash、HTML5 等多种网络技术开发了专门多媒体、模拟工作过程的教学辅助系统。借助该系统可以使学生更系统、更全面、更直观地学习飞机绕机检查知识,能有效弥补传统教学方面的不足,实现高度模拟实际工作环境的教学(培训)效果,能快速培养高素质的飞机绕机检查人员。

学生普遍反映,通过"B737-NG 飞机绕机(线)检查培训系统"能更直观学习飞机绕机检查方面的知识,相比单纯看书本、课件的学习效果有明显提升,可以达到事半功倍的效果,并且通过模拟实际的工作过程,使所学的知识能与今后工作高度融合，使自己对行业、职业特点有更清晰的认知和了解，使自己能更快地上手工作，为今后工作奠定良好的专业基础。

  B737-NG 飞机绕机检查通过专门开发的"B737-NG 飞机绕机（线）检查培训系统"可以高效辅助相关教学活动，支持新的教学改革的实施。其教学特色是突出的，教学效果是明显的，但当前所开发的"B737-NG 飞机绕机（线）检查培训系统"是基于二维技术开发的模拟仿真系统，系统仍存在仿真程度不够高、沉浸感不强的特点，另外，考核模型中的题型、题量也不够丰富。

案例 14

主讲教师：高春瑾

◎工作单位：广州民航职业技术学院　◎性别：女
◎主讲课程：飞机构造基础　◎教龄：6 年
◎职称：讲师　◎学历：硕士研究生

教学感言

感谢这个时代，让教师这个传统的职业充满了挑战！教师不应该是"春蚕到死丝方尽"，而应该"青松岁久色愈新"。不断学习、不断实践、不断研究、不断自我更新，这才是新时代的教师应有的风貌。

完成一门网络上的"好"课，绝不是一个教师单打独斗的结果。它离不开国家对网络教学资源库建设的早期引导与支持，离不开学校对建设网络课程教师持续的激励，也离不开课程团队长达几年的积累。只有团队作战，才能让课程持续迭代改善，紧跟行业新技术、行业新发展，引入新的教育技术手段，更好地满足学生的学习需求与社会人才需求，使课程不断适应时代的要求。

教学设计

一、授课信息

【案例名称】"疫情期间坐飞机安全吗？"——飞机客舱再循环与通风系统原理探究　【案例学时】2
【所属课程】飞机构造基础　【课程学时】68
【授课班级】2018 级飞机机电设备维修专业（5）班　【授课人数】44
【授课类别】理工类专业核心课
【参考教材】《飞机构造》
【教材类型】国家规划

二、教学分析

1. 学情分析

（1）知识基础

① 学生已经学习了航空机械基础、空气动力学基础及飞行原理等专业基础课程，大部分学生已经掌握飞机机械传动基本原理和空气动力基本原理，具备学习飞机系统知识的基本条件；

② 在学生课前微课学习的测试结果中发现：大部分学生已掌握空调系统的功能、组成，对空调系统的功能已有一定的认识，但个别同学在飞机空调系统部件位置的认知和电子舱通风原理的理解上有偏差。微课测试题有错误题目统计如图 4-33 所示。

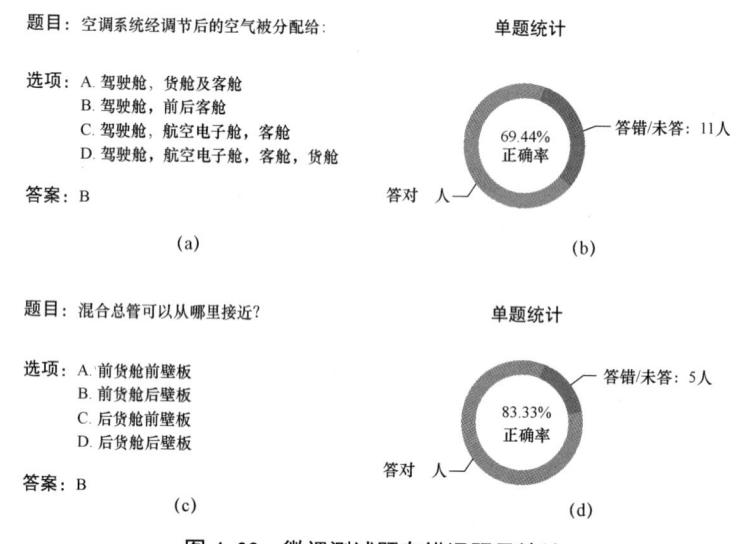

图 4-33 微课测试题有错误题目统计
(a) 微课测试错误率较高的试题（示例 1）；(b) 微课测试正确率（示例 1）；
(c) 微课测试错误率较高的试题（示例 2）；(d) 微课测试正确率（示例 2）

（2）认知能力

① 学生信息化能力较强，乐于接受新事物，能迅速掌握互联网软件运用方法，融入网络环境；

② 大部分学生自主学习的能力较弱，表现为依赖老师，需要教师赋予学习动机、推动学习进度、提供主要学习内容。

（3）学习特点

经过问卷调查及部分同学访谈发现以下特点：

① 80%的学生喜欢小组学习；
② 80%的学生对于纯理论学习不感兴趣，喜欢实践动手操作；
③ 网络授课缺乏集体约束力，无法形成有效监督，个别学生放弃学习成本低；
④ 网络授课使教师肢体语言难以传达，师生交流不够直观，增加了学习难度；
⑤ 学生在网上提问心理压力更小，弹幕信息可随时发送，问题解答更及时。

（4）专业特性

二年级学生还处在校学习专业课程阶段，对飞机维修企业的实际工作流程比较陌生，不了解飞机维修工作的规程；对飞机结构和系统的了解还处于初级阶段，无法解决实际问题，缺乏团队协作意识。学生不了解新冠肺炎疫情期间机务人员工作环境的危险性，对防护措施的重要性认识不足。

2. 教学目标

（1）知识目标
① 掌握飞机空调系统的功能、基本组成、部件位置与功能；
② 理解飞机客舱再循环系统原理；
③ 理解飞机通风系统工作原理。

（2）技能目标
① 了解新冠肺炎疫情期间通风气滤更换工作，能够找到通风气滤的位置；
② 能够理解飞机空调系统设计与预防病毒传播之间的关系；
③ 能够理解民航管理部门在新冠肺炎疫情时期对飞机运行的规定。

（3）素质目标
① 具有团队协作的意识；
② 具有爱国情怀与社会责任感；
③ 培养忠诚担当的政治品格（民航精神）。

3. 教学内容

教学内容依据人才培养方案的岗位技能需求及基础执照考试大纲，参照国家专业教学标准而确定。内容涵盖 2019 年发布的 CCAR66 部 R3 版《民用航空器维修人员执照基础部分考试大纲》中的 M3 模块"飞机结构与系统"的重要知识点与技能点，有机融合于机务维修工作过程的各个项目中。主要介绍燃气涡轮发动机飞机主要的机械系统（包括燃油系统、飞机液压系统、起落架系统、飞行操纵系统、空调系统）的基本原理、组成及工作情况。

本项目为"飞机空调系统"中的第 3 个项目，学生需完成 4 个任务。

4. 教学重难点

（1）教学重点

① 内容。飞机再循环系统与通风系统的工作原理。

② 突出教学重点的方法。将再循环系统与通风系统的原理与新冠病毒传播的方式相结合，协作探究"疫情期间坐飞机是否安全"的问题，通过制作海报、修改海报、展示讲解逐步加深对系统原理的理解。

（2）教学难点

① 难点。再循环系统的部件维护区域较为狭窄，而且内部有大量灰尘和细菌，不适合学生动手实践；理解新冠肺炎疫情期间，一线的飞机维修人员忠诚担当的政治品格。

② 突破教学难点的方法。通过企业再循环气滤的实拍视频，为学生展示拆装过程，使学生理解部件的作用，找到位置，理解部件性能特点；通过企业再循环气滤的实拍视频展示机务人员的防护措施，以及日常工作中与病毒接触情况，使学生理解一线机务人员在新冠肺炎疫情期间承担的风险，列举在新冠肺炎疫情初期防护用品紧张时，民航人为保障医疗设施与而做的种种举措，激发学生的爱国情怀与社会责任感。

三、教学策略及流程

1. 教学方法

（1）创设情境法

在情境中提出问题，让学生带着问题学习，提高学生的学习动力；帮助学生建立情境下的知识体系，有助于提高解决实际问题的能力。

（2）任务驱动法

学生在完成任务的过程中学习所有知识与技能，实现"做中学"。

2. 教学手段

（1）搭建"网红"直播间，通过"腾讯课堂"开展教学，解决教师肢体语言难以传达的问题，提升学生参与课堂的兴趣。

（2）小组成员利用"腾讯会议"进行交流，共同完成任务，形成集体约束力。

（3）利用"职教云"平台发布教学资源，教学过程中组织讨论、测验等教学活动。

（4）利用"在线飞机排故平台"开展简单的故障排除实操教学。

3. 教学资源

（1）教学平台：国家级教学资源库与职教云教学平台。

（2）授课平台：腾讯课堂、直播间搭建设施。

（3）教学资料：在线飞机排故平台、微课、企业拆装通风气滤的视频、任务书。

（4）实操平台：在线飞机排故平台，用于完成简单故障排除的在线操作。

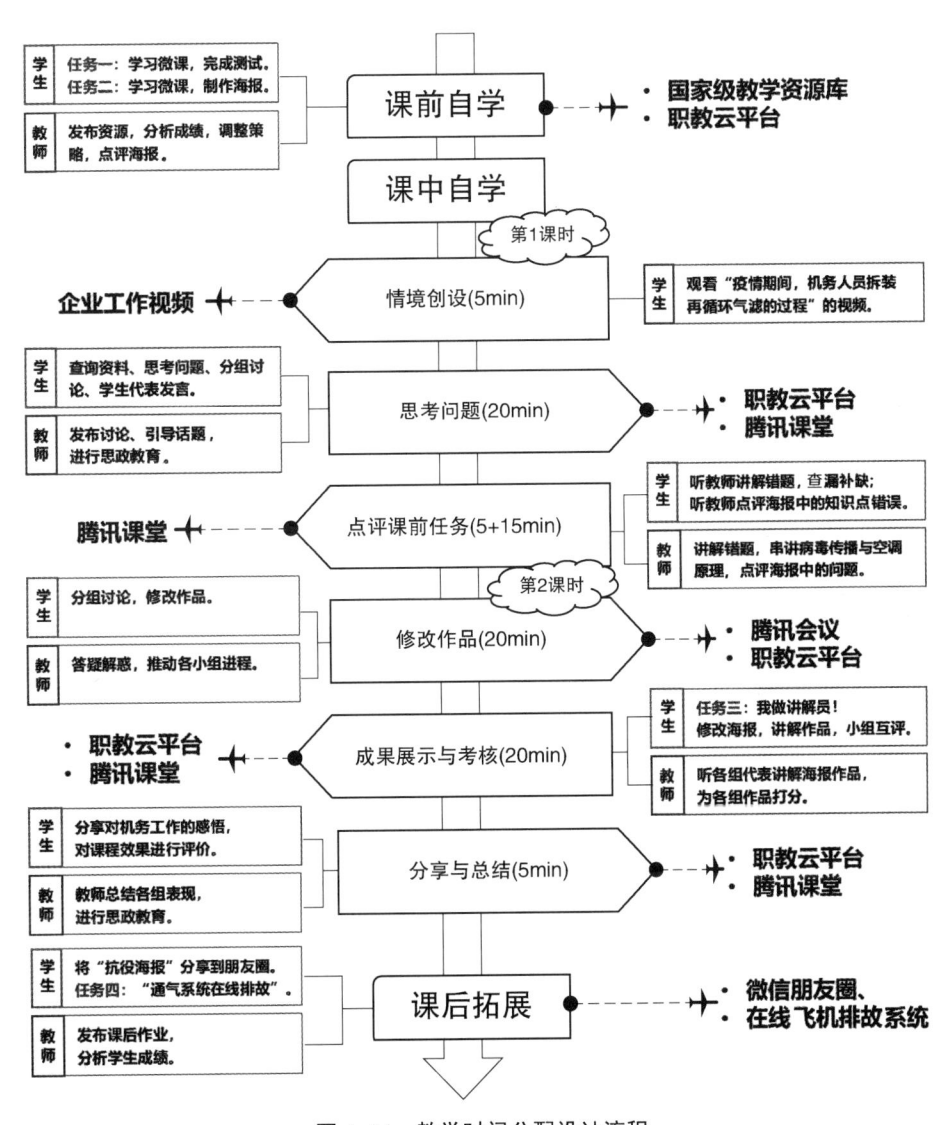

4. 教学时间分配设计流程

教学时间分配设计流程如图 4-34 所示。

图 4-34　教学时间分配设计流程

四、教学实施过程

教学实施过程如表 4-20 所示。

表 4-20 教学实施过程

教学环节		教学内容	学生活动	教师活动	教学目的	课程思政	信息化资源、手段和作用
课前自学（60 min）		·飞机空调系统的功能和基本组成； ·飞机再循环系统工作原理及部件位置	·任务一：学习微课，完成测试； ·任务二：学习微课，小组合作制作"抗疫海报"	·发布网络学习资源和任务； ·分析学生学习数据； ·在线解答学生问题	·初步了解飞机空调系统的功能和基本组成； ·初步了解飞机再循环系统工作原理及部件位置	·通过小组合作，培养团结合作的精神； ·通过海报制作，培养社会责任感	通过职教云平台发布任务和学习资料，统计学生学习数据，了解学生的学习情况
课中	导言（B）（10 min）	·疫情对民航行业的影响； ·各国应对疫情的方式； ·民航人抗击疫情做出的贡献	·思考问题 (1)民航人都做了哪些事来抗击疫情？ (2)疫情期间，党和国家是如何保护人民的？ ·分组讨论 ·学生发言	·例举航班量变化和预估损失； ·例举各国应对疫情方式； ·引导学生思考问题	·了解疫情对民航行业的影响； ·了解各国应对疫情方式； ·了解民航人抗击疫情做出的贡献	通过了解民航人抗击疫情做出贡献的案例，培养家国情怀、忠诚担当的政治品格	通过腾讯课堂将职教云平台的"讨论"内容展示给学生
	学习目标（O）（5 min）	介绍本次课的学习目标	了解学习目标	介绍本次课的学习目标	了解本次课的学习目标		利用大数据统计，展示近几年的学习目标达成情况
	参与式学习活动1：（P）（15 min）	疫情期间，机务人员拆装再循环气滤的过程	观看企业工作视频："疫情期间，机务人员拆装再循环气滤"	·提出探究主题； ·播放企业工作视频	了解飞机再循环气滤部件的作用、性能特点	通过了解机务人在疫情面前忠诚担当的案例，增强职业认同感	在腾讯课堂播放企业工作视频，创建学习情境，为进行思政教育提供事实依据
	参与式学习活动2：（P）（15min）	飞机空调系统的功能、基本组成、部件位置与功能	·听教师讲解课前错题； ·听教师系统串讲微课中的重点内容	·重点讲解课前错题及学生提问； ·系统梳理课前重点内容	领会飞机空调系统的功能、基本组成、部件位置与功能		通过腾讯课堂向学生展示 PPT 和错题

续表

	教学环节	教学内容	学生活动	教师活动	教学目的	课程思政	信息化资源、手段和作用
课中	参与式学习活动3：（15 min）	飞机再循环系统工作原理及通风系统原理	·观看民航局发布的新闻； ·听老师讲解病毒传播与各子系统工作点关系； ·听老师解析各组海报中的问题	·播放民航局发布的新闻； ·以防控疫情传播为主线，梳理各子系统基本原理； ·解析各组海报的问题。（知识目标2、3）	理解病毒传播的机理与飞机空调系统工作过程之间的关系		通过腾讯课堂向学生展示海报和讲解PPT
课中	参与式学习活动4：（10 min）	病毒传播与飞机再循环及通风系统原理	分组讨论，修正海报中的问题	在各个组的腾讯会议旁听，答疑解惑	领会病毒传播与飞机再循环及通风系统原理	通过分组讨论，培养学生团结协作的精神。	通过腾讯会议，完成小组讨论
课中	后测（P）（15 min）	作品展示与考核	·任务三："我做讲解员！"：派出代表讲解海报内容； ·其他组同学按照评价量规进行打分	·听各组同学讲解； ·对各组讲解及海报按照评价量规进行打分	体会飞机空调系统的功能和基本组成；飞机再循环系统工作原理		通过腾讯会议共享文档，切换主讲人，让所有学生看到每组讲解员及其海报作品
课中	总结（S）（5 min）	分享与总结	分享学习感悟	·总结与点评； ·讲解机务职业使命	·巩固课堂知识； ·了解机务职业使命	通过学习机务职业使命，增强职业自豪感	通过腾讯课堂直播讲授
课后（60 min）		·向亲人朋友科普课中学到的相关知识； ·飞机通风系统故障排除	·学生将海报发到朋友圈，向亲人朋友进行科普宣传； ·任务四：完成飞机通风系统故障解除	查看学生的排故作业，分析学生的排故过程，了解学生学习过程中遇到的问题	·巩固所学知识； ·掌握飞机通风系统故障解除方法	通过制作海报，向亲人朋友进行科普宣传飞机再循环系统工作原理及通风系统原理，培养社会责任感	通过"在线排故平台"预设故障，学生可以按正确的按钮，解除故障警告信息

五、教学考核与评价

本课程的考核的原则为：考核主体、考核方法、考核标准多元化；考核贯穿整个课程，包括过程性评价与总结性评价；考核指标与教学目标一一对应。

本课的考核主体包括平台测试、教师、学生，考核方法包括平台测试考核、作品考核、展示考核、在线排故视频考核，全过程考核注重素质目标 1。素质目标 2 与 3 不直接考核，只在课中进行潜移默化的渗透与引导。考核评价表如表 4-21 所示。海报评分标准如表 4-22 所示。讲解评分标准如表 4-23 所示。

表 4-21 《客舱再循环与通风系统原理探究》教学考核与评价表

评价环节	考核指标	考核标准	分值	得分
任务 1：微课测试	知识目标 1	平台测试	10	平台：
任务 2：制作"抗疫海报"（完善后）	知识目标 2、3 技能目标 1、2	海报评分标准	40	教师：
任务 3："我做讲解员！"	知识目标 2、3 技能目标 2、3	讲解评分标准	20	学生：
任务 4：在线故障排除	知识目标 1、2、3	• 故障信息消除（20 分） • 阐述解除故障的过程（50 分） • 简单解释故障涉及的系统的工作原理（30 分）	10	教师：
全过程	素质目标 1	• 小组成员主动解决问题，不拖沓（10 分）。 • 小组成员分工合理（10 分）。	20	教师：

表 4-22 《客舱再循环与通风系统原理探究》海报评分标准

标准/分级	太棒了（86~100 分）	很不错（60~85 分）	还可以更好（0~59 分）
内容	结构完整，内容信息量大，表述用词准确，提出的乘机建议无错误	结构欠完整，内容信息量较多，表述用词较为准确，提出的乘机建议无错误	看不出完整结构，内容信息少，表述混乱，提出的乘机建议有错误
逻辑	病毒传播与各子系统工作原理之间关系阐述清楚	病毒传播与大部分系统工作原理之间关系阐述清楚	病毒传播与少数系统工作原理之间关系阐述清楚
形式	形式美观，内容布局合理，配图与内容相关度高	形式美观度良好，内容布局较为合理，配图与内容相关度较好	形式美观度合格，内容布局较为清晰，配图与内容相关度一般
内涵	整体呈现积极向上的精神风貌，能够传达抗击新冠肺炎疫情的坚定信念，形成视觉上的冲击	整体呈现积极向上的精神风貌，能够传达抗击新冠肺炎疫情的坚定信念	整体基本呈现积极的精神风貌，但未传达抗击新冠肺炎疫情的坚定信念

表 4-23 《客舱再循环与通风系统原理探究》讲解评分标准

标准/分级	太棒了 （86~100 分）	很不错 （60~85 分）	还可以更好 （0~59 分）
内容	讲解内容全面，没有知识性错误，逻辑清晰，提出的建议能用原理说明原因	讲解内容包括海报中大部分内容，知识性错误较少，逻辑较为清晰，提出的建议能用原理说明原因	讲解内容只涉及海报要求的内容中的少部分，有明显知识性错误，逻辑不够清晰，提出的建议没有用原理说明原因
形式	讲解流畅，声音洪亮，条理清晰，抑扬顿挫，手势恰当，能够讲哪里就指到对应位置，讲解形式有创意	讲解流畅，声音清晰，条理清晰，能够讲哪里就指到对应位置	讲解不够流畅，条理性较弱，讲解时有时让人找不到位置
效率	讲解充分利用了要求的时间，同时在要求的时间范围内	讲解充分利用了要求的时间，但是在要求的时间范围外，多出或少说的时间不长	讲解时间与要求时间相差太多（太长或太短）

六、教学反思

1. 教学效果

（1）提升了网络课程凝聚力。首先，为解决网络授课肢体语言难以传达的问题，教师仿照"网红"搭建了直播间，激发了学生学习兴趣，学生的学习时长、视频回看率都有所提升。其次，从课前完成作品初稿，到课上讨论修改作品、展示讲解作品，学生之间的交流增加，课堂气氛更加活跃。

（2）教学目标基本达成。从职教云的课前学习微课测试成绩来看，全班平均分为 89 分，知识目标基本达成。从各小组海报成绩和讲解综合得分来看，2/3 的小组分数在 85 分以上，如表 4-24 所示。可以做到概念表达准确，原理理解正确，针对病毒可能的传播路径提出正确的乘机建议。从排故任务得分来看，有三组同学正确完成任务；有两组同学虽然最终解除了故障信息，但是故障原因的解释不正确；一组同学未能完成任务，需要下节课进行重点辅导。

（3）素养的养成需长期的耳濡目染，才能见到成效，从最后的"分享与总结"环节中可以看出，学生的职业认同感有所增强。比如，一位学生分享道："看了一线机务人员拆装过程，对机务这份工作有了更新的认识，感觉能够做一名飞机维修人员很自豪。"

表 4-24 各小组考核环节得分

小组名称	考核环节得分			
	课后排故	海报得分	讲解得分	课前测试（平均）
EADS 组	100	92	90	100
陈十九小分队	50	75	75	84

续表

小组名称	考核环节得分			
	课后排故	海报得分	讲解得分	课前测试（平均）
飞机空难探索发现调查小组	20	78	65	84
320拯救计划组	50	86	92	100
武汉加油组	100	95	95	91
瑾瑾有条组	100	90	87	91

2. 教学特色

本教学单元以"飞机的系统设计是否有利于病毒传播"为主线，将飞机空调各子系统知识串联在一起，将"疫情"与"专业"紧密结合，让思政要素自然融入机务人员在新冠肺炎疫情期间在保护自己的同时保障飞机的安全运行的工作场景，了解机务人员的敬业奉献与忠诚担当，培养学生职业认同感；继续向下引申，结合新冠肺炎疫情爆发到现在的情况，教师展示国内、国外抗疫的成果对比，激发学生的爱国情怀、坚定对社会主义的制度自信；让学生制作"抗疫海报"并向其亲人朋友宣传，培养学生的使命感与社会责任感。

3. 改进方向及改进措施

在网络教学过程中，发现学生的家庭情况差异很大，大部分学生可以有独立空间、完整时间进行学习，但是也有些学生除了上课，还要帮助家里喂养牲畜、照顾弟弟妹妹、帮父母看店等。因此，教学时间需要有一定的灵活度，才能保障教学质量。应尽可能完善线上教学资源，尤其是"在线飞机排故平台"，进一步完善其在线功能，让学生可以灵活选择学习时间，保障教学效果与线下教学"等质同效"。

案例 15

主讲教师： 史立梅

◎ 工作单位：广东建设职业技术学院　　◎ 性别：女
◎ 主讲课程：建筑与装饰工程计量与计价　◎ 教龄：11 年
◎ 职称：讲师　　　　　　　　　　　　　◎ 学历：硕士研究生

教学感言

本课程是专业核心课，是学生就业的敲门砖，课程综合实践性较强，涉及多门课程的知识，定额清单规则较多，但课时有限且理论学习偏难。如何在有限的时间使学生理解和掌握所学，是我在教学中首要考虑的问题。因此，采取了多样化的教学方法、手段进行辅助教学，与行业企业的实际工作接轨，使学生能够学以致用，提升其就业竞争力。

教学设计

一、授课信息

【案例名称】基坑土方工程清单计量与计价　【案例学时】2
【所属课程】建筑与装饰工程计量与计价　　【课程学时】96
【授课班级】2018 级造价（1）班　　　　　【授课人数】49
【授课类别】理工类专业核心课
【参考教材】《2018 广东省建筑与装饰工程综合定额》
　　　　　　《建筑与装饰工程工程量计算规范》（GB 50854—2013）
【教材类型】自编

二、教学分析

1. 学情分析

（1）知识基础

本课程的授课对象是造价专业大二学生，已学过房屋构造与识图、结构基础与识图、建筑施工、工程造价管理等相关课程,预算电算化的计价软件课程正在同步学习中,具备了学习本课程的基础。

（2）认知能力

经过前面三个学期专业基础知识的学习,学生对识图、施工、计价程序等都有基本的了解和认识。本课程在学习的过程中,将会对前面所学的专业知识进行综合应用,由浅入深符合认知规律,使学过的知识整体化、系统化。

（3）学习特点

听：课上要认真听讲,紧跟教学节奏；

练：勤学多动,认真完成课堂练习；

思：课下要复习预习,思考并完成实践任务；

疑：勇于质疑,激发兴趣,能动学习；

理：理顺前后工程的计算关系,无冲突、矛盾,体现工程项目的整体性。

（4）专业特性

这门课是专业核心课,涉及知识面广、课程内容多、实践任务量大。需要借助建模软件展示图纸的三维立体模型,增强空间想象力；需要的教学资料多,包括清单、定额,以及国家、省、市的政策文件等。

2. 教学目标

（1）知识目标

① 熟悉清单项目的编制规则；

② 掌握基坑土方工程清单的工程量计算规则；

③ 掌握定额中基坑土方的计量计价规则；

④ 掌握省、市在执行清单时的相关文件及政策信息；

⑤ 掌握计价软件的应用。

（2）技能目标

① 能够根据清单规则和图纸,编制基坑的工程量清单名称、编码和项目特征；

② 能够根据清单工程量计算规则,正确计算图纸中的基坑土方工程量；

③ 能够根据定额的工程量计算规则,计算基坑清单项目的计价工程量；

④ 能够根据定额的计价说明和综合单价费用构成,编制基坑清单的综合单价；

⑤ 能够熟练掌握计价软件的操作,熟练完成综合单价的编制。

（3）素质目标

① 具备规范、标准的操作模式,运用统筹法计量,具有真实客观计价的能力；

② 具备耐心细心、科学严谨、求真务实的工作态度；

③ 养成吃苦耐劳、勤学多思、勇于探索的工匠精神；

④ 具备与人协调、沟通、处理问题的能力。

3. 教学内容

本课程包括计量和计价两部分。计量是教学重点，课时占60%；计价是教学难点，课时占40%。为了使学生能够掌握所学，达到预期的教学效果，采取任务驱动法教学，并以多样化的教学手段相配合。设置了多项的互动、实践和小组讨论环节，让学生更好地学习和掌握计量规则、计价方法，培养学生分析和解决实际问题的能力，强化学生的职业道德意识、职业素质素养、工匠精神和创新意识，为学生工作奠定职业基础。

4. 教学重难点

（1）教学重点

① 教学内容。在职教云提前设置预习题，课上播放VR虚拟体验视频，加强学生对基坑的直观认识，主动获取预习题的正确答案；讲解、演示基坑的清单定义、工程量计算规则，借助BIM三维模型展示图纸中基坑的实体形状，给出工程量计算公式；识读图纸中的基坑名称、尺寸和数量等信息，编制基坑工程量的项目编码、项目名称、项目特征，并根据清单规则计算清单工程量。

② 突出教学重点的方法。教师播放VR视频，学生直观体验基坑的断面形状、尺寸应考虑的因素和开挖深度应到达的位置；PPT演示基坑的清单定义，并运用图片进行说明、讲解，结合实训图纸的BIM模型展示基坑的三维真实状态，最后结合图解法给出基坑计算公式；结合清单知识和图纸，师生互动共同完成基坑清单的编制和一个基坑清单项目工程量的计算，学生分组实践完成其余基坑清单工程量的计算。

（2）教学难点

① 教学内容。提出问题——计价的影响因素有哪些，进行头脑风暴，启发式地引导学生思考，并总结在计价时需要思考的问题，加强学生印象；用Excel表格，套用清单规范的标准格式，手工计算基坑的综合单价，师生合作共同完成定额的选取、表格数据的计算等，完成综合单价的计算；利用计价软件，演示清单和定额的选择、关联，数据录入、修正完成后，打开报表，自动生成综合单价，学生同步操作练习。

② 突破教学难点的方法。（什么会对计价产生影响？）首先采用反问的方式，启发学生思考，在此基础上进行归纳和总结，通过这样的学习方式学生总结分析得出计价的影响因素，可以印象深刻、强化记忆；利用综合单价的规范表格，师生互动共同完成定额的选择、数据的填写与计算，并生成最终的综合单价；教师操作软件，演示操作步骤，定额选择要点和对话框的勾选，完成一个基坑的综合单价，学

生自己操作软件，体验使用步骤和流程，并实践完成指定基坑的综合单价。

三、教学策略及流程

1. 教学方法

整个教学过程中交叉运用了多种方法，归纳如下。

（1）在计量过程中，强调对图纸的直观认识、理解，运用了演示、体验、图解、模型法；在工程量计算时，需要学生掌握计算规则，运用了互动、实践法。

（2）在计价过程中，强调对计价因素的认知和综合单价的计算，运用了反问、启发、归纳、互动、演示、体验、实践等方法。

2. 教学手段

（1）信息化：VR、BIM、最新政策文件等；

（2）网络化：腾讯课堂、职教云等网络平台的应用；

（3）理实一体化：图纸、BIM、计价软件、清单、定额政策文件等的综合应用。

3. 教学资源

（1）可视化教学资源

课堂教学视频、职教云线上教学资源，可作为课上学习的补充和参考。

（2）虚拟仿真

VR 视频、BIM 模型，虚拟仿真练习，构建空间立体模型，激发学生的学习兴趣，加深对图纸和计量规则的理解，加快教学进程。

（3）广联达免费提供的云锁

计价历来是教学的难点。有了云锁可以免费应用计价软件，在计价时软件内嵌的计价指引可以有效帮助初学者快速查找到所需定额，辅助学生理解和掌握计价方法，突破教学难点。

（4）教学团队合理，校企关系紧密

教学团队年龄结构合理，3 位教师具有高级职称，1 位教师为南粤教学名师，4 位教师拥有企业一线造价工作经历，且有多家企业长期保持校企合作，为教学资源提供了有力的保障。

4. 教学设计流程

教学设计流程如图 4-35 所示。

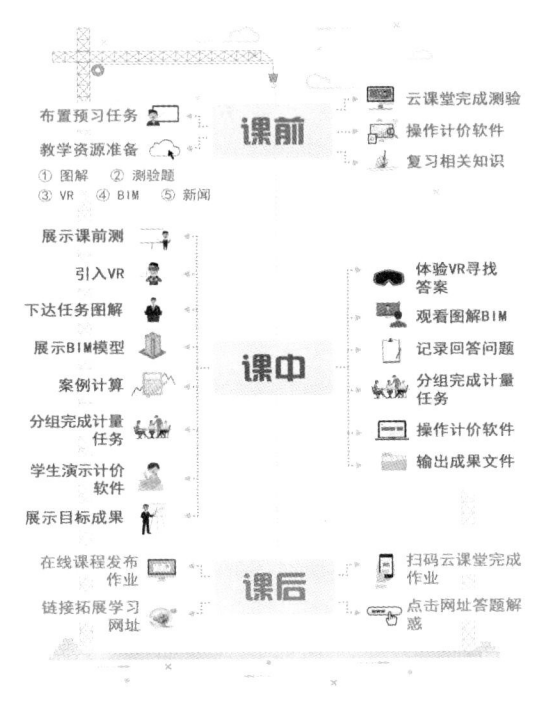

图 4-35 教学设计流程

四、教学实施过程

教学实施过程如表 4-25 所示。

表 4-25 教学实施过程

教学环节	教学内容	学生活动	教师活动	教学目的	课程思政	信息化资源手段
课前	基坑土方的清单及概念、用软件计价基坑土方清单	·登录职教云预习挖基坑土方的课件，做课前预习题； ·识读图纸，记录如下内容：桩承台的名称、数量、垫层底的断面尺寸、承台的高度； ·操作计价软件，练习基坑土方清单套定额	·复习已学过的内容； ·登录课程在线平台预习基坑土方的清单及概念，并做课前预习题； ·识读图纸"结施4、5、7"的相关内容，并做记录； ·预习用软件计价基坑土方清单 课程准备： ·准备清单、定额、相关计量计价文件； ·录制VR体验视频； ·制作BIM三维模型； ·编制工程量计算表并计算基坑土方工程量； ·操作软件提取基坑清单的计价结果及报表； ·编写PPT课件	初步了解基坑土方的清单及概念、用软件计价基坑土方清单	通过预习基坑土方的清单及概念、用软件计价基坑土方清单，培养认真严谨的职业素养	VR、BIM、职教云

161

续表

教学环节		教学内容	学生活动	教师活动	教学目的	课程思政	信息化资源手段
课中	导言（B）(10 min)	总结课前学习情况，分析错题的解题方法	• 观看职教云答题情况； • 观看VR，加强对基坑的直观认识，获取预习题的答案	• 登陆职教云，查看学生的课前预习情况，发现存在的问题； • 播放VR虚拟视频，从而对①中的问题进行解答	了解基坑的概念		VR、腾讯课堂、职教云
	参与式学习活动：（P）(30min)	工程计量方法	• 记录任务的内容； • 观看PPT、图纸和BIM模型； • 记录几何模型公式； • 师生共同完成ZJ1的应用计算； • 完成教师布置的任务； • 回答问题、填写分部分项工程清单与计价表	• 下达任务图纸，说明计算内容和步骤； • BIM展示土方立体模型，增强对基坑土方的认识和理解； • 给出土方模型公式，并对参数进行说明和解读； • 以ZJ1为例，具体分析并运用模型公式计算基坑土方的工程量； • 布置任务，学生计算其余基坑土方的工程量； • 提问学生计算成果； • 展示标准答案，填写工程清单与计价表	掌握工程计量的方法	通过学习工程计量方法，培养实事求是、一丝不苟的工作态度	BIM、腾讯课堂、职教云
	后测（P）(40 min)	清单项目的编制规则，基坑工程量清单及工程计价方法	• 回答教师提出的问题； • 认真观看PPT和听讲； • 观看教师操作计价软件，熟悉操作程序； • 在自己电脑上完成基坑的清单计价，并生成报表	• 提问：影响计价的因素有哪些；新闻链接，说明最新政策对计价影响； • 归纳总结在计价时需要考虑的问题； • 演示GCCP5.0软件的操作，完成计价过程； • 生成工程清单与计价表，输出成果文件	熟悉清单项目的编制规则，掌握基坑工程量清单及工程计价方法	通过学习清单项目的编制规则，基坑工程量清单及工程计价方法，引导"尚技""崇德""道技合一"，树立法治意识	计价软件、视频、腾讯课堂、职教云
	总结（S）(10 min)	总结本次课内容，布置拓展任务	观看工程清单与计价表	教师展示工程清单与计价表，进行课程总结	巩固所学知识	通过观看工程清单与计价表，培养规范操作、科学严谨的工作态度	利用GCCP5.0软件完成

162

续表

教学环节	教学内容	学生活动	教师活动	教学目的	课程思政	信息化资源手段
课后拓展	根据定额的计价说明和综合单价费用构成，编制基坑清单的综合单价	·在职教云上观看视频、课件、作业，测验；·师生互动、答疑解惑	登录职教云查看学生出勤情况，学习情况，做题的正确率，以便及时调整课堂教学策略	能够编制基坑清单的综合单价		腾讯课堂、职教云

五、教学考核与评价

本课程依托职教云在线课程平台、腾讯课堂直播平台、VR 虚拟仿真视频、BIM 图形软件、GCCP5.0 计价软件等信息化的教学资源，采用四步联动（课程启蒙、工程计量、工程计价、课程总结）的方式完成教学过程，实现以下效果。

1. 对学生而言，课程由难变易，更加实用，兴趣更浓，效果更好

（1）职教云和 VR 的应用，激发了学生主动学习、自动探知的欲望，形象的感官认识加深了对基坑土方的计算模型、范围、公式的理解。

（2）识图能力历来是学生比较薄弱的环节，读不懂图就无法进行正确的工程量计算。采用 BIM 建模，把抽象的图纸形象立体化，把复杂的工程简单化，学生更容易读懂图纸，理解工程量计算范围，增强了学习的兴趣。

（3）手工计价不但工作量太大，而且与企业计价工作的实际情况不符。采用软件计价，把复杂、烦琐的计价工作简化，且与企业实际计价工作一致，增强了课程的实用性，学习效果更好。

（4）课堂上学不懂的知识点，或为了巩固学习效果，课下可以进入职教云进一步学习，可以看课件、视频，也可以答题检测，多样化的手段可以满足不同层次的学生学习。

2. 对教师而言，教法新颖、教学轻松、效率更高，课堂管理也更加轻松

（1）采用职教云+VR+BIM+GCCP5.0 软件进行教学，学生容易理解教学任务，计量计价工作变得简单，课程的重点轻松掌握，难点得到突破，教学效率更高。

（2）采用网络教学的模式，使课件、图纸、职教云投屏、VR、BIM 模型、计价软件等在演示、操作时学生看得更清楚明白，且软件公式提供了网络锁，学生可以直接电脑操作，方便课上学习和课下练习巩固，使教学过程更加流畅，教与学都更加轻松。

（3）利用职教云和腾讯课堂，可以查看学生上课的出勤情况，便于教师的课堂教学安排和课堂考勤管理；也可以实时了解学生对教学资源的使用情况，方便教师及时调整资源类型、内容和数量。

六、教学反思

1. 成效与评价

该课程是造价专业最难的一门课程，每次都有较多数量的补考学生，但接受网络教学的五个班级 240 名学生全部通过期末考试，无一人补考。授课期间本系的教师轮流听课，听课老师高度肯定了教学效果。

课件、图纸、软件可以自由切换，不用再担心学生看不清黑板或看不清操作，学生在电脑前看得清楚，教师上得满意，学生学得轻松。

2. 教学特色

（1）采取互动式教学，教师采取提问、反问、讨论的方式启发学生思考，突出以学生为主体的课堂教学。师生间、小组内部互动频繁，使学生有效融入课堂。

（2）课堂教学层层递进，前后承接，逐步推进，符合学生的认知规律。

（3）以任务驱动的方式展开教学，推动教、学、做的一体化，实现项目化教学。

（4）借助职教云、VR、BIM、软件等多样化教学资源和手段，将抽象难懂、复杂多样的任务大大简化了，易学易懂。

（5）通过小组合作，培养了学生的团队意识和互助精神，符合专业对人才培养的素质要求，辅助实现德育教育。

（6）课程内容紧跟政策变化进行调整，与目前企业的实际工作保持高度一致，学生能够学以致用，符合市场对人才的需求。

3. 改进方向和措施

网络教学授课时间由 1.5 小时缩短为 1 小时，课堂内容经常完不成，需要拖堂或布置为课下任务，加重了学生的学习负担，在课程内容设计上可以再加以精简。

案例 16

主讲教师：钟飞凤

◎工作单位：广州南洋理工职业学院　　◎性别：女
◎主讲课程：公共建筑设计原理　　　　◎教龄：9 年
◎职称：副教授　　　　　　　　　　　◎学历：硕士研究生

教学感言

教师是人类灵魂的工程师，教育是良心事业，一个好老师应做到以下四点。第一，热爱教育事业，忠实履行职责。发扬默默无闻、兢兢业业的精神，对教育工作一丝不苟，精益求精。第二，立德树模，为人师表。时刻铭记自己的示范性作用，用良好的品行引导学生，用高尚的情操感染学生，为学生树立良好的道德典范。第三，充实自我，超越自我。在教育教学中善于发现问题，潜心研究教改新方法，善于思考，大胆创新，丰富教学手段，改善课程设计。第四，崇尚师爱，勇于奉献。用心关爱学生，做学生的良师益友和健康成长的导师，不仅关心学生的学习，而且关心学生的生活与心理健康。

教学设计

一、授课信息

【案例名称】建筑方案构思法——创意构思法　【案例学时】2
【所属课程】公共建筑设计原理　　　　　　　【课程学时】72
【授课班级】2019 级建筑设计（5）班　　　　【授课人数】25
【授课类别】理工类专业核心课
【参考教材】《公共建筑设计原理》
【教材类型】国家规划

二、教学分析

1. 学情分析

（1）知识基础

根据课前在线测试的结果进行分析，学生整体已掌握的知识技能情况如下：

① 已掌握建筑方案构思法中的基本构思法、环境构思法（自然环境构思法、建筑环境构思法、文脉环境构思法）；

② 已掌握公共建筑设计的平面、剖面、外观、外部环境设计的方法和技能；

③ 已掌握展览馆基础理论知识、设计方法和技能。

（2）认知能力

根据先序课程的学习数据进行整体分析，学生的整体认知和实践能力如下：

① 学生已掌握基本的建筑设计知识、建筑表现技法和相关绘图软件，如 SU、天正 CAD、酷家乐等，能进行建筑方案的表现；

② 学生个体差异化，个别学生设计美感有欠缺或者软件运用能力不足。

（3）学习特点

根据调查问卷数据进行整体分析，学生的学习特点如下：

① 学生思维活跃，喜欢操作，喜欢用手机和上网，乐于接受新鲜事物；

② 学生有较好的团队合作精神和创新能力；

③ 个别同学性格比较内向，说话不多，沟通意愿不强。

（4）专业特性

① 学生是高职层次的建筑设计专业学生，掌握基本的建筑设计基础知识、建筑表现技法和相关绘图软件，做过一定的建筑设计方案，具备一定的方案能力设计；

② 学生希望多动手实践，不喜欢纯理论的学习方式。

2. 教学目标

（1）知识目标

① 熟悉掌握创意构思法的仿生构思法；

② 掌握创意构思法的象征与隐喻、哲理与思想。

（2）技能目标

① 培养学生结合不同的条件运用不同的方案构思法进行建筑方案的设计能力；

② 学生能运用所学知识进行展览馆建筑方案构思，能做出展览馆建筑设计方案。

（3）素质目标

① 具备良好的团队合作精神和良好的创新思维能力；

② 具备严谨、细致、精益求精的工匠精神和吃苦耐劳的精神；

③ 具备热爱中华传统文化并在建筑设计中传承创新的素质。

3. 教学内容

本课程属于建筑设计核心课程，本次课教学内容为建筑方案构思法的创意构思法，包括建筑仿生构思法、象征与隐喻、哲理与思想。通过本次课知识的学习，学生掌握不同的建筑方案构思法，能从传统文化中挖掘优秀的文化元素进行公共建筑设计，并从前辈身上学习到吃苦耐劳、精益求精的工匠精神。

4. 教学重难点

（1）教学重点

① 内容。创意构思法中的建筑仿生构思法；如何运用建筑仿生构思法。

② 突出教学重点的方法。教师团队运用案例分析法、视频教学法、分析探讨法来突出教学重点；教师团队通过展示和点评仿生展览馆模型作品来突出教学重点。

（2）教学难点

① 内容。建筑仿生构思法定义的区分；如何恰当运用不同的建筑方案构思法进行建筑设计？

② 突破教学难点的方法。教师引导学生分析具体案例并进行对比，从而深化学生对仿生构思法定义的理解；教师引入不同的建筑案例，引导学生进行对比分析，从而解决教学难点。

三、教学策略及流程

1. 教学方法

（1）教法

本课程采用互动式教学法，如图 4-36 所示。

```
                        互动式教学法
```

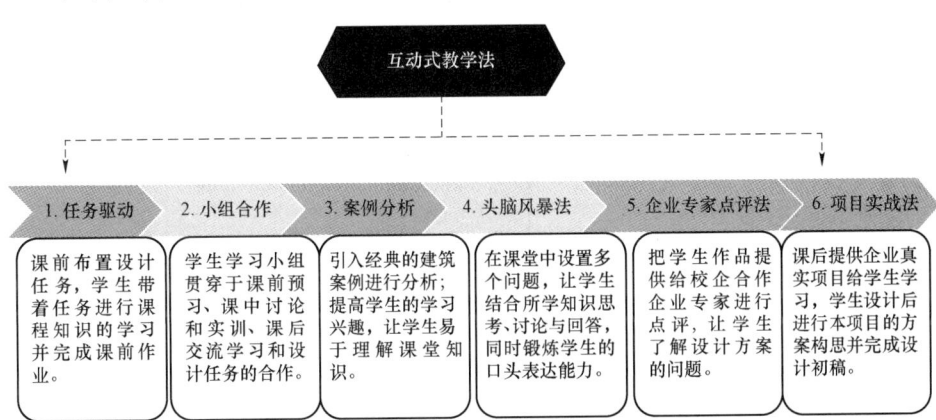

1.任务驱动	2.小组合作	3.案例分析	4.头脑风暴法	5.企业专家点评法	6.项目实战法
课前布置设计任务，学生带着任务进行课程知识的学习并完成课前作业。	学生学习小组贯穿于课前预习、课中讨论和实训、课后交流学习和设计任务的合作。	引入经典的建筑案例进行分析；提高学生的学习兴趣，让学生易于理解课堂知识。	在课堂中设置多个问题，让学生结合所学知识思考、讨论与回答，同时锻炼学生的口头表达能力。	把学生作品提供给校企合作企业专家进行点评，让学生了解设计方案的问题。	课后提供企业真实项目给学生学习，学生设计后进行本项目的方案构思并完成设计初稿。

图 4-36 互动式教学法

（2）学法

让学生养成自主学习、思考及探索的习惯，形成个性化学习模式；培养学生团队合作精神，形成协作学习模式；明确本学习阶段的重点任务，做到课前充分利用超星教学平台资源及网络海量教学资源进行预习，课中积极参与课堂互动和各种教学活动，课后随时随地利用各种网络教学平台和资源进行知识拓展和延伸，形成不受时空限制的移动式学习模式。

2. 教学手段

（1）利用信息化教学手段（网络资源共享、超星学习通课程自主学习平台、视频演示、课堂在线测试、在线问答、QQ 群、微信群等形式）进行理论知识学习。

（2）利用网络资源共享中心和自主学习平台培养学生自主学习、团结合作的能力，通过视频演示、建筑模型展示与师生及专家点评突出教学重点。

（3）通过问题关卡设置、小组团队合作和教师引导突破难点；通过超星学习通课程教学网站、在线考核和测试解决学生对重难点问题的理解和应用；通过在线回答、QQ 群和微信群等形式进行课后讨论交流，引导学生建立团队合作意识、创新思维。

3. 教学资源

（1）课前：超星学习通课程网站教学平台及教师上传的课程资源（课件、录屏微课、视频、动画等）、爱课程网站、班级微信群、班级课程 QQ 群。

（2）课中：超星学习通课程网站教学平台（课件、录屏微课、视频、动画等）、视频、建筑学院 App、VR、手机。

（3）课后：超星学习通课程网站教学平台（课件、录屏微课、视频、动画等）、建筑学院 App、互联网、SU、天正 CAD、爱课程网站。

4. 教学设计流程

具体的教学设计流程如图 4-37 所示。

图 4-37 教学设计流程

四、教学实施过程

教学实施过程如表 4-26 所示。

表 4-26 教学实施过程

教学环节	教学内容	学生活动	教师活动	教学目的	课程思政	信息化资源、手段和作用
课前 (60 min)	创意构思法（建筑仿生、象征与隐喻、哲理与思想）	•学习小组为单位上超星学习通平台自学； •上网收集资料，小组线上合作完成课前预习任务； •线上反馈预习中的疑问和困难之处	•上传 PPT 课件、视频、教案、教学流程表、课前预习作业教学资料到超星学习通平台； •检查学生预习作业并适当调整教学策略	初步了解创意构思法	通过小组线上合作完成课前预习任务，培养团结合作、吃苦耐劳的精神	超星学习通网络平台、建筑应用软件、网站和微信公众号、国家级精品课程网站等资源激发学生学习兴趣
先测 (P) (5 min)	作业汇报	抽出两组典型预习作业（一对一错）请学生汇报并点评指出问题且引出新课	学生网络连线展示和汇报课前预习作业及三维动画视频	初步体会创意构思法	通过听取汇报点评，培养精益求精的精神	线上连线学生发言和三维动画视频法、小组汇报法激发学生求知欲
导言 (B) (5 min)	创意构思法	学生观看视频	播放视频导入课程	领会创意构思法		超星学习通网络平台
课中 参与式学习活动1：(P) (15 min)	建筑仿生构思法	•线上抢答； •小组线上讨论并在超星输出答案和分析案例； •网络连线评论师兄展览馆模型； •观看展览馆设计制作者和校企合作专家对此展览馆模型作品评价的评价视频； •在线课堂讨论区回答运用仿生构思法应注意的事项	•讲授概念请学生分析案； •提出思考题并在超星平台发布问题； •请学生分析案例启发学生做人道理； •发出抢答题； •请学生网络连线评论展览馆模型； •播放展览馆设计制作者和校企合作专家对此展览馆模型作品评价的视频； •总结并要求学生学习师兄吃苦耐劳和工匠精神	掌握建筑仿生构思法	通过学习建筑案例，培养精益求精的工匠精神	运用线上连线学生发言和视频教学法、在线抢答法、头脑风暴法等手段激发学生的学习热情；通过运用作品多方点评法深化学生对知识的理解

续表

教学环节		教学内容	学生活动	教师活动	教学目的	课程思政	信息化资源、手段和作用
课中	参与式学习活动2：（P）（15 min）	象征与隐喻、哲理与思想构思法	・线上讨论回答问题； ・通过VR眼镜感受建筑空间并分析； ・网络连线分析案例； ・线上讨论列举案例	・分析概念并提问； ・运用VR场景教学法引导学生分析； ・播放视频请学生分析； ・摇号抽问还有哪些公共建筑体现这些构思法	掌握象征与隐喻、哲理与思想构思法	通过运用文脉构思法等进行建筑方案设计，把中华传统优秀元素等融入建筑设计，增强文化自信	运用线上连线学生发言和VR场景教学法、启发式讲授法与视频教学法，活跃课堂气氛，激发学生的学习兴趣
	后测（P）与总结（S）（10 min）	作业评讲与课程知识小结	・网络连线汇报展览馆总平面图设计； ・在对话框互评提问； ・网络连线发言； ・学习设计院规范总平面图画图法； ・线上完成问卷测试； ・在在线讨论区总结本节知识	・对近似概念的区别做系统分析； ・请学生代表网络连线汇报展览馆总平面图设计； ・点评并总结普遍问题； ・展示设计院图纸让学生学习； ・发起问卷测试考查学生本节课所学； ・引导学生知识小结	能够完成展览馆总平面图设计		线上连线汇报法提高学生课堂参与度；师生互评法和设计图纸展示法深化学生专业知识；线上课堂问卷测试法和总结归纳法考查学生课堂学习效率
课后（120min）		知识复习和展览馆初稿修改	・上超星学习通平台复习并利用课后资源进行知识拓展； ・以小组为单位进行企业真实项目的实战练习并线上提交作业； ・在课后学习过程中有疑问或困难时及时通过班级微信群请教	・要求学生上超星学习通平台复习并利用网络资源进行课后拓展和复习； ・提供往届学生展览馆设计优秀作品、企业真实设计项目案例让学生学习； ・学习通平台发布企业真实项目作业让学生修改完善	巩固所学知识，能够修改展览馆总平面图设计		利用超星学习通平台让学生课后线上复习并提交课后作业，巩固专业知识，提高专业技能

五、教学考核与评价

1. 教学考核方式

本次课评价主体多元化：系统端评价占10%，教师评价评价占50%，组长评价占15%，小组间互评占10%，企业专家评价占15%。

本次课实行"课前考核（10%）+课中考核（60%）+课后考核（30%）"的过程性考核，具体考核项目如表4-27所示。

表4-27 《公共建筑设计原理》教学考核与评价表

考核及比重	考核内容及分数	评价标准
课前考核 （10%）	课前预习（5分） 小组作业（5分）	完成微课、PPT、教案等教学资源预习（5分） 提交小组作业（5分）
课中考核 （60%）	考勤（2分） 课堂表现（8分）	全勤2分，迟到1分，旷课则课中考核为0分 参与教学互动积极（1~4分） 参与小组任务积极（1~4分）
课中考核 （60%）	第1节课 （25分） 第2节课 （25分）	能掌握仿生、象征与隐喻概念和应用方法（10分） 能结合所学知识分析案例并应用（10分） 能学习吃苦耐劳、精益求精的工匠精神（5分） 能掌握哲理与思想的概念和应用方法（10分） 设计作业质量和汇报成绩（15分） 有良好团队合作精神和创新思维能力（10分）
课后考核 （30%）	方案设计（30分）	按时完成（5分） 作业态度端正（5分） 作业规范且有效运用本节知识（20分）

2. 教学实施效果与成果

本次课遵循学生为主体的原则，使用多样化的教学方法，借助超星学习通平台和网络海量教学资源等信息化技术，通过课前作业汇报、互动式教学、学生思考讨论、企业专家点评等教学环节，环环相扣，逐步递进，达成教学目标。

在教学设计中利用问卷测试法、头脑风暴、击鼓传花游戏、以问促答、视频教学法、动画教学法、课程平台、超星学习通等教学方法使教学脉络清晰，突出教学重点、化解教学难点，完成教学任务，激发学生的学习热情，提高学生的方案构思法能力与建筑审美素养；以问促答在紧张刺激的抢答环节中，调动学生思考问题的积极性，活跃课堂气氛；案例图片讲授和视频动画，将抽象的知识具象化，加深学生对理论知识的理解。学生积极参与课程互动，全程投入，整体表现积极。

提供企业真实设计项目让学生实战，使学生切实掌握企业行业的要求和标准，今后能迅速适应行业企业的要求；教师邀请校企合作专家对学生作品进行点评，让学生直观了解在实践工程项目中设计方案的问题和注意事项。

总而言之，教学效果很好，学生能很好地掌握对接企业要求的专业知识和技能。

六、教学反思

1. 他评成效

学生反映教学方法多样，能提升学习兴趣，喜欢这样的互动式教学课堂。另外，听取毕业生和企业专家点评及学习企业标准图纸使学生受益匪浅。

督导和同行听课后赞扬这样的教学形式新颖独特，不仅能吸引学生，而且引入毕业生和企业专家点评、引入行业企业标准和企业图纸，使学生的专业技能能对接行业企业要求和标准，教学效果非常好。

2. 自评效果

本人感觉课堂上采用多种教学方法，能很好地调动学生的积极性，引入企业标准和企业图纸让学生学习，能使学生在校期间掌握行业标准和要求，精准对接岗位技能要求。

3. 教学特色

（1）多样化教学手段。教师采用多样化的教学手段，如案例分析法、问卷测试法、VR情景教学法、企业专家点评法、游戏教学法、视频教学法、头脑风暴法、动画教学法、摇号提问法、师生互评法等，以学生为中心，活跃课堂气氛，很好地实现师生的良性互动。

（2）移动式教与学。充分利用信息化技术进行网络资源和在线课程的教与学，本课程在超星学习通建立在线课程，教师把各种教学资源上传到学习通，学生可以在课前和课后登录课程学习平台预习、复习及提交作业，师生在课前、课中、课后进行不受时空限制的互动与交流，实现移动式教与学。

（3）校企协同育人。提供企业真实设计项目让学生实战，使学生切实掌握企业行业的要求和标准，今后能迅速适应行业企业的要求；教师邀请校企合作专家对学生作品进行点评，让学生直观了解在实践工程项目中设计方案的问题和注意事项。

（4）培养学生职业素养和文化自信。教学素材选用中外著名建筑设计案例进行分析对比，学生在学习同时了解中国传统建筑和优秀传统历史文化，有利于其在建筑设计中弘扬传统文化。教师在课堂中充分挖掘素材中的思想内涵和思政元素，将其与教学内容有机融合，教书的同时育人，实现"美育与德育"的双重渗透，鼓励学生培养吃苦耐劳和精益求精的工匠精神。

4. 不足之处

（1）个别学生对不同建筑方案构思法的理解和应用还不到位。

（2）个别学生进行展览馆外观设计时没注意与建筑平面图的对应。

5. 改进方向及改进措施

（1）要求学生课后加强复习，对不理解的知识多看课堂回放视频和超星学习通上的微课录屏和课件，小组成员之间互相学习和帮助。

（2）教师在超星学习通上传企业真实设计案例方案册让学生学习，课后经常与学生沟通交流，向学生强调做展览馆外观设计时一定要注意与建筑平面图的对应。

案例 17

主讲教师：张烨键

◎ 工作单位：深圳龙岗职业技术学校　　◎ 性别：女
◎ 主讲课程：仓储管理基础　　　　　　◎ 教龄：6 年
◎ 职称：助理讲师　　　　　　　　　　◎ 学历：本科

教学感言

第一次尝试线上教学，对于教师来说，如何保障教学质量，让学生完成正常的学习是一个大问题；而对于学生来说，如何在不返校学习的情况下，按时按质完成学习任务也是一个大问题。在没有经验的情况下，结合当下的情况，将网上教学与技能竞赛结合起来，以赛促教，以赛促学，充分发挥学生学习的主观能动性，更是把握"战疫"这一特殊时机，巧将思政融课堂，贯彻落实"生命重于泰山，疫情就是命令，防控就是责任"这一防疫举措。

责任立身，技能立业。我将致力于创建适合学生个性化发展的教学环境，助力学生实现匠心筑梦、技赢人生的理想。

教学设计

一、授课信息

【案例名称】以赛促教、以赛促学，巧将思政融课堂　【案例学时】2
【所属课程】物流综合实训　　　　　　　　　　　　【课程学时】80
【授课班级】2018 级物流（1）班　　　　　　　　　【授课人数】50
【授课类别】经管法类专业核心课
【参考教材】《仓储管理基础》
【教材类型】自编

二、教学分析

1. 学情分析

（1）知识基础

本课程的授课对象是 2018 级物流（1）班，该班学生为中职物流专业二年级学生，经学生学情调研数据发现，在知识与技能方面，他们有较为扎实的物流专业基础知识，已掌握运输与仓储相关基础理论知识。

（2）认知能力

在认知与实践能力上，他们更愿意将所学理论知识应用于实际或虚拟操作中，这对学生而言是一种挑战。

（3）学习特点

在学习特点方面，学生思维活跃，操作能在一定程度上激起他们的学习欲望和学习兴趣。

（4）专业特性

干线到达是物流仓储与配送工作的开始，是供应商送货与货品入库的过渡阶段，起着承前启后的关键作用，它决定着整个物流作业过程能否顺利开始。

2. 教学目标

（1）知识目标

掌握收货作业及分拨处理的操作流程和基本要求。

（2）技能目标

掌握收货作业及分拨处理的技巧。

（3）素质目标

养成正确的劳动观念和敬业、精益、专注、创新的工匠精神。

3. 教学内容

教学内容包括收货作业和分拨处理：干线到达作业是连接运输和仓储两个物流基本功能最重要的一个环节，操作简单却极为重要，直接关系货品库存信息的准确性和后续仓储作业的正常运作；干线到达的货品或入库、或暂存、或配送，对干线到达货品进行分拨处理。干线到货如图 4-38 所示。

4. 教学重难点

（1）教学重点

① 内容。收货作业的流程；分拨处理的原则；分拨处理的流程。

② 突出教学重点的方法。观看微课视频；案例分析。

操作员根据到货通知单信息，扫描运单，核对到货物品信息，根据到货通知单上的送货要求，分别进行入库、即时派送、派送暂存操作

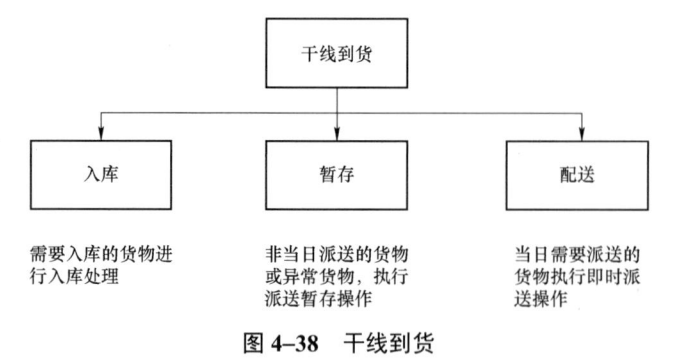

```
                    干线到货
        ┌──────────────┼──────────────┐
       入库            暂存           配送
  需要入库的货物进  非当日派送的货物   当日需要派送的
  行入库处理       或异常货物，执行   货物执行即时派
                   派送暂存操作      送操作
```

图 4–38 干线到货

（2）教学难点

① 内容。收货作业的操作要领；分拨处理的操作要领。

② 突破教学难点的方法。教师讲授；学生观看微课视频并系统进行线上实操。

三、教学策略及流程

1. 教学方法

（1）游戏教学法

依托长风学霸赛平台，解读当日长风学霸比赛规程，让学生了解学习目标。通过比赛积分，测试收货作业、分拨处理的操作要领掌握情况，为学生学习成果画像。

（2）教学做一体化法

通过 3D 仓储系统进行线上示范，让学生了解收货作业、分拨处理过程中的基本要求；通过让学生使用 3D 仓储系统进行线上实操，帮助学生掌握收货作业、分拨处理的操作要领和技术规范。

2. 教学手段

（1）电脑或手机、平板等移动终端；

（2）腾讯课堂。

3. 教学资源

（1）自行研发微课；

（2）3D 仓储系统；

（3）长风学霸赛平台。

4. 教学设计流程

干线到货教学设计流程如图 4–39 所示。

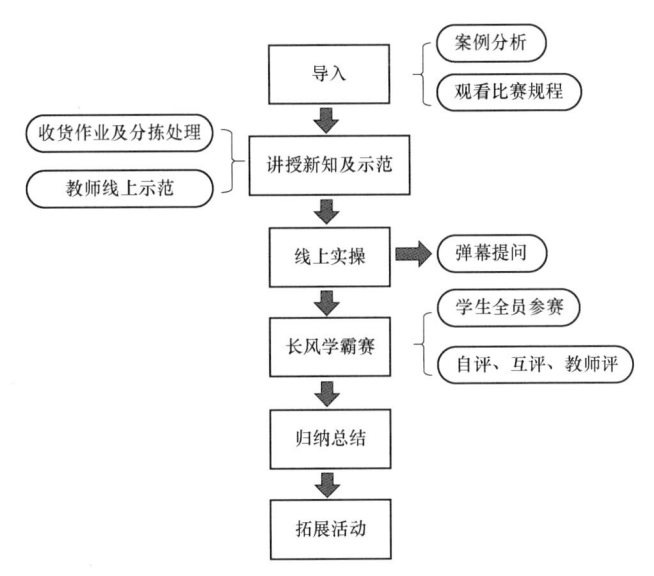

图 4-39 干线到货教学设计流程

四、教学实施过程

教学实施过程如表 4-28 所示。

表 4-28 教学实施过程

教学环节		教学内容	学生活动	教师活动	教学目的	课程思政	信息化资源、手段和作用
课前（10 min）		收货作业及分拨处理的操作流程和基本要求	通过网络平台观看收货作业及分拨处理的微课并回答问题	采集学生应答数据，统计分析形成收货作业、分拨处理预习报告			自行研发微课、长风网
课中	导入（B）与学习目标（O）（10 min）	总结课前学习情况、导入课程学习目标	• 集体回答；• 案例分析；• 观看比赛规程，了解学习目标	询问学生自学情况结合微课进行案例分析，解读今日比赛规程，介绍本次课的学习目标	了解本次课的学习目标		案例、长风学霸赛平台
	参与式学习活动 1：（P）（15min）	收货作业、分拨处理过程中的基本要求	听课并思考：在收货作业、分拨处理过程中的基本要求、注意事项	讲解本课重点并通过 3D 仓储系统进行线上示范	理解收货作业、分拨处理过程中的基本要求	通过收货作业、分拨处理的技术示范，培养学生精益求精、"道技合一"的工匠精神	课件、自行研发微课、3D 仓储系统

177

续表

教学环节		教学内容	学生活动	教师活动	教学目的	课程思政	信息化资源、手段和作用
课中	参与式学习活动2：(P)(25 min)	收货作业、分拨处理的操作要领和技术规范	使用3D仓储系统进行线上实操，并通过弹幕提出疑问	布置实训任务并利用手机开启弹幕，选取有代表性的问题进行解答	体会收货作业、分拨处理的操作要领和技术规范	通过收货作业、分拨处理的技术示范，培养学生精益求精、"道技合一"的工匠精神	3D仓储系统、弹幕
	后测(P)(30 min)	收货作业、分拨处理的操作要领掌握情况	登录长风学霸赛，完成今日积分赛	观赛并收集学生全过程行为数据，逐步形成学生职业能力画像	掌握收货作业、分拨处理的操作要领		长风学霸赛平台
	总结(S)(10 min)	总结本次课内容，布置拓展任务	观看微课回顾本节课内容	点评参赛表现并播放微课总结收货作业及分拨处理过程中的操作技巧	巩固收货作业、分拨处理的操作要领		课件、自行研发微课、腾讯课堂
课后(20 min)		拓展活动	针对3D仓储系统对照评分改进，进行线上练习	收集学生全行为数据，完成该课程的职业能力"画像"			3D仓储系统

五、教学考核与评价

1. 考核方式

（1）学生自评，学生对自己的线上作业和参赛成绩进行自评。

（2）小组互评，不同小组对其他小组的参赛成绩进行点评。

（3）教师点评，教师对学生线上作业过程和参赛成绩进行过程和总结点评。

教学考核方式多样，评价主体多元，过程与结果评价相结合。学生自评与互评后，教师对线上作业过程和参赛成绩进行点评。通过每节课线上实操和参赛成绩的数据，借力大数据分析技术，收集学生该课程的职业能力"画像"。"画像"直观反映学生职业能力的"长短板"，有助于学生提高学习效果。教师通过"画像"分析可以调整教学策略，不断提升教学质量。

2. 教学评价

（1）专业考证通过率大幅提升

通过模块化学习，学生的专业考证通过率得到了大幅的提升。2016—2018级考证通过情况如图4-40所示。

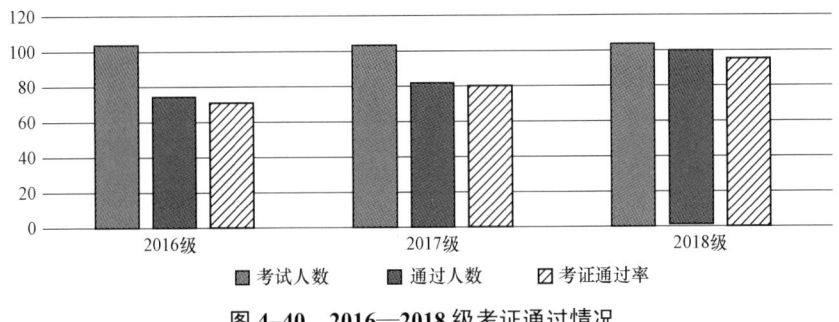

图 4-40 2016—2018 级考证通过情况

（2）利用优秀网络资源

本专业采用"长风网"和"微课"两种网络资源结合进行线上教学。"长风网"是由北京络捷斯特公司开发的网络学习平台，教师在平台里面组建班级，创建课程，学生进入班级之后，可以在教师授课之后进行学习，并且完成测验和课后作业，及时向老师提问。而"微课"视频更可以通过简短的时间，实现学生的三随（随时随地随意）学习。

（3）增强学生学习兴趣

本专业将线上教学与长风学霸拉力赛相结合，寓教于乐，以赛促教。在每天的专业课教学任务中，将本节课的教学内容与"学霸赛"的比赛内容相结合，让学生边学习边比赛，在学习完之后，进入比赛界面进行测验，让学生将比赛与学习结合在一起。我校还在全国交通运输职业教育教学指导委员会举办的"第五届长风学霸赛之传奇大战"中获得了"最佳组织奖"。

（4）实训架构体系融入线上教学

运用各种网络教学资源来让学生进行系统的学习。比如，在长风网上给学生的课程有仓储规划与设计、仓储业务操作，给学生讲解仓储和运输两个体系中的实训课程。此外，充分利用自有的微课视频，通过在选修课中播放自有的 40 个实训类微课视频，向学生讲解仓储、运输作业、叉车技能、单证制作等一系列专业实训课程。

（5）思政教育融入课堂

利用腾讯课堂、钉钉直播等方式把典型经验和常识作为教育教学中的活教材，通过在线课堂进行价值塑造。将其中的典型案例、感人事迹融入课程教学，加强对学生的思政教育，为在线课堂添彩。诸如在师生互动过程中，结合物流配送、物资调配、供应链管理等专业知识，介绍武汉雷神山医院建设案例，以此鼓励学生努力学好专业知识。将课堂与思政相结合，将德育与智育相结合，全面践行立德树人。

六、教学反思

学生在作业过程中仍有不规范的操作，是课程实践模块的不足之处在疫情防控可行的条件下，教学常态化后考虑采取以下两个改进措施。

1. VR 社团体验模拟作业

把课堂延伸到课后，打破课堂教学时空的局限性，通过物流企业的真实工作项目的模拟学习和训练，加深学生对仓储与配送作业流程的理解，增强学生的实操能力，提高学生对专业的认知度。

2."双十一"企业对接项目

充分利用校企合作机制，让学生进入物流企业承担真实工作任务，简单事情重复做，培育学生追求极致的工匠精神和正确的劳动观念。通过物流职业真实工作项目的学习和训练，延伸课堂。

致力于创建适合学生个性化发展的教学环境，将"职业渗透，行为养成"的教学理念始终贯穿课堂，构建"工学交替、课岗对接，能力进阶式"的课程体系改革，助力学生实现匠心筑梦、技赢人生的理想。

案例 18

主讲教师：马洁

◎工作单位：广东司法警官职业学院　◎性别：女
◎主讲课程：戒毒心理矫治　　　　　◎教龄：16 年
◎职称：讲师　　　　　　　　　　　◎学历：硕士研究生

教学感言

作为一名高职院校教师，要想胜任现代的教育教学工作，就要不断地学习、充电，积累知识、培养能力、提高个人素养。停课不停学，三个月的线上教学，让我收获满满，我收获了感动，感恩身边无私帮助我的人，我也要将这爱与温暖传递下去。在以后的工作和生活中，我还要不断学习，不断进步，付出青春韶华，收获桃李芬芳，实现人生价值。

教学设计

一、授课信息

【案例名称】搭建"空中课堂"，引领在线教学　【案例学时】2
【所属课程】戒毒心理矫治　　　　　　　　　【课程学时】72
【授课班级】2019 级行政执行（1）班　　　　【授课人数】49
【授课类别】文史哲类专业核心课
【参考教材】《戒毒人员心理咨询与矫治》《行政执行专业实训教程》
【教材类型】全国司法职业教育"十三五"规划

二、教学分析

1. 学情分析

（1）知识基础

学生通过前置课程已经学习了相关法律、戒毒工作、心理学基础知识，个别学生仍存在前期基础知识掌握不牢的情况。

（2）认知能力

根据学生在前期学习的数据整理，发现学生对戒毒管理的相关工作流程与内

181

容掌握熟练，可是对心理学基础知识的识记水平还较低，对心理学流派的治疗技术与步骤容易混淆，个别学生对矫治原理知识点掌握的准确度不高。

（3）学习特点

授课班级共有学生49人，其中男生42人、女生7人。总体呈现的特点为：好动、思维活跃；接受新事物能力较强；实践锻炼意愿强；喜爱使用智能终端。不足之处在于学习的主动性欠佳，思维深度不够；掌握知识的准确性有待提高。部分学生存在自主学习能力较差、合作意识薄弱的问题。

（4）专业特性

本专业培养目标为具有"勤学、尚法、精警、奉献"的职业素养，掌握行政执行基础理论和法律知识，具备较强的行政执行警务能力、强制隔离戒毒人员管理能力和心理矫正能力，能够胜任警务执行一线工作岗位的高素质应用型警务人才；专业核心岗位为强制戒毒工作民警。

2. 教学目标

（1）知识目标

掌握行为疗法在戒毒心理矫治工作中的原理与应用。

（2）技能目标

熟练掌握厌恶疗法、系统脱敏疗法、代币制疗法等技术的具体运用。

（3）素质目标

① 树立"忠诚于党，服务为民"的责任意识；

② 具备"精警奉献，文明执法"的警务能力；

③ 养成"仁爱之心，关怀救助"的职业操守。

3. 教学内容

根据专业人才培养方案与课程标准，结合教材内容与学情分析重建知识架构。依据"警学一体，战训交融"的人才培养模式，立足地区司法机关和强制隔离戒毒所戒毒心理矫治技术的人才需求，结合学院现有设备优势，本门课程将教学内容确定为戒毒人员心理测验、戒毒人员心理评估与诊断戒毒人员心理咨询、戒毒人员心理矫治技术等 9 个教学单元。本次课的教学内容为：行为疗法在戒毒人员矫正中的应用技术——结合虚拟现实技术的厌恶疗法，授课时间为90分钟（2课时）。

4. 教学重难点

（1）教学重点

① 内容。行为主义学派的基本原理；厌恶疗法的原理与步骤；系统脱敏疗法的原理与步骤；代币制疗法的原理与步骤。

② 突出教学重点的方法。教师在线讲解、微课演示。

（2）教学难点

① 内容。厌恶疗法的技术应用；系统脱敏疗法的技术应用；代币制疗法的技

术应用。

② 突破教学难点的方法。案例分析，在线讨论；在线分组，头脑风暴；民警点评，在线解疑。

三、教学策略及流程

1. 教学方法

（1）混合教学法

通过教师将线上教学与学生线下自学两种教学组织形式有机结合，把学生由浅到深地引向深度学习。

（2）案例分析法

将戒毒实际工作中出现的矫治问题作为案例，交给学生研究分析，培养学生的分析能力、判断能力、解决问题及执行戒毒矫治的业务能力。

（3）任务驱动法

发布戒毒人员心理问题个案，建立共同的任务活动中心，在如何选择合适的戒毒心理矫治技术的问题动机驱动下，通过对学习资源的主动应用，进行自主探索和互动协作的学习，并在完成既定任务的同时，引导学生完成学习实践活动。

2. 教学手段

（1）网络平台在线讲解。通过教师的在线讲解，突出本次课程的重难点，将三种戒毒矫治技术的知识点讲解透彻。

（2）双师讲授。由专业教师与戒毒民警共同在线指导学生完成教学任务。

（3）小组练习。在线分组，集体讨论，线上整理提交小组方案，增强学生的团队合作意识。

图 4-41 教学手段

(a) 教师在线教学；(b) 戒毒民警在线教学

(c)　　　　　　　　　　　　　　　(d)

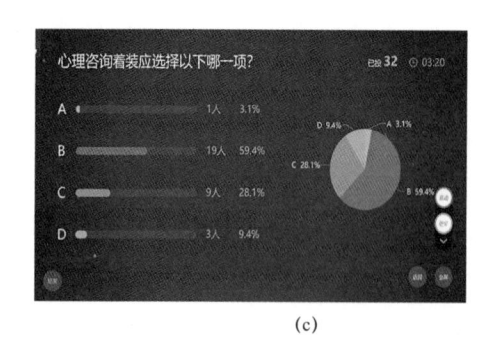

图 4-41　教学手段（续）

(c) 在线调查问卷；(d) 在线头脑风暴

3. 教学资源

（1）本课程由专业教师、戒毒工作民警和行业专家组成在线教学团队，通过在线教学、直播讲座等形式共同指导教学。

（2）丰富的在线资源："戒毒心理矫治"省级精品在线开放课、刑事执行专业教学资源库提供本课程丰富的在线教学资源。

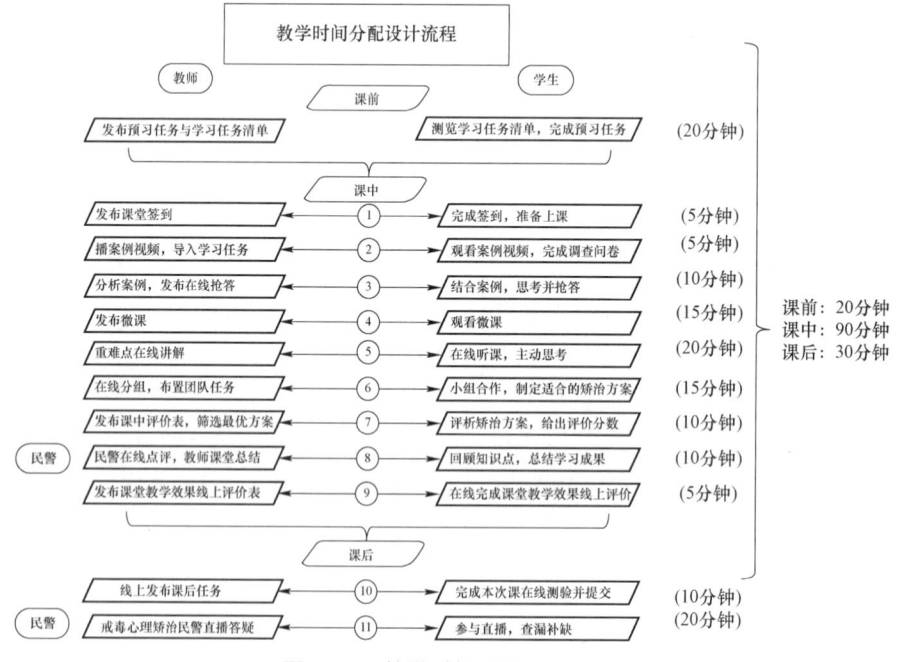

4. 教学时间分配设计流程

教学时间分配设计流程如图 4-42 所示。

教师		学生	时间
课前			
发布预习任务与学习任务清单		浏览学习任务清单，完成预习任务	(20分钟)
课中			
发布课堂签到	①	完成签到，准备上课	(5分钟)
播案例视频，导入学习任务	②	观看案例视频，完成调查问卷	(5分钟)
分析案例，发布在线抢答	③	结合案例，思考并抢答	(10分钟)
发布微课	④	观看微课	(15分钟)
重难点在线讲解	⑤	在线听课，主动思考	(20分钟)
在线分组，布置团队任务	⑥	小组合作，制定适合的矫治方案	(15分钟)
发布课中评价表，筛选最优方案	⑦	评析矫治方案，给出评价分数	(10分钟)
民警在线点评，教师课堂总结（民警）	⑧	回顾知识点，总结学习成果	(10分钟)
发布课堂教学效果线上评价表	⑨	在线完成课堂教学效果线上评价	(5分钟)
课后			
线上发布课后任务	⑩	完成本次课在线测验并提交	(10分钟)
戒毒心理矫治民警直播答疑（民警）	⑪	参与直播，查漏补缺	(20分钟)

课前：20分钟
课中：90分钟
课后：30分钟

图 4-42　教学时间分配设计流程

四、教学实施过程

教学实施过程如表 4-29 所示。

表 4-29 教学实施过程

教学环节		教学内容	学生活动	教师活动	教学目的	课程思政	信息化资源、手段和作用
课前 (20 min)		戒毒心理矫治的方法和戒毒民警工作环境的了解	浏览学习任务清单，完成预习任务	通过超星学习平台发布学习任务清单，制定预习任务并发布	初步了解戒毒心理矫治的方法和戒毒民警工作环境	通过观看禁毒戒毒优秀影视作品、禁毒民警的故事，培养学生"执著专注、精益求精、一丝不苟、追求卓越"的工匠精神	手机、电脑超星学习通
课中	导言 (B) (5 min)	毒品的危害，可用的心理矫治技术	观看戒毒矫治案例视频	播放戒毒矫治案例视频，发起课堂问卷调查	了解毒品的危害和可用的心理矫治技术		手机、电脑钉钉APP
	先测 (P) (10 min)	戒毒心理矫治技术在案例中的可行性	学生根据所学知识针结合案例中的问题，思考并抢答	发起在线抢答，引导学生自主思考问题	领会戒毒心理矫治技术在案例中的可行性		手机、电脑超星学习通、钉钉APP
	参与式学习活动1： (P) (15 min)	三种戒毒心理矫治技术的原理	观看微课、结合电子教材和学习平台资源进行自主学习	发布厌恶疗法、系统脱敏疗法、代币制疗法三个微课	熟悉三种矫治方法的原理		手机、电脑超星学习通、钉钉APP
	参与式学习活动2： (P) (20 min)	三种戒毒心理矫治技术	在线听课，主动思考	针对本次课的重难点和容易混淆的内容进行详细讲解	掌握三种戒毒心理矫治技术	通过学习三种戒毒心理矫治技术，培养执著专注、一丝不苟的职业素养	手机、电脑超星学习通、钉钉APP
	参与式学习活动3： (P) (15 min)	三种戒毒心理矫治技术的应用	在线分组讨论，根据个案通过头脑风暴的形式整合团队思路，根据案例制定适合的矫治方案，上传到学习通平台	在线引导学生的讨论活动及时解决学生小组讨论中的疑问，提出指导意见	能够根据不同案例，制定合适的矫治方案	通过分组在线制定戒毒矫治方案，培养团结合作、追求卓越的精神	手机、电脑超星学习通、钉钉APP

续表

教学环节		教学内容	学生活动	教师活动	教学目的	课程思政	信息化资源、手段和作用
课中	后测（P）（10 min）	戒毒心理矫治技术在戒毒工作中的新应用	评析各小组制定的矫治方案，给出评价分数	发布课中评价表，收集学生评价结果，筛选最优方案	掌握和应用三种戒毒心理矫治技术		手机、电脑 超星学习通、钉钉APP
	总结（S）（10 min）	课堂教学内容重点难点的总结	回顾本次课的知识点，总结学习成果	戒毒民警在线点评方案，教师归纳讲解本次课的知识点	巩固三种戒毒心理矫治技术	通过民警在线点评，培养"精警奉献、文明执法"的职业素养	手机、电脑 超星学习通、钉钉APP
	课堂教学效果线上评价（3 min）		在线完成本次课教学反馈评价问卷	导入麦可思教学评价系统，发布教学反馈评价问卷			手机、电脑 麦可思教学质量管理平台、钉钉APP
课后	（30 min）	教学内容的巩固，行为疗法的其他技术的自主学习	完成本次课在线测验并提交、观看戒毒民警直播	课后由戒毒民警直播解答学生疑问，教师针对线上测验的数据进行课后在线点评	了解、掌握行为疗法的其他技术		手机 超星学习平台

五、教学考核与评价

1. 实现线上教学全过程

教师在线布置任务，根据教学情况，通过学习通发布投票、选人、问卷、抢答、头脑风暴、分组任务、评分等多种形式的线上教学互动，活跃线上教学氛围的同时强化学生们对知识点的学习。通过学生自学结合师生视频互动的模式进行在线教学，使静态教学与动态教学相结合，既能使学生掌握课程相关知识点，又能保证学习过程不枯燥，环环内容有监督，在完整实现教学任务的同时也提升了学生的学习兴趣。通过以上环节完整地实现了线上教学的全过程，在"停课不停学"的疫情防控期间，通过搭建"空中课堂"顺利开展教学，做到教学方式多样化、教学效果可量化、教学质量有保障。

2. 多元化评价方式

教学评价贯穿教学过程，通过课前评价，可了解学生前期学习效果，便于及时调整教学思路。课中发布的学生自评、组间评价、小组互评、师生互评，可即时反馈教学效果；教师可以根据评价数据弹性地调整教学内容与进度，有效帮助学生及时改进学习方法。课中加入小组竞争机制，增加了学生学习历程的成功经验，提升学生学习兴趣。

3. 教学效果显著

通过教师评价、学生自评、行业民警点评、师生互评以及课后在线测试统计反馈，本次的教学圆满完成，达到预期要求。课后通过微信对学生进行随机访谈，学生反馈的学习效果也很好，大部分表示适应线上教学的模式。

六、教学反思

1. 特色创新

（1）评价体系贯穿教学全过程，本次课教学评价使用麦可思教学评价系统，通过课前问卷、课中评价及课后教学效果评价实时监测学生的学习进度与教学反馈，根据反馈及时调整教学思路和教学方法。

（2）结合前沿科学技术，紧密贴近时代需求。充分利用现代科学手段结合心理矫治技术在戒毒中的应用丰富教学内容，切实提高教学的社会实效性。积极运用信息化教学手段，营造良好的课堂互动氛围，提高学生学习兴趣与主动性。

（3）课堂思政浸润，入脑入心化于行。专业教师、戒毒民警在教学中言传身教，培养学生责任意识，锻造警务能力，养成职业操守，使学生树立为国家禁毒戒毒事业奋斗终生的家国情怀。

2. 教学反思

（1）在线教学需要更多的课前准备，课程的搭建、练习题的制作、教学环节的设计要越细致越好，这样在正式的在线授课中不会遇到问题就慌乱。

（2）在课程设计中，本次课没有设计备用方案，没有考虑到网速过慢或者教学软件出现卡顿问题等该如何处理，应在备课的同时设计一份应对在线教学环节出现网络问题时的备用方案。

（3）教学中要随时关注学生的在线学习进度，课后的作业要及时反馈。学生发现老师在关注自己的学习进度，会更重视和适应在线教学的节奏和方式，更加关注课程本身的内容。在线教学，虽然和学生不能面对面，但是不代表就无法监督到他们。只要课前、课中和课后环节准备充分，设计完整，依然可以充分发挥学生学习的主动性、提升学习教学效果。

3. 不足与改进方向

（1）教学评价体系的使用还不够熟练。应在今后的教学中开发更加全面和细化的教学评价量表，通过"以评促学，以学论教"，把课堂教学的重心从教师完成教学任务转移到学生学习、促进学生发展上来，真正达成课堂教学的有效性目标。

（2）教学中的交互性不足。通过网络实现的教育教学过程，不要求教师和学生在时间和空间上严格同步，完全掌握学生在线学习的环境和表现，客观上造成教学交互性差。学生对学习过程中遇到的问题不能及时有效地向教师提出，教师也不能实时给予清楚明晰的解答。尽管网络教学过程中使用了钉钉 App、超星学习通等技术，但与传统教学过程中的师生面对面沟通相比，在今后的在线教学中，应更注重提升在线教学的交互性。

案例 19

主讲教师：周夏妮

◎工作单位：私立华联学院　　◎性别：女
◎主讲课程：服饰图案应用与表达　　◎教龄：14 年
◎职称：讲师　　◎学历：本科

教学感言

科技的进步为师生实现了云课堂教学，我从一开始不适应，很快可以熟练操作新型平台，并根据学情及时调整教学方法，多维度结合促进线上教学。疫情下仍旧不忘初心，不负韶华，深耕课堂研教学，只为桃李竞相开。

教学设计

一、授课信息

【案例名称】传统图案在现代服饰设计上的应用　【案例学时】2
【所属课程】服饰图案应用与表达　　【课程学时】36
【授课班级】2019 级服装与服饰设计（1）班　　【授课人数】30
【授课类别】艺术类专业基础课
【参考教材】《服饰图案》
【教材类型】服装高等教育"十二五"部委级规划教材

二、教学分析

1. 学情分析

（1）知识基础

根据人才培养方案课程设置，学生整体已掌握的知识技能情况如下：

① 已掌握服装制作工艺；
② 已掌握时装画技法；
③ 已掌握计算机辅助设计的技能；
④ 初步具备设计并制作服装的能力。

（2）认知能力

根据先序课程的学习数据进行整体分析，学生的整体认知和实践能力如下：

① 根据已学知识，画图绘图及配色的能力较强；

② 开展调研、收集处理信息的能力较强；

③ 团队在线合作完成任务的能力较弱；

④ 从方案设计中发现问题的能力偏弱；

⑤ 随着专业课程的系统、深入学习，对职业认知更加全面。

（3）学习特点

根据教务处和调查问卷数据进行整体分析，学生的学习特点如下：

① 授课班级为2019级服装与服饰设计（1）班，全班共30人，其中，男生6人、女生24人，新冠肺炎疫情期间在家进行线上学习，同学之间的交流较少，团队协作能力比较薄弱；

② 伴随互联网长大的00后，眼界与思想更为开阔、活跃，更喜欢新奇多元化的学习过程；

③ 自主性学习较强，获取知识的信息丰富，渠道更加多样化，利用互联网信息化的优势，多渠道学习传统文化知识，广泛关注当前的流行趋势、时尚文化产业，更加全面地拓展知识面；

④ 学习意向明确，大学学习是带有专业定向意向的学习，大二的学生更加明确自己专业的就业方向。

（4）专业特性

希望学习有趣、学习内容实用性强、针对生产实践。因此以实践教学为主线，实施案例教学及项目教学模式，直接为行业对服装高职毕业生适应能力与知识方面的需求服务。在实施服饰图案设计中针对学生在掌握一些服装专业基础知识上，结合企业项目，以如何将图案合理地表达在服饰设计上为核心内容，从设计师的角度，实现"图有所用，用有所值"，使学生具备较好的审美能力、造型能力、创新能力，达到相应的职业能力要求。

2. 教学目标

（1）知识目标

① 了解不同类型传统图案元素的特点；

② 掌握传统图案元素在不同风格服装上的应用。

（2）技能目标

① 能对图案有初步的了解，有初步的自我创作图案的能力；

② 能将传统图案与服装设计有机结合。

（3）素质目标

① 通过对图案纹样的学习，养成务实、吃苦耐劳、细致、耐心的品质；

② 养成及时完成工作任务的习惯，具有信用意识、敬业意识、效率意识；
③ 具备一定的创新意识和创业能力。

3. 教学内容

本次课的教学内容为教材第四章第八个知识点——传统图案在现代服饰设计上的应用，其课程的整体架构如图4-43所示。

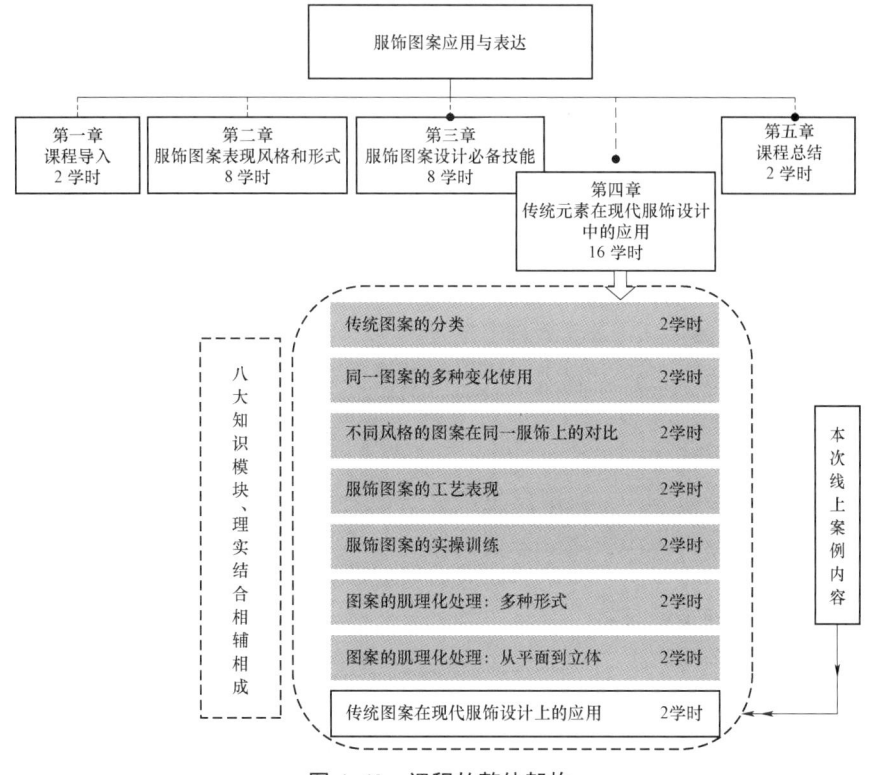

图 4-43　课程的整体架构

4. 教学重难点

（1）教学重点

① 内容。传统图案的传承与创新；将传统图案运用于不同服装风格的设计中。

② 突出教学重点的方法。教师根据学生的学习特点，安排分组讨论，以任务驱动式开展图案的创新设计，并利用计算机软件绘制出新的样式；分小组将传统图案与现代的流行趋势、当代人的服饰喜好结合一起，运用于不同的风格服装上，学生通过辅助设计软件可以进行可视化的实训，突出教学重点。

（2）教学难点

① 内容。如何将传统图案与服装设计有机结合。

② 突破教学难点的方法。教师课前发布浏览并要求及时完成浏览时尚资讯网

站、各类时尚杂志 App 及云上博物馆、关注各传统图案相关公众号等任务；课中讲解传统的图案元素如何赋予时尚感设计，并要求学生实训练习，教师利用师生互评、大众投票等手段评选出"最具时尚人气奖"，调动学生的学习主动性，从而使学生获得学习成就感、荣誉感，令学生更深一步了解中国传统文化，提升文化自信心，增强民族自豪感；课后要求学生将课堂里传统元素创新设计实训进行服装系列性设计拓展，并按时共享至教师指定的云空间，以巩固所学内容。

三、教学策略及流程

1. 教学方法

（1）任务驱动法

以小组形式将传统图案与合作公司的春夏运动服款式设计项目结合设计，实现作业产品化，提高学生小组合作能力水平；培养学生的思维扩散能力和计划能力，在自主学习中掌握知识。

（2）讨论法

通过课堂讲解与讨论、案例分析等促进学生对所学理论的理解和运用，以培养其实际操作技能。

（3）自主学习法

本课程在教学过程中，提醒学生留意观察生活中接触的传统图案元素，鼓励其结合当前流行服饰提出传统图案创新设计方案；在教师引导下，通过分析、头脑风暴，使学生自主学习、总结不同服装图案设计的经验，以便增强学生对传统图案元素的基本理论的理解。

（4）演示操作法

在直播讲课过程中，引入具有中国风元素时尚设计视频进行讲解，并利用计算机设计软件操作演示如何将"龙"的图案进行再设计。

2. 教学手段

（1）利用职教云平台、微信群发布课前预习、课后作业任务书；

（2）利用腾讯课堂直播点评上节课的作业，并讲解本节讲的重点与难点；

（3）利用腾讯会议、腾讯文档，开展在线教学以及分组评价；

（4）利用"大众投票"小程序进行师生评选及生生互投作业评选；

（5）利用录屏软件提前录制讲解设计操作案例，以提高学生的软件设计操作兴趣、提升实际动手能力、积累项目实战经验，提高就业竞争力。

3. 教学资源

（1）学校可视化教学资源库上传云平台助力云实训。学生通过浏览器登录云平台即可完成在线实训。

（2）借助云故宫博物院及各省云博物馆，"身临其境"感受无数文化与艺术的瑰宝。虚拟仿真练习增加体验感，激发学习兴趣，突破教学难点。

（3）借力精品课程共享平台，如职教云、慕课等平台拓展知识面。

（4）通过与各类当代青年喜闻乐见的抖音 App、清代皇帝服饰 App 及故宫博物院 App 等平台互动，增强学生对传统文化的喜爱。

（5）结构化团队，保障教学实施。教学团队年龄结构合理，一位教师具有高级职称，一位教师具有中级职称，两位著名服装企业设计总监担任企业导师，保障了教学实施。

4. 教学设计流程

第 1 学时的教学设计流程如图 4–44 所示。

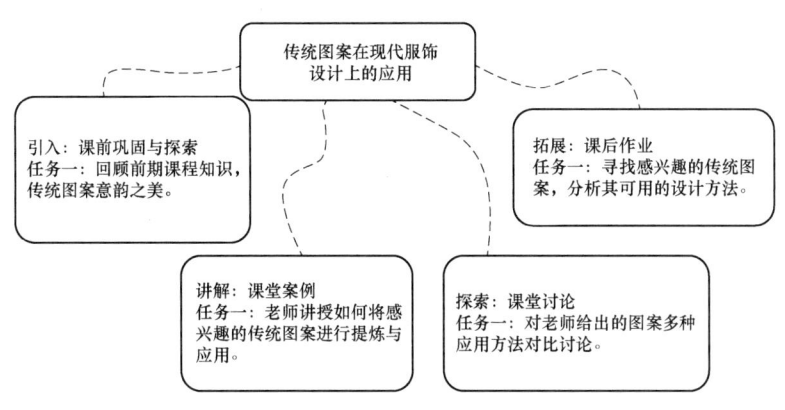

图 4–44　第 1 学时的教学设计流程

第 2 学时的教学设计流程如图 4–45 所示。

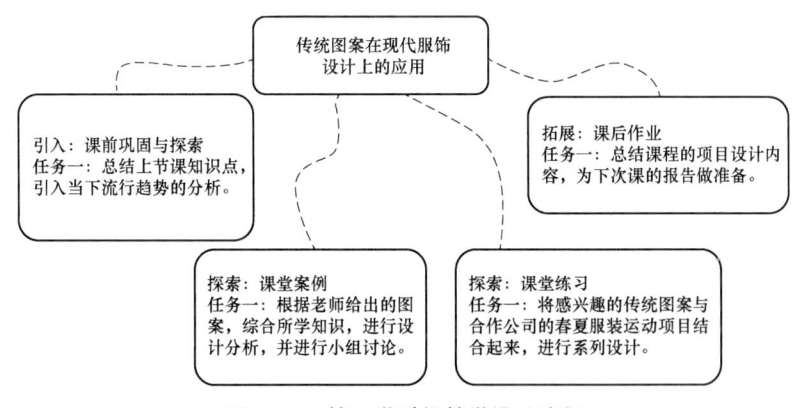

图 4–45　第 2 学时的教学设计流程

四、教学实施过程

教学实施过程如表 4–30 所示。

表4-30 教学实施过程

教学环节	教学内容	学生活动	教师活动	教学目的	课程思政	信息化资源、手段和作用
课前（60 min）	传统图案意韵之美	扫码签到，浏览各大博物馆网站，下载与传统图案相关的App以及关注有关传统文化的公众号，完成调研任务	发布学习和调研任务	能够制定传统图案拓展设计创建的初步方案		利用互联网进行线上自主学习
课中 / 回顾引入（10 min）	传统图案的肌理处理技法	听教师讲评作业，技能标兵回顾上节课知识	评讲上一次课作业，并讲解本次课前学习情况	初步了解传统图案的肌理处理技法		通过腾讯课堂平台直播分享技能标兵的学习成果
课中 / 新知讲解（20 min）	传统图案的不同工艺应用案例	线上观看视频，听教师讲解传统图案的不同工艺应用案例PPT内容	通过讲解传统图案不同工艺的制作步骤，通过虚拟仿真模拟设计方案	认识不同的传统图案工艺，了解传统图案的工艺处理方式	通过认识不同的传统图案工艺，培养学生精益求精、追求卓越的工匠精神	利用虚拟仿真、云博物馆及各类相关公众号、相关App帮助理解图案制作工艺的知识
课中 / 方案讨论（20 min）	传统图案与现代服饰相结合设计	学生代表展示方案，通过大众投票小程序进行互评，完善方案	讲解方案中的共性问题，以中国龙的纹样为例，点评方案是否与现代服饰设计有机结合	熟悉传统图案与现代服饰相结合的设计方法	通过掌握传统图案在现代服饰设计上的传承与创新的应用，帮助学生认同并热爱中华民族的优秀传统文化，增强文化自信	利用腾讯文档、腾讯会议进行分组评价
课中 / 方案验证（30 min）	以"龙"或"京剧脸谱"作为元素的实操演示	云共享观看录播实训视频：龙纹的变化及肌理处理，再进行线下实操练习	实操示范龙纹样的变化处理的关键步骤	掌握以"龙"或"京剧脸谱"作为元素的设计方法		利用云共享及腾讯直播平台演示，线下进行计算机设计软件操作
课中 / 总结点评（10 min）	课堂教学内容重点难点的总结	以小组形式进行作业。将设计传统图案与服装款式设计用软件设计出来	发布推送任务书：以小组形式将传统图案与合作公司的春夏运动服款式设计项目结合设计系列服饰	巩固课堂所学知识	通过小组练习，将传统图案融入服装设计方案，培养团结合作、执著专注的精神	通过腾讯课堂平台直播，利用投票小程序选出"最具时尚人气奖"
课后（60 min）	自主学习、完成拓展任务	分组完成拓展任务，完成个性设计任务	查询学生的学习动态，关注个体	能够将适合市场需求的传统图案融入合作公司的春夏运动服装开展设计	通过展示传统图案创新服装设计方案，增强文化自信	通过微信互动重点关注后进学生的情况

五、教学考核与评价

1. 多元全过程教学评价体系

（1）针对"传统图案元素的提炼与创新设计""传统图案在服饰设计上的应用"等任务方案，设计方案观测清单，将方案测评量化，推动生生在线即时互评。

（2）重点对学生的项目设计能力、学习态度、技能实操和综合素质进行考核，实现过程评价和结果评价并行考核方式。

（3）注重学生分析问题、解决实际问题内容的考核，对在学习和应用上有创新的学生特别给予鼓励，综合评价学生能力。多元全过程教学评价体系如图4–46所示。

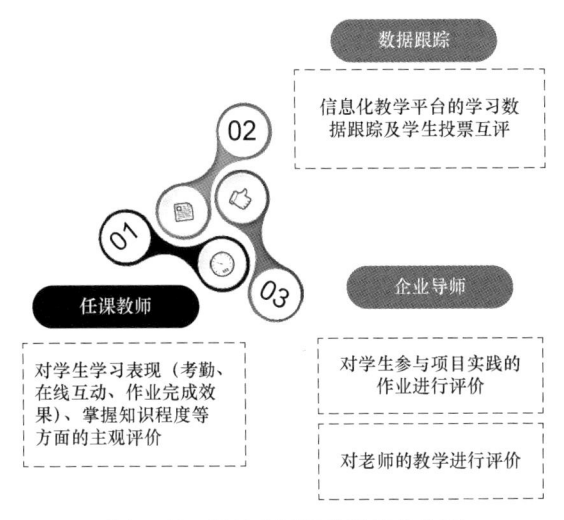

图 4–46　多元全过程教学评价体系

2. 教学实施效果与成果

（1）教学目标明确，教学内容充实，抓住重点、难点和关键。

（2）教学方法适当，本次课以任务为驱动开展混合式教学，将教学过程分解为课前准备、课中导学、课后拓展，教师善启善导。

（3）充分利用信息化手段，师生积极性高，配合默契；整体课堂效果非常好。

六、教学反思

针对新冠肺炎疫情期间在线教学的需求，教学团队采取"直播互动、录播助学、云端助力"的在线教学实践模式。依托腾讯课堂直播平台和录播共享，以及云上各精品课程共享平台，开展在线教学；通过直播互动和大数据跟踪，结合意见反馈关注个体，因材施教；学生评教、学生评课、教师评学、教师评课、督导评课等，多维度全面保障线上教学质量；技能服务和思政教育融入专业教育，强化文化自信、民族自豪感。

1. "直播互动"：线上交流有利于师生云端"教与学"，注重实效性

教学团队利用平台实施在线虚拟仿真和可视化实训交流。学生作品和企业要求还有一定的差距，通过互动反馈学习难点，在教学上实现精准分群，持续引导；在线虚拟仿真让学生身临其境感受实际操作过程，使学生理解并验证所设计方案的合理性、可行性。

2. "录播助学"：关键操作技能提前录制，及时温故知新，注重效率性

基于学情分析，教师团队提前录制了实训案例的操作视频，不同水平层次的学生可根据知识水平制定学习目标，增加学习时长，让学生化被动为主动，最大化地掌控自己的学习情况，制定个性化的学习方案。

3. "云端助力"：数字化时代，根据个性化需求获取海量学习资源

通过学情分析了解到，班上大部分学生喜欢追求多元化时尚，希望将所学的传统图案知识和服装设计结合起来，让中国元素走向世界。教师团队借助各类与传统文化相关的App、云博物馆、微信公众号，以本单元的知识技能目标为基础，引导及激发学生在课程后持续探索传统文化的兴趣；领略传统文化的博大精深，从优秀的中华传统工艺美术作品中，感受其中蕴含的一丝不苟的工匠精神，提升学生的思想理念。学生通过完成以传统图案为元素的服装设计作品，践行工匠精神。

有学生反馈，存在以下两个问题：针对学生心理情况的数据分析不够客观和精准；在直播讲授的过程中出现网络卡顿，影响学习的积极性。

针对性的改进措施如下：联合学校心理中心，制定新冠肺炎疫情防控常态化教学中学生心理变化的科学评测方案，采集更加客观精准的学生心理数据，提高个体学情分析效果；教学团队在直播讲授前，将课前的知识重难点知识提前发布到预习任务单中，并提前录制重难点知识教学视频。

案例 20

主讲教师： 黎明

- ◎ 工作单位：梁銶琚职业技术学校
- ◎ 主讲课程：中职语文
- ◎ 职称：语文高级讲师
- ◎ 性别：女
- ◎ 教龄：23 年
- ◎ 学历：硕士研究生

教学感言

对于"线上教学"，作为一名有 22 年教龄的"老"教师，这份感情怎一个"爱"字了得？

欣喜：喜的是站上"人人主播"的风口，能拒绝裹挟，跳出舒适区，主动拥抱信息世界；无论有没有疫情，"互联网+"、人工智能、5G 联手改变的不是一节课，不是一个课堂，而是学习方式本身，庆幸自己跟上了这个重大的历史性变局。

抓狂：狂的是教学时空边界被打破，一个学生一个端口，看不见，呼不应，够不着，有太多近乎崩溃却只能默默念叨"坚持、坚持"的时刻。

担忧：忧的是线上内容同质、资源堆积、跟进滞后，热热闹闹不一定是扎扎实实，信息技术在线了，主播们上线了，紧缺的学科能力和精品内容在线了吗？

请乐观，且冷静，不放大，不菲薄，让线上和线下的学习真正发生。

教学设计

一、授课信息

- 【案例名称】且愁且欢酒滋味——品《将进酒》"天生我材"之况味
- 【案例学时】2
- 【所属课程】中职语文
- 【课程学时】72
- 【授课班级】2018 级烹饪（3）班
- 【授课人数】45
- 【授课类别】公共基础课
- 【参考教材】《语文》
- 【教材类型】国家规划

二、教学分析

1. 学情分析

（1）知识基础

2018级烹饪（3）班共45人，学生整体已掌握的知识技能情况如下：

① 通过初中学习，学生已基本了解李白浪漫主义的文风，但只有整体认知，缺乏文本鉴赏能力；

② 个别学生（3人）属于补录入校的，语文学习基础相对薄弱，文学常识欠缺。

（2）认知能力

① 观察力、记忆力属于中等水平，调整训练方式，有极大的提升空间；

② 注意力易分散，实践能力较强，善于模仿；

③ 表达力不足，传情达意的语感有待提高，班级在学校"诵读经典"新生朗诵比赛中成绩欠佳，反映出朗读基础薄弱，对朗读缺乏热情。

（3）学习特点

① 自主学习和独立学习的意识和习惯均未稳定，喜欢合作学习；

② 语文学习上喜欢"说"，在背诵和写作有畏难情绪，"恐背""恐写"属于普遍现象。

（4）专业特性

① 中职高一阶段，已通过专业理论课程《烹饪概论》的学习，从饮食角度对酒文化有一定的认识，期待在文学角度上深入理解酒文化；

② 部分学生的周记，反映出敏感于社会对厨师工作的职业偏见，对专业学习不自信。

2. 教学目标

（1）知识目标

赏析与核心意象"酒"相关的诗句，品味核心诗句"天生我材必有用"蕴含的人生况味。

（2）技能目标

通过多层次朗读，体会李白豪迈奔放的诗风，达成堂上背诵。

（3）素质目标

① 习得古代诗文的语感；

② 具有批判性思维、创造性思维的意识；

③ 培养对中国优秀传统文化的认同感和自豪感；

④ 树立"多彩职业，出彩人生"的职业信心。

3. 教学内容

唐朝大诗人李白的饮酒诗代表作《将进酒》，思想深沉，艺术成熟，既表现出浪漫豪迈、自由洒脱的诗人情怀，又彰显了浑厚雄壮、恢宏大气的盛唐气象。尤其"天生我材必有用"，是其中最有光彩的经典名句。

这个文本，千百年来被无数人无数次地打开，早已形成了相对稳定的阅读感受。经典文本如何进行现代性阅读？如何赋予崭新的时代内涵？如何结合烹饪专业的实际读出新意？如何在线上教学中获取独特的阅读新体验？这些都是本课程需要认真思考并着力解决的问题。关于古诗新读，本课的做法有以下三种：

一是用线上教学的新平台、新手段、新资源，助力为传统文本的阅读带来新体验；

二是用语文学科的方法，如朗读、鉴赏、听说、写作等，守住语文味儿，完成语言建构，提升思考能力，培养审美情趣，全面训练语文核心素养；

三是用学科融合的思维，整合语文学习与烹饪专业学习的资源、方法，以传统经典文学作品为支点，撬动对职业精神的创新培养和柔性塑造。

4. 教学重难点

（1）教学重点

① 内容：品读与核心意象"酒"相关的四个名句，体会核心诗句"天生我材必有用"的内涵。

② 突出教学重点的方法：品意象，吃透重点；辅以百度、微课、飞花令 App 等线上手段，分析"酒"意象，理解"天生我材"诗眼，体味"悲而能壮"意境，突出诗性之美。

（2）教学难点

① 内容：透过诗歌貌似消极的"面纱"辨析出其真味，品味出诗歌的积极意义，从而引导学生树立正确的人生观、价值观。

② 突破教学难点的方法：辨情感，突破难点；互补性运用云班课、QQ 群、钉钉群，设置循序渐进的任务链，引导自主阅读、平台讨论。

三、教学策略及流程

1. 教学方法

（1）教法

① 任务驱动法：用于"集酒诗""飞花令"环节；

② 点拨法：用于对四句"酒诗"的讨论环节；

③ 对比法：用于"主旨句之争"环节。

（2）学法

① 小组合作探究法：用于"组酒坊""分组品酒诗"环节；

② 角色扮演法：用于"李白的人设"环节。

2. 教学手段

（1）交互平台

① 钉钉群：用于直播和录课；

② 云班课：用于课前的学习资源、学习任务发布和签到，课中任务检查和小测，以及课后的作业完成；

③ QQ 群：用于具体问题的实时讨论、学生之间影像资源的瞬间分享。

（2）学习工具

① 飞花令 App：用于课前检验酒诗的背诵效果；

② 喜马拉雅 FM：用于课后"听说作业"的完成。

3. 教学资源

（1）微课——设立专题"解"酒，落实教学重点

以"酒"为核心意象对文本进行创造性解读，需要在课前帮助学生系统地梳理李白的饮酒诗，因此本课专门制作微课《喝醉的诗句——李白饮酒诗赏析》。微课从情意最深的饮酒诗、最无心思的饮酒诗、最酣畅淋漓的饮酒诗、最不计后果的饮酒诗、最为惬意的饮酒诗、最得意忘形的饮酒诗、最为逍遥自在的饮酒诗等多个角度，成体系、有专题地分析李白诗与酒的文化关联，引导学生理解李白如何以酒消愁、借诗解忧，饮酒当歌、借诗扬志，在诗歌的国度里追寻自己的远大理想。

（2）专家视频——权威资源"悟"酒，突破教学难点

中央电视台、教育频道等权威媒体的《中国诗词大会》《百家讲坛》等热点栏目，北京人艺著名话剧《李白》，以及名家朗诵视频，均以大众喜闻乐见的形式，提供大量专业水准高、制作品质精的古代诗文学习资源。王立群、康震、蒙曼、濮存昕、徐涛等专家视频，通过简单的网络搜索即可得，取用方便，引导示范性效果突出，是突破教学难点的宝贵资源。

4. 教学设计流程

教学设计流程如图 4-47 所示。

四、教学实施过程

教学实施过程如表 4-31 所示。

第四章　线上教学设计案例

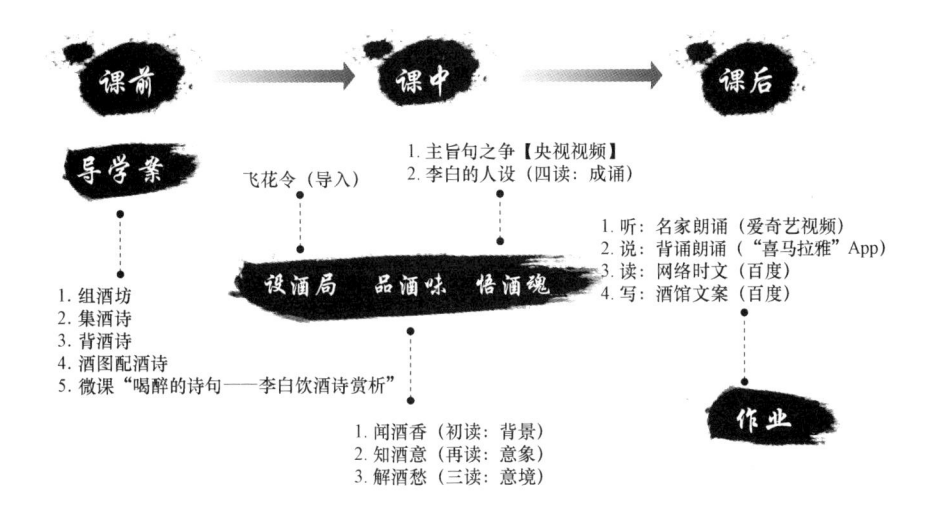

课前 → 课中 → 课后

导学案
1. 组酒坊
2. 集酒诗
3. 背酒诗
4. 酒图配酒诗
5. 微课"喝醉的诗句——李白饮酒诗赏析"

飞花令（导入）

设酒局　品酒味　悟酒魂

1. 闻酒香（初读：背景）
2. 知酒意（再读：意象）
3. 解酒愁（三读：意境）

1. 主旨句之争【央视视频】
2. 李白的人设（四读：成诵）

作业
1. 听：名家朗诵（爱奇艺视频）
2. 说：背诵朗诵（"喜马拉雅"App）
3. 读：网络时文（百度）
4. 写：酒馆文案（百度）

图 4-47　教学设计流程

表 4-31　教学实施过程

教学环节		教学内容	学生活动	教师活动	教学目的	课程思政	信息化资源、手段和作用
课前（60 min）		·集酒诗； ·背酒诗； ·图连诗； ·微课	完成"导学案"的预习	发布"导学案"；督促并跟进各小组开展预习	熟悉、积累李白的酒诗，为线上的竞赛活动做好准备	通过分组预习关于李白的酒诗，培养学生团结合作的精神	百度、QQ群、云班课
课中	导入（5 min）	设酒局：走进李白的诗酒世界	飞花令	"云班课"发表学习资源	检测预习效果，激发学习兴趣	通过感受传统诗词之美，增强文化自信	"诗词大会飞花令"App、QQ群
	背景（5 min）	品酒味，闻酒香——初读：读懂背景	线下朗读、线上讨论（云班课）	多平台混合式线上教学，发布学习任务，即时点拨	了解李白创作"酒诗"的背景		话剧《李白》视频、钉群、云班课
	重点（40 min）	阐酒意——二读：读懂意象 ·"将"第一碗酒——欢； ·"将"第二碗酒——愁； ·"将"第三碗酒——愤； ·"将"第四碗酒——狂	四个小组的代表在钉群直播中带领对此句的品读、讨论、朗读	·钉群直播； ·云班课：发布任务、组织学习； ·Q群：指令与指导	体会李白诗歌中"酒"意象	通过解读诗句内涵，培养学生积极、乐观、自信的人生态度	视频：《中国诗词大会》王立群点评、学生角色扮演自制视频、凤凰传奇歌曲《将进酒》
	难点（20 min）	解酒愁——三读：读懂意境主旨句之争	线上讨论，观看专家视频	组织讨论，线上点拨	领会主旨句"天生我材必有用"蕴含的人生意义		视频：康震教授关于主旨句赏析的视频

201

续表

教学环节		教学内容	学生活动	教师活动	教学目的	课程思政	信息化资源、手段和作用
课中	职业自信（10 min）	悟酒魂——四读：熟读成诵	议、填、听、背	点拨、评价、小结	通过案例，深刻领会"天生我材必有用"的哲学含义，激发职业自信	通过讲授同专业师兄的榜样案例，激发职业自豪感	钉群、云班课
课后（60 min）		课后作业： • 听的作业； • 说的作业； • 读的作业； • 写的作业	线上观看并模仿，线上完成作业	"云班课"上批改作业，并给出评价和建议	完成听、说、读、写的综合训练，提升语文学科核心素养	通过完成课后听说读写的作业，培养学生自主探究、团结合作、一丝不苟的职业素养	爱奇艺、喜马拉雅、百度搜索 App

五、教学考核与评价

1. 教学考核方式

线上视角单一，课堂监控常常找不到、看不见、够不着，考核不能依赖单一平台；同时，线上生成的考核数据是即时性的，对于学生的发展或者发展的学生而言，都不够全面。这些情况的存在，要求授课教师必须基于多变的学情（而非教学内容）进行灵活的考核设计。

（1）考核平台多样化：本课采用多平台混合式线上教学，即"班级钉群+班级Q群+云班课"。利用不同线上平台的功能特色，进行功能互补，整合不同角度的数据，全面掌握学生的线上学习动态和效果。

（2）考核内容立体化：考核线上学习，不能只看数据抓取的痕迹，统计软件很难灵活辨析学生学习的真实情况，比如作业抄袭很难识别并通过数据反映出来，授课教师还要综合关注学习态度、参与数量、学习质量等因素，立体地考核"学习是否真正发生且真正有效"。

（3）考核手段个性化：线上教学考核需要区别考量学优生与学弱生的学习能力、学习态度、学习效果，考核的标准可灵活调整。

（4）考核数据语文化：数值考核很难真实反映语文学科核心素养的诸多指标，还需紧扣语文学科特质，辅以文字评价，记录线上线下学习的成长性。

2. 教学实施效果和成果

（1）线上教和学的互动，因为信息化平台和手段的介入，数量增加，氛围融洽，个体性的学习疑问既在课中及时反馈出来，也在课后回看中延时解决，很好地解决学情的差异困扰。

（2）传统阅读文本，有了现代线上技术的助力，获得极大的亲切感，学生想学、爱学，并能对传统文本做出现代解读。

（3）此课是 2020 年 11 月顺利结题的教育部重点课题"中等职业学校公共文化课程与教学研究"成果之一，也是 2020 年顺德区教育教学成果奖一等奖项目"中职语文职场化教学改革探索与实践"的成果之一。

教学考核方式如表 4-32 所示。

表 4-32　教学考核方式

线上平台	班级钉群	班级 Q 群	云班课
重点功能	直播签到考核、学习时长统计	纳入班主任、科代表等"他视角"的评价	随堂小测、作业欠交统计，作业评改
考核主体	语文科任	班主任、科代表、全班同学	语文科任、科代表
考核角度	考核数量（推介学优生）	考核态度（帮扶学弱生）	考核质量、个性

六、教学反思

1. 他评成效

（1）就学生而言，他们普遍喜欢"诗词飞花令"App 和 Q 群飞花令接龙的学习形式，认为"云班课"上资源丰富，导学案任务清晰，课程紧贴教学重点，"钉群"直播能有效补足预习环节的缺失。

（2）就督导而言，充分肯定本课签到率、师生互动效果和多种线上平台混合式运用的优点，尤其是现代信息手段对激活传统阅读文本的创新尝试。

（3）就同行而言，本班其他学科的教师也在班级 Q 群和班级钉群里，对本课的教学过程也有了解。一些科任老师也加入直播学习中，表示对这样学古诗很感兴趣。语文教师则认为，本课设计运用多种线上技术的同时，守住了语文教学的底线，设计富有"语文味儿"。

2. 自评效果

（1）重点难点：丰富的数字资源对教学重点的落实和教学难点的突破，起到巨大的助力作用。

（2）听说读写：爱奇艺、百度、喜马拉雅等线上工具，有效实现语文素养的落地。

（3）线上线下：线上的集体学习有直播引领，线下的自主探究有工具支撑。

3. 教学特色

（1）现代融传统：传统文本与现代信息技术有机融合，没有割裂，也不是简单拼合,不为线上而线上。

(2)线上链线下:课堂打破传统课室的限制,线上课堂和线下生活组成新课堂。

(3)职业兼思政:烹饪专业特色突出,语文服务烹饪职场,培养职业自信。

4. 改进方向及改进措施

(1)作业抄袭:线上的作业、测试很容易简单复制,甚至粗暴抄袭,随着线上学习方式新鲜感的递减,学习的效果不易保持。线上师生"天各一方",学生"一人一端",技术不能解决所有问题,还要回到精品内容上打造高效课堂,注意内容和形式的契合,让学生喜形式,也爱内容,对学习保持兴趣。

(2)教学夹生:数字资源太多,容易出现一些知识讲不透或讲得快的情况,导致局部夹生,难以消化。今后在资源发布时,可提前做好资源难度分级,给出自主学习的差异化指引。

加油贴

教学方法是教学过程中教师与学生为实现教学目标和教学任务,在教学活动中所采取的行为方式的总称,是教师教的方法和学生学的方法的统一。常见的教学方法包括:

讲授式。教师主要运用语言方式,系统地向学生传授知识、传播观念、发展学生的思辨能力,包括讲解教学方法、谈话教学方法、讨论教学方法、讲读教学方法、讲演教学方法。讲授式教学方法体现在以下三个方面:科学地组织教学内容,教学语言具有清晰、精练、准确、生动等特点,善于设问解疑,激发学生的求知欲望和积极的思维活动。

问题探究式。教师或教师引导学生提出问题,学生在教师的组织和指导下通过探究和研究活动,探求问题的答案而获得知识的方法,包括问题教学法、探究教学法、发现教学法。问题探究式教学法的实施步骤包括:创设问题的情境、选择与确定问题、讨论与提出假设、实践与寻求结果、验证与得出结论。

训练与实践式。通过课内外的练习、实验、实习、社会实践、研究性学习等以学生为主体的实践性活动,帮助学生巩固知识、完善能力与提升素质,培养学生解决实际问题的能力和综合实践能力的教学方法,包括示范教学法、模拟教学法、案例教学法、项目教学法。

附　　录

附录1　教学资源和教学工具

1. 常用线上教学平台

职教云、雨课堂/学堂在线、小鹅通、腾讯课堂、优慕课、荔枝微课、智慧树、蓝墨云班课、学银在线、希沃直播、优幕（UMU）、爱课堂（北京邮电大学）、学习通/超星尔雅、钉钉、bilibili 直播、微信或企业微信、腾讯会议、QQ、中国大学 MOOC、爱课程、无限宝、轻工教育在线、ZOOM、CCtalk、Blackboard、Atutor、Coursera、Edx、Academic Earth、kahoot！、Moodle。

2. 视频资源制作软件

（1）录屏微课制作工具：PowerPoint 录屏、Capture、记象录屏大师、超级录屏、Camtasia studio。

（2）视频剪辑工具：QQ 影音播放器、Camtasia Studio、迅捷视频剪辑器、视频剪辑大师。

（3）视频格式转换工具：狸窝全能视频转换器、迅捷视频转换器、风云视频转换器、万兴优转。

（4）社交软件：E-mail、微博、微信、QQ。

（5）团队协作组织工具：微信小程序的分工分任务神器、团队日志和团队协作宝，ONES 一站式研发管理工具、WPS+云办公。

（6）团队资源共享工具：百度网盘、腾讯文档。

（7）学习评测工具：每日交作业、作业登记簿、作业盒子拍照批改、答题考试王、微词云。

3. 线考试监考系统

优考试在线考试系统、霸屏软件、优考试、在线考试、考试酷、考考、考试星、魔学院。

4. 教学培训公众号

大学方略、高校教师发展工作室、中国职业教育、职教界、聚焦职教、教发中心、学习科学与技术研究、职教工科教研、信息化教学小帮手、信息化教学创新、EduTech 自留地、四川大学教师教学发展中心、清华大学教师教学发展中心。

5. 其他

全国职业院校技能大赛教学能力比赛网站：http://www.nvic.com.cn/
全国职业院校技能大赛：http://www.chinaskills-jsw.org/
中国技能大赛：http://www.cadc.net.cn/sites/zgjnds/
教师教学能力大赛：http://teacher.wanxue.cn/index/index
五分钟课程网：http://www.5minutes.com.cn/Default.aspx
国家数字化学习资源中心：https://www.nerc.edu.cn/FrontEnd/default.html
泛在学习网：http://mymooc.net.cn/web/Index.aspx
智慧职教：https://www.icve.com.cn/
爱课程：http://www.icourses.cn/home/

附录2　线上教学"六位一体"听课评课指南

线上教学"六位一体"听课评课指南

（适用于教师、学生、督导与同行、企业与家长）

第一篇　总　　则

第一条　制定目的。为保证线上线下教学的等质同效，引导教师适应线上教学，参照《关于进一步完善督导、学生和同行评教标准的通知》等系列文件，让教师本人、学生、督导、同行、企业、家长参与线上听课评课有章可循，特制定本指南。

第二条　适用范围。本指南适用于教师本人、学生、同行、督导、企业、家长对线上教学的自评与他评。

第三条　制定原则。本指南重点关注教师行为、学习行为、师生交互、学习效果，不同听课评课主体依循各自视角和体验原则，实施"课前—课中—课下—课后"听课评课四步法。

第二篇　教师自我评价

教师依据"选（备）、聚（焦）、连（接）、改（进）"四字原则，实施课前准备—课中引导—课下跟进—课后反思自我评价四步法（见附图1）并完成《学生线上学习体验调查问卷》（见附件1）和《线上授课教师自评参考量表》（见附件2）。

教师线上教学

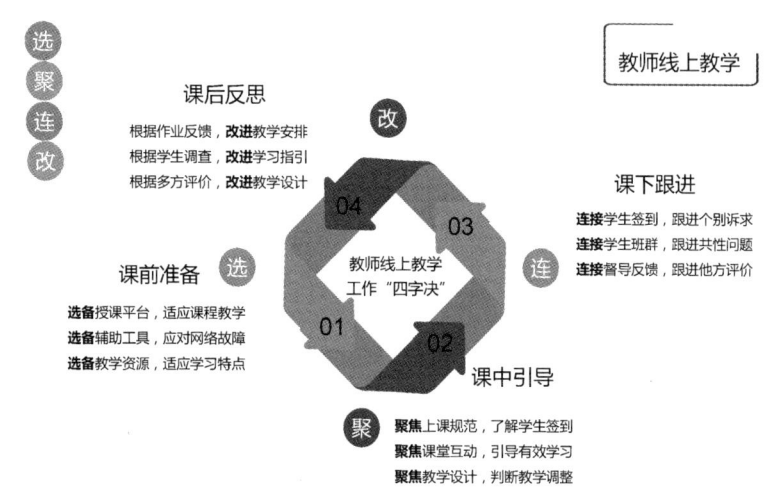

课后反思 改
根据作业反馈，**改进**教学安排
根据学生调查，**改进**学习指引
根据多方评价，**改进**教学设计

课下跟进 连
连接学生签到，跟进个别诉求
连接学生班群，跟进共性问题
连接督导反馈，跟进他方评价

选 聚 连 改

教师线上教学
工作"四字诀"
01 02 03 04

课前准备 选
选备授课平台，适应课程教学
选备辅助工具，应对网络故障
选备教学资源，适应学习特点

课中引导 聚
聚焦上课规范，了解学生签到
聚焦课堂互动，引导有效学习
聚焦教学设计，判断教学调整

附图 1　线上教学教师自评四字原则

第一章　课　前　准　备

第一条　选备授课平台，适应课程需求

（一）选备授课平台。选择授课平台前，是否了解主流线上教学平台的一般操作和特有功能，如视频录制、在线直播、线上交流、硬件参数设置等；是否了解学生的线上学习工具配备状况；是否根据实际情况科学地选择平台。

（二）适应课程需求。所选备的线上授课平台是否适应课程需求、学生学习行为、学生学习规律及线上教学特点的要求。

第二条　选备辅助系统，应对突发故障

（一）选备辅助系统。是否准备了预备辅助系统，并对所选用授课平台和辅助系统进行了反复测试。

（二）应对突发故障。是否准备了应急线上教学方案，遇到突发故障时能保证教学的正常有序开展。

第三条　选备教学资源，适应学习特点

（一）选备教学资源。根据教学需要是否选备并自制了优质线上课程教学资源及素材（如音频、视频、文档、动画等）。

（二）适应学习特点。所选备的教学资源是否适应线上教学要求和学生学习特点、网络教学条件等因素。

第二章　课　中　引　导

第四条　聚焦上课秩序，导引学生在线

（一）聚焦上课秩序。是否重点关注学生线上学习秩序。

（二）导引学生在线。是否根据课程需要，课中插入网上点名，导引学生实

时在线。

第五条 聚焦课堂互动，引导有效学习

（一）聚焦课堂互动。是否采用弹幕、问题抢答、将学生画面或语音随机切入直播等方式，聚焦课堂互动并引导课中学生参与度。

（二）引导有效学习。是否结合专业特点、课程内容有机融入思政元素，引导学生有效学习并树立正确人生观。

第六条 聚焦教学设计，判断调整需要

（一）聚焦教学设计。是否针对线上教学的实际状况重新反复审视教学组织设计。

（二）判断调整需要。是否对原教学设计做了调整以确保线上教学的等质同效。

第三章　课下跟进

第七条 连接学生班群，跟进教学效果

（一）连接学生班群。是否进入学生班群跟进线上教学效果，如问题讨论、留言、在线答疑等。

（二）跟进教学效果。是否设置了学生预习通告栏目、学习指引等为学生自主学习提供支持。

第八条 连接作业端口，跟进共性问题

（一）连接作业端口。是否及时、认真、准确地批改作业，并在这一过程中发现共性问题。

（二）跟进共性问题。是否利用信息学习系统中提供的作业分析汇总功能跟进共性问题，并对作业进行总结反馈。

第九条 连接督导节点，跟进他方评价

（一）连接督导节点。是否重视第三方评价，主动征求督导、同行甚至企业界人士对线上授课的反馈意见。

（二）跟进他方评价。是否将他方评价及改进建议作为线上教学持续改进的参考。

第四章　课后反思

第十条 根据作业反馈，改进教学安排

是否能根据学生作业的共性问题，及时改进教学进程安排。

第十一条 根据学生调查，改进学习指引

是否重视学生调查，主动了解学生的学习反馈（群内留言或者用"问卷星"等调查，《学生线上学习体验调查问卷》见附件1）；是否结合反馈结果及改进建议深度反思，用于改进线上教学，更好地对学生进行学习指引。

第十二条 根据多方评价，改进线上教学

是否根据课程进度有计划地主动进行线上教学自我评价（《线上授课教师自评参考量表》如附件 2 所示）；是否主动征求同行、督导、企业督导的意见并汇总分析，在持续改进线上教学的有效性、课程思政融入的有机性等方面作为借鉴。

第三篇 学生学习体验评价

学生通过自己的学习体验对教师在"课前准备""课中组织""课下跟进""课后反馈"中的教学行为进行评价，并完成《线上教学质量评价表（学生）》（见附件 3）。

第一条 课前教学准备的丰富性和适合度

（一）教师是否通过学习群发出预习指导，并为学生提供了丰富的学习资源。

（二）从所提供的学习资源的表现形式和内容方面的适合度是否可感受到教师对学生学习特征的了解。

第二条 课中教学组织的有效性及有序度

（一）教师为线上教学平台是否根据课程需要配备了辅助教具，从而使线上学习获得较好的声音、画面等体验。

（二）教师是否既关注学生保持在线并有序学习，又注重调动学生的参与度，如采用弹幕、问题抢答、将学生画面或语音随机切入直播等方式，让学生隔空参与到课堂中，不敢掉线。

（三）教师是否结合课程内容，有机引入思政元素，塑造学生的价值观。

第三条 课下学习辅导的广度、深度和持续度

（一）教师是否连接学习班群，设置课下互动环节，如问题讨论、留言、在线答疑等跟进课程学习中的共性问题。

（二）教师是否及时、认真、准确地批改作业，并利用信息学习系统中提供的作业分析汇总功能对作业进行及时的总结反馈。

第四条 课后学习效果的问卷调查及教师教学的改变

课程进行到一段时间后，教师是否主动组织学生开展线上学习体验问卷调查（见附件 1）。调查后，教师是否针对调查结果在教学组织设计方面进行更适合学生的教学改变。

第四篇 督导与同行听课评价

督导与同行依据"（熟）知、聚（焦）、连（接）、导（入）"四字原则，实施课前准备、课中观察、课下跟进、课后反馈听课评课四步法（见附图 2），并完成《线上教学质量评价表（督导与同行）》（见附件 4）。

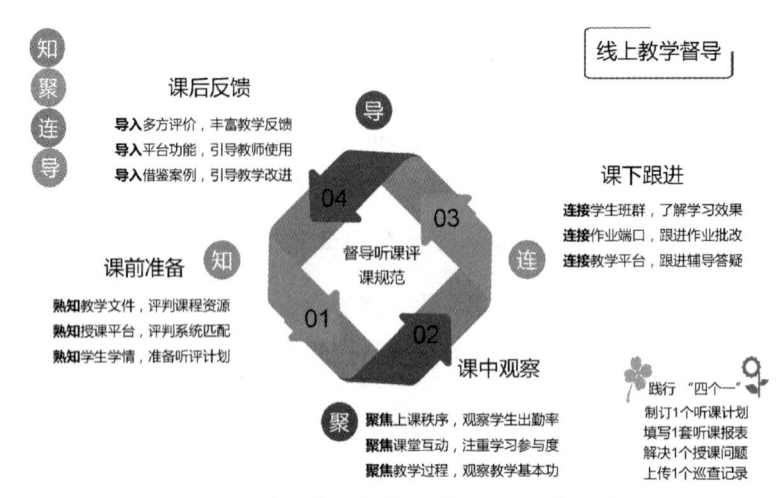

附图2　督导与同行线上听课评课四字原则

第一章　课前准备

第一条　熟知教学文件，评判课程资源

（一）熟知教学文件。教学文件包括专业人才培养方案、课程标准、教案等。督导重点关注教案中课堂教学组织过程设计、本课程与其他课程的逻辑关系、选用的教学方法、采用的媒体、融入的思政元素、实训的组织安排、学生作业及考核方式等内容，评判教师备课与课程标准的契合度；同行重点关注教学内容的时效性和符合度。

（二）评判课程资源。评判课程线上资源是否符合课程标准要求，教师是否根据线上教学要求和学生学习特点选择、集成、自制了必需的教学资源（如音频、视频、文档、动画……）等内容。另，同行应特别关注"教学资源的适合性和精品度"。

第二条　熟知授课平台，评判系统匹配

（一）熟知授课平台。熟悉线上教学所需的信息化技术，如视频录制、在线直播、线上交流、硬件参数设置等。熟悉各种授课平台的授课方式及特有功能，如共享白板、屏幕注释、分享讨论等。

（二）评判系统匹配。根据课程标准及信息化授课平台功能，评判教师选定的线上授课平台（技术系统）是否与课程特点、学情现状、学习目标相匹配以及匹配程度。教师是否为平台授课而配备了其他辅助教具。

第三条　熟知学生学情，准备听评计划

（一）熟知学生学情。了解教师实施线上教学前是否利用学习通等工具开展学生调研。了解教师对学生学情，如学习特征、知识结构、已学先导课程、线上学习环境等要素的熟知程度。

（二）准备听评计划。针对教师授课进程、他评数据等，制订听课评课计划。将教学目标的呈现、教学情境的创设、教学方法的选用、教学活动的设计是否与学情分析相符、是否有机融入思政元素等纳入听课评课观测点。

第二章　课中观察

第四条　聚焦上课秩序，观察学生出勤率

（一）聚焦上课秩序。聚焦课堂教学氛围、教师讲课是否有激情、教态是否有感染力（从而抓住学生注意力）、是否关注学生纪律、是否脱离教学内容而导致学生注意力涣散等要素。

（二）观察学生出勤率。通过不同平台不同的签到方式观察学生在线或离线的考勤状况，同时观察教师是否关注学生的出勤并进行适时干预。

第五条　聚焦课堂互动，关注学习参与度

（一）聚焦课堂互动。聚焦师生互动交流是否顺畅、互动环节是否紧凑、学习兴趣是否被激发、思维表现是否被激活、提问或回应老师问题的学生是否覆盖面广、是否形成了师生互动及生生互动的线上活跃气氛，如借助聊天区或评论区促进互动等。

（二）关注学习参与度。教师是否发挥学习促进者的作用调动学生参与学习；教师是否采用弹幕、问题抢答、将学生画面或语音随机切入直播等方式使学生参与度高。

第六条　聚焦教学过程，观察教学基本功

（一）聚焦教学过程。督导重点聚焦教学目标是否被明确具体地表述、教学内容是否充实并有信息量、重难点处理是否深入浅出，是否自制了电子教学资源，是否围绕教学目标合理使用现代教学手段，是否针对线上教学特点对原教学设计做了调整，是否紧扣教学内容有机融入思政元素，是否引入创新思维训练学生解决问题能力等；同行重点聚焦教学内容是否与时俱进，是否贴近最新的理论、知识、技术、技能，是否贴近岗位及岗位群一线，是否符合课程标准。

（二）观察教学基本功。督导重点关注的包括操作技术工具的熟练度、语言表述的规范性、板书（画笔功能）设计的有序性，是否把握课程的前导后续课程、是否采用合适的教学方法引导学生主动学习、是否采用有效的教学活动和学习活动帮助学生价值塑造，对课堂时间分配节奏的把控力等；同行重点关注的包括专业基本功是否扎实，专业功底是否广博，讲课是否能以专业体系为背景，旁征博引，信手拈来，化繁为简，深入浅出，是否能有机引入思政元素，塑造学生的价值观。

第三章　课下跟进

第七条　连接学生班群，了解学习效果

（一）连接学生班群。课下与学生线上沟通，进入学生班级学习群，了解学

生群内提出的课程学习中的共性问题。

（二）了解学习效果。课下与学生线上沟通，主动询问学生在学习活动过程中思维方式是否得到训练、学习兴趣是否得到激发、是否产生持续的学习欲望、学业水平是否得到提高等。

第八条 连接作业端口，跟进作业批改

（一）连接作业端口。了解作业量是否符合课程标准的要求、作业形式是否与课程内容相匹配、作业的性质是否具有启发性或创造性等。

（二）跟进作业批改。跟进教师是否及时、认真、准确地批改作业，跟进教师是否利用信息学习系统中提供的作业分析汇总功能对作业进行总结反馈。

第九条 连接教学平台，跟进辅导答疑

（一）连接教学平台。了解教师是否设置了课下互动环节，如问题讨论、留言、在线答疑等。

（二）跟进辅导答疑。跟进线上讨论区、留言区，了解教师课下为学生提供的辅导答疑状况（包括师生交互的广度与深度、论坛回复率和回复及时率等），对学生自主学习提供的支持（如学习指引等，包括类型丰富的优质教学资源、对学习具有促进作用的良好互动等教师行为的广度、深度和持续度），以及字里行间对学生价值塑造的支持度。

第四章　课　后　反　馈

第十条 导入多方评价，丰富教学反馈

（一）导入多方评价。重视第三方评价，主动征求第三方，包括学生、同行、督导（含企业督导）、学生家长等多方评价意见。

（二）丰富教学反馈。课后反馈要集成多方评价意见。反馈内容包括：教师授课规范、课堂设计、授课方法、教学效果等方面，并按照 1:1:1 的原则提出优点、缺点及改进建议。

第十一条 导入平台功能，引导教师使用

（一）导入平台功能。实时了解教学平台分析功能，如对学生学习过程和结果收集、分析的智能化分析工具等，引导教师基于大数据对学生认知能力、学习习惯、知识掌握等学情情况进行科学判断。

（二）引导教师使用。引导教师对教学平台提供的分析工具的使用，从而将其用于学情分析、试卷分析、教学效果分析，并重视学生的评价及学习反馈（群内留言或者用"问卷星"等设计问卷调查）。

第十二条 导入借鉴案例，引导教学改进

（一）导入借鉴案例。注重收集线上教学经典案例（包括课程思政），结合听课教师具体问题推荐相关案例，引导教师学习、借鉴、提高。

（二）引导教学改进。通过定向推送、工作群分享等方式向教师推介典型案例、进行阅后交流、倡导自我反思、引导教师有效改进教学。

第五篇　企业、家长听课评价

企业或家长参与听课评课，应在以下几方面给出更贴近行业、岗位教学内容或学生有效参与课堂教学的评价，并完成《线上教学质量评价表（企业、家长）》（见附件 5）。

第一条　教学资源的直观性

企业特别关注：提供的网上教学资源是否有较好的直观性，易于学生了解课程的知识、技能并与所对应的岗位技术技能关联。

第二条　企业经历的支撑度

企业特别关注：在企业跟岗实践的经历是否对其教学效果提供了有力的支撑，是否将贴近行业企业最新技术的真实案例融入教学内容，使其具有实用性。

第三条　学生听课的专注度

家长特别关注：学生在上这门课时，注意力或关注度是否更高。

第四条　学生听课的参与度

家长特别关注：学生在上这门课时，是否更多地参与师生互动或生生互动。

附件1：

学生线上学习体验调查问卷

序号	调查问题	回答（Y/N）
1	我感觉老师对该门课做了充分的准备，常通过学习群发预习指导和学习资源	
2	老师直播或录播课程的出镜表现比线下更生动了	
3	老师能够结合专业、课程内容融入育人内容，塑造我们的价值观	
4	老师每次课开始都会给出本次课的学习小目标，让我心中有数	
5	老师下课前会强调本次课的重点、难点	
6	每讲课20分钟左右时，老师会换个"小话题"调整我们的注意力	
7	为了让我们线上学习保持在线，老师会时不时将学生切入画面，进行适度干预	
8	和其他课程相比，上这门课我的学习兴趣有所增加	
9	和其他课程相比，教师对我作业的批改能给予及时且有用的学习反馈	
10	老师与我们的互动比线下增加了	
11	老师提供的练习或测试形式比线下更有趣味性、更富有挑战性了	
12	通过线上学习，我学到了这门课的概念、专业术语、计算方法或技能	
13	通过线上学习，我对这门课产生了学习兴趣	
14	对老师线上教学改进的建议：我认为老师应保持/停止/开始哪些做法来帮助我更好的学习这门课（各限1个）？ ① 保持（优点）： ② 停止（缺点）： ③ 开始（改进）：	

附件2：

线上授课教师自评参考量表

教师姓名		教师职称	□正高级 □副高级 □中级 □其他
课程名称		课程类型	□理论　　□理实一体 □其他
学生班级		学生生源	□常规 □学徒制 □3+2 □4+0 □其他

一级指标	编号	二级指标	分值 符合程度由强至弱 5→1				
对课前选定线上教学平台及准备教学资源的自我评价	1	熟悉线上教学所需信息化技术，如：视频录制、在线直播、线上交流、硬件参数设置等	5	4	3	2	1
	2	根据课程需求、学生学习规律、线上教学要求、各线上教学平台特点来选定授课的线上教学平台	5	4	3	2	1
	3	根据对所选用教学平台进行了反复测试并准备应急状况下的预备辅助教学平台	5	4	3	2	1
	4	根据线上教学要求和学生学习特点、网络教学条件等因素，选择合适和丰富的教学资源（如音频、视频、文档、动画……）	5	4	3	2	1
	5	根据教学需要自制或精选优质线上课程教学资源，如视频、动画、图片等素材	5	4	3	2	1
	6	准备了优秀课程思政内容并适时融入线上教学环节，引导学生树立正确人生观	5	4	3	2	1
对课中线上教学组织及课后学习管理的自我评价	7	针对线上教学的实际状况对原教学设计做了适合的调整，以适应线上教学	5	4	3	2	1
	8	为提高课中学生参与度，采用弹幕、问题抢答、将学生画面或语音随机切入直播等方式	5	4	3	2	1
	9	为保障线上教学效果，设置了与学生课后互动环节，如问题讨论、留言、在线答疑等	5	4	3	2	1
	10	课后了解学生预习、学习情况，为学生自主学习提供支持，如发布学习指引、及时反馈作业等	5	4	3	2	1
	11	重视第三方评价，征求督导、同行甚至是企业界人士对线上授课的反馈意见，作为改进线上教学的参考	5	4	3	2	1
	12	重视学生评价，主动了解学生的学习反馈（群内留言或者用"问卷星"等调查），用于改进线上教学	5	4	3	2	1
教学反思	说明：就线上教学特点提出未来教学的注意事项（不超过3点）						

附件3：

线上教学质量评价表（学生）

授课教师		授课平台		授课时间		年　月　日			
课程名称				班级					

评价指标			得分				合计
			优秀	良好	合格	不合格	
课前准备(25)	1	通过学习群发出预习指导，为我们提供了丰富的学习资源	10	8	6	4	
	2	所提供的学习资源的形式和内容都适合我们的学习特征	5	4	3	2	
	3	所选线上授课平台与课程特点、学情现状、学习目标相匹配	5	4	3	2	
	4	提前上线，准备线上教学环境和教学设备	5	4	3	2	
课中体验(25)	5	能根据课程需要为线上教学平台配备辅助教具，使线上学习获得较好的声音、画面等体验	5	4	3	2	
	6	采用将学生画面或语音随机切入直播方式，让我们隔空保持在线并有序学习，不敢掉线	5	4	3	2	
	7	采用弹幕、问题抢答等方式调动我们的参与度	5	4	3	2	
	8	根据课程特点引入了思政元素，塑造我们的价值观	10	8	6	4	
课下跟进(30)	9	主动了解我们预习、学习情况，对我们自主学习提供了支持，如发布学习指引及对学生的价值塑造	10	4	3	2	
	10	设置了与我们课后互动环节，如问题讨论、留言、在线辅导答疑等	10	8	6	4	
	11	批改作业及时、认真、准确	5	8	6	4	
	12	利用信息学习系统中提供的作业分析汇总功能对作业进行总结反馈	5	4	3	2	
课后反馈(20)	13	常在群内留言上征求我们的意见	5	4	3	2	
	14	重视我们的评价及学习反馈，在课程进行到一段时间后会组织我们做学习效果的问卷调查	5	4	3	2	
	15	针对学习效果调查结果调整教学活动及学习活动，做了更适合我们学习目标达成度的教学改变	10	8	6	4	
总分							
整体评价	对线上教师教学行为的评价（包括：教学资源准备的广度和深度、对学习提供支持服务的持续度等）						

附件 4：

线上教学质量评价表（督导、同行）

授课教师		授课平台		授课时间		年 月 日		
课程名称				学生考勤		应到 人		
						实到 人		
所在部门		上课班级		听课人				

评价指标			得分				
			优秀	良好	合格	不合格	合计
课前准备（25）	1	督导：课程标准、教案等电子教学文件齐全，教师备课契合课程标准 同行：网上教学资源不但适合专业，而且是该专业领域网上海量资源的精品	5	4	3	2	
	2	教案中融入了思政元素，教书育人	5	4	3	2	
	3	所选线上授课平台和资源与课程特点、学情现状、学习目标相匹配	10	8	6	4	
	4	提前上线，准备线上教学环境和设备	5	4	3	2	
课中观察（25）	5	督导：根据教学需要筛选和自制了优质线上课程教学资源，如视频、动画、图片等素材，吸引了学生的课堂关注度 同行：教学内容与时俱进，且与最新理论、知识、技术、技能相符	5	4	3	2	
	6	采用弹幕、问题抢答、将学生画面或语音随机切入直播等各种方式，提高了课中学生参与度	5	4	3	2	
	7	根据课程特点有机引入思政元素，寓职业素质教育于课堂教学之中	5	4	3	2	
	8	督导：针对学情对原教学设计做了适合调整，提高了线上教学有效性 同行：有扎实的基本功和广博的专业功底，讲课能以专业体系为背景，旁征博引，深入浅出	10	8	6	4	
课下跟进（30）	9	主动了解学生预习、学习情况，对学生自主学习提供了支持，如发布学习指引及对学生的价值塑造	10	4	3	2	
	10	设置了与学生课后互动环节，如问题讨论、留言、在线辅导答疑等	10	8	6	4	
	11	批改作业及时、认真、准确	5	8	6	4	
	12	利用信息学习系统中提供的作业分析汇总功能对作业进行总结反馈	5	4	3	2	

续表

评价指标		得分				合计
		优秀	良好	合格	不合格	
课后反馈（20）	13 重视督导评价，主动了解督导评价意见	5	4	3	2	
	14 重视学生的评价及学习反馈，在课程进行到一段时间后会组织学生做学习效果的问卷调查	10	8	6	4	
	15 重视同行、企业督导或学生家长的评价意见	5	4	3	2	
总分						
整体评价	1. 对线上教师教学行为的评价（包括：教学资源准备的广度和深度、对学生学习提供支持服务的持续度等） 2. 对线上学生学习行为的评价（包括：学习资源浏览次数和持续时间、线上互动的参与度、讨论问题的深度等）					

附件5：

线上教学质量评价表（企业、家长）

授课教师		授课平台		授课时间		年　月　日	
课程名称				学生考勤		应到　　人	
						实到　　人	
所在部门		上课班级		听课人			

评价指标		得分				合计
		优秀	良好	合格	不合格	
课前准备（25）	1 企业：网上教学资源有较好的直观性，易于学生了解知识、技能并与所对应的岗位技术技能相关联 家长：所提供的学习资源的形式和内容都适合学生的学习特征	10	8	6	4	
	2 所选线上授课平台与课程特点、学情现状、学习目标相匹配	5	4	3	2	
	3 企业：教案中融入了思政元素，教书育人 家长：通过学习群发出预习指导，并为学生提供了丰富的学习资源	5	4	3	2	
	4 提前上线，准备线上教学环境和设备	5	4	3	2	

续表

评价指标			得分				合计
			优秀	良好	合格	不合格	
课中观察（25）	5	采用弹幕、问题抢答、将学生画面或语音随机切入直播等各种方式，提高了课中学生参与度	5	4	3	2	
	6	企业：将贴近行业企业的真实案例融入教学内容，使其具有实用性 家长：学生在上这门课时关注度更高了、参与互动更多了	10	8	6	4	
	7	企业：企业跟岗实践的经历对课堂教学效果提供了有力的支撑 家长：能根据课程需要为线上教学平台配备辅助教具，使线上学习获得较好的声音、画面等体验	5	4	3	2	
	8	根据课程特点引入思政元素，寓职业素质、四个自信于课堂教学之中	5	4	3	2	
课下跟进（30）	9	主动了解学生预习、学习情况，对学生自主学习提供了支持，如发布学习指引及对学生的价值塑造	10	4	3	2	
	10	设置了与学生课后互动环节，如问题讨论、留言、在线辅导答疑等	10	8	6	4	
	11	批改作业及时、认真、准确	5	8	6	4	
	12	利用信息学习系统中提供的作业分析汇总功能对作业进行总结反馈	5	4	3	2	
课后反馈（20）	13	常在群内留言上征求学生的意见	5	4	3	2	
	14	重视学生的评价及学习反馈，在课程进行到一段时间后会组织学生做学习体验问卷调查	10	8	6	4	
	15	重视企业、家长评价，主动了解企业、家长评价意见	5	4	3	2	
总分							
整体评价	1. 对线上教师教学行为的评价（包括：教学资源准备的广度和深度、对学生学习提供支持服务的持续度等） 2. 对线上学生学习行为的评价（包括：学习资源浏览次数和持续时间、线上互动的参与度、讨论问题的深度等）						

附件 6：

线上教学学生学习行为调查问卷

同学们：

为了更好地了解大家线上学习的偏好，我们设计了这份调查问卷，请按照自己意愿客观作答，以方便我们改进教学，给大家带来更好的教学体验。

你的基本信息：

性别　　民族　　年级　　专业大类　　家庭居住地（农村、县城、城市）　　中职还是高职

班级人数（$X > 60$，$40 < X \leq 60$，$25 < X \leq 40$）

课前：

1. 你更喜欢哪个在线教学平台？（多选题，不超过 3 个）

    学校自建教学平台　　职教云　　腾讯会议　　腾讯课堂　　钉钉

    学习通/超星尔雅　　中国大学 MOOC　　微信或企业微信　　QQ

    雨课堂/学堂在线　　学银在线　　ZOOM

2. 你需要老师课前带你领熟悉所使用的教学软件吗？

    非常　　很　　一般　　不　　非常不

3. 线上学习时你愿意进行课前预习吗？

    非常　　很　　一般　　不　　非常不

4. 你喜欢下面哪种预习方式？

    自主预习　　听读任务　　按照学习指南有针对性预习

5. 你喜欢完成下面哪种预习任务？

    看课本或教学课件　　听音频或看视频素材　　分析案例　　做习题（测验）　　其他

6. 通常你愿意付出的预习时间有多久？

    5 分钟以内　　5~10 分钟　　10~15 分钟　　15~30 分钟　　超过 30 分钟

课中：

7. 你喜欢下面哪种线上教学方法？（多选题，不超过 3 个）

    老师讲授　　老师演示　　案例教学　　项目教学　　师生讨论

    学习任务单　　角色扮演　　作品展示　　自主学习　　以上选项的组合

8. 理实一体在线课程，你喜欢哪种授课方式？

    全都由学校一位教师进行授课

理论由学校教师进行，实践由企业教师进行
无所谓

9. 线上教学时，你喜欢看/听老师讲课，而不喜欢自己看课本/看录像/吗？
非常　　很　　一般　　不　　非常不

10. 上网课时，你能像线下一样认真听讲，遵守课堂纪律吗？
非常　　很　　一般　　不　　非常不

11. 上网课时，你愿意和同学们一起进行知识抢答/分享观点/参加讨论吗？
非常　　很　　一般　　不　　非常不

12. 上网课时，你善于使用网络语言与同学、老师进行交流吗？
非常　　很　　一般　　不　　非常不

13. 上网课时，你愿意主动参与老师组织的教学活动吗？
非常　　很　　一般　　不　　非常不

14. 在线课程，你集中精神听老师讲授内容的时间是多长？
小于5分钟　　5分钟　　10分钟　　15分钟　　更长

15. 总体上，你希望教师多组织下面哪些教学活动？（多选题，不超过3个）
推送资源　　组织讨论　　发布测试　　小组作业　　在线答疑　　测验
结果排位　　布置作业

16. 你喜欢参与下面哪些教学活动？（多选题，不超过3个）
抢答　　投票　　弹幕　　讨论　　发帖　　展示作品　　同伴互评
参与调查

课后：

17. 你喜欢下面哪种作业形式？（多选题，不超过3个）
阅读　　口头　　书面　　实践

18. 如果可以选择，你愿意使用网络来完成作业、学习任务吗？
非常　　很　　一般　　不　　非常不

19. 遇到作业困难，你会第一时间上网求助或寻找答案吗？
非常　　很　　一般　　不　　非常不

20. 你能够及时完成老师留的作业吗？
非常　　很　　一般　　不　　非常不

21. 你最喜欢下面哪种作业反馈？
作业批改一对一及时反馈　　上课时针对错题总结反馈
讨论区设置错题本反馈

22. 你觉得作业花费多长时间完成最好？
小于10分钟　　20分钟　　30分钟　　1个小时　　更长

23. 课后你最喜欢哪种方式与老师沟通？
    微信　　邮件　　电话　　班级群　　发帖区
    参与老师的学习体验调查
24. 线上教学，你愿意采用哪种方式在发帖区或班级群进行学习分享？
    解答同伴问题　　协助老师解答同伴问题
    分享学习素材，如课件、视频、操作演示等　　其他

    总体评价
25. 你最喜欢哪种学生互评方式？
    个人对小组　　小组对个人　　个人对个人　　小组对小组
26. 你喜欢哪种成绩评价方式和评价主体？（多选题，2选1，不超过2个）
    评价方式：
    过程性评价（综合学期各方面表现的，包括抢答、投票、弹幕、讨论发帖、同伴互评等）
    终结性评价（以平时测验、期中和期末考试为主）
    评价主体：
    综合性评价（学校教师和企业教师双方评价）
    单一性评价（学校教师或企业教师单方评价）
27. 你认为任课老师在线上教学时，提供的教学资源查找方便吗？
    非常　　很　　一般　　不　　非常不
28. 通过线上教学，你学会了主动寻找学习资源吗？
    非常　　很　　一般　　不　　非常不
29. 你认为，线上教学的回看功能对你的深入学习帮助大吗？
    非常　　很　　一般　　不　　非常不
30. 你认为线上和线下学习效果相同吗？
    非常　　很　　一般　　不　　非常不

附录3　线上教学媒体视角报道

- 优质课堂要抓好教学评价"三结合"（2018年，中国教育报）

- 广东轻工：坚持在平凡的自评中做出不平凡的坚持（2020年，北青网）

- 线上教育咋保质量？广东轻工：多元督学来帮忙（2020年，人民日报客户端）

- 广东轻工：学生评教"五度"并举，孕育诚信与担当（2021年，人民日报客户端）

- 广东轻工：教学战疫千万条，多元督导第一条（2020年，中国高职高专教育网）

- 创新教学四个评价让课堂"活"起来（2021年，中国教育报）

参 考 文 献

[1] 何克抗. 从 Blending Learning 看教育技术理论的新发展（上，下）[J]. 电化教育研究, 2004, (3)(4): 1–6.

[2] 张其亮, 王爱春. 基于"翻转课堂"的新型混合式教学模式研究 [J]. 现代技术教育, 2014 (4): 27–32.

[3] 何克抗. 关于 MOOCS 的"热追捧"与"冷思考" [J]. 北京大学教育评论, 2015 (3): 110–119.

[4] 梁振辉. 高职院校学生在线学习特点及其影响因素研究 [J]. 中国职业教育, 2015 (32): 5–14.

[5] 薛成龙, 郭瀛霞. 高校线上教学改革转向及应对策略 [J]. 华东师范大学学报（教育科学版）, 2020 (7): 65–74.

[6] 李青等. "四位一体"三结合精准开展课堂教学评价的探索与实践 [J]. 中国职业技术教育, 2019 (17): 59–62.

[7] 刘春玲. 国内外有关学习方式的研究综述及对我国教学发展的启示 [J]. 教育理论研究, 2004 (2): 3–6.

[8] 姜艳玲, 徐彤. 学习成效金字塔理论在翻转课堂中的应用与实践 [J]. 中国电化教育, 2014 (7): 133–138.

[9] 曹培杰. 在线教育需要一场结构性变革 [J]. 人民教育, 2020 (13): 34–37.

[10] 李逢庆. 混合式教学的理论基础与教学设计 [J]. 现代教育技术, 2016 (9): 13–24.

[11] 戴海东, 吴童虎. 高职院校在线教学质量保障的"五化"建设 [J]. 计算机教育, 2020 (5): 8–11.

[12] 徐杰等. 加拿大教学技能工作坊（ISW）项目的实践与研究 [J]. 中国成人教育, 2020 (16): 61–64.

[13] 刘卫琴. "互联网+"下高职思政课"一体两翼三联动"教学模式的实践与思考 [J]. 职业技术教育, 2018 (32): 66–70.

[14] 辛涛, 张文静, 李雪燕. 增值性评价的回顾与前瞻 [J]. 中国教育学刊, 2009 (4): 40–43.

[15] 庄西真. 论增值评价对职业教育高质量发展的意义 [J]. 中国职业技术教育, 2021 (4): 12–17.

[16] 胡咏梅, 施世珊. 相对评价、增值评价与课堂观察评价的融合——美国教师

评价的新趋势［J］．比较教育研究，2014（8）：44–50.

[17] 刘邦奇．"互联网+"时代智慧课堂教学设计与实施策略研究［J］．中国电化教育，2016（10）：51–56.

[18] 马文杰，鲍建生．"学情分析"：功能、内容和方法［J］．教育科学研究，2013（9）：52–57.

[19] 肖宇，吴访升，蒋小明．有效在线教学的策略设计与实践探索［J］．江苏教育，2020（28）：12–18.

[20] 蔡红梅，许晓东．高校课堂教学质量评价指标体系的构建［J］．高等工程教育研究，2014（3）：177–180.

[21] 薛宁，杨晓冬．高职院校线上教学质量评价指标体系的构建与实践［J］．高等职业教育探索，2021（3）：75–80.

[22] 李吉桢．第四代教育评价理论的中国化研究［D］．天津：天津师范大学，2019.

[23] 韩墨．在线学习平台研究——以国家开放大学为例［D］．石家庄：河北师范大学，2018.

[24] 厦门大学教师发展中心．疫情期间高校教师线上教学调查报告［R/OL］．http:// www.360doc.com/content/20/0405/08/15488460_903941629.shtml，2020–04–05.

[25] 北京语言大学网络教育学院．2014 年在线教育研究报告［R/OL］．https://wenku.baidu.com/view/2824ad6cb207e87101f69e3143323968011cf47f.html，2017–12–22.

[26] 李青．优质课堂要抓好教学评价"三结合"［N］．中国教育报，2018–12–25.

[27] ［美］乔纳森·伯格曼，亚伦·萨姆斯．翻转课堂与混合式教学：互联网+时代，教育变革的最佳解决方案［M］．韩成财，译．北京：中国青年出版社，2018.

[28] 漆格．学会在线教学：时空分离，学习设计依然为王［M］．广州：广东教育出版社，2020.

[29] ［美］埃贡·G．古贝，伊冯娜·S．林肯．第四代评估［M］．秦霖，蒋燕玲，译．北京：中国人民大学出版社，2008.

[30] ［美］洛林·W．安德森．布鲁姆教育目标分类：分类学视野下的学与教及其测评（完整版）［M］．蒋小平，译．北京：外语教学与研究出版社，2009.

[31] 张大均．教育心理学［M］．北京：人民教育出版社，2015.

[32] ［美］R．M．加涅，W．W．韦杰，K．C．戈勒斯，等．教学设计原理［M］．5 版修订本．王小明，庞维国，陈保华，等译．上海：华东师范大

学出版社，2018.
[33] 广东省教育研究院. 高等职业教育优秀教学设计及教学绝活集萃（一）[M]. 广州：广东高等教育出版社，2020.
[34] 李青. 高职院校人才培养质量监控体系实践研究：多元 协同 赋能[M]. 广州：广东高等教育出版社，2019.

后　　记

　　在线上教学中，我们既是学生学习的引导者，又是引导学生有效学习的学习者。了解与应用数字技术、选择与开发数字资源、制定教学策略与设计教学活动、选择评价策略与设计评价方法、促进学习者参与学习与自主学习、培养学习者协作与探究学习的数字化素养，这些都是教师打开线上教学的解锁技能。

　　此外，我们要认识线上教学、研究线上教学、完善线上教学。从布鲁姆的教学目标分类、科尔布的学习风格、爱德华的学习金字塔、杜威的教学方法论等，可以认识到教学不仅需要教师在教学的实践中体会，更需要从古今中外教育学家的思想和方法中思考。而研究教学，需要教师从分析学情到设计目标，从教学设计到课后反思，不断改变教学成效。改变是一个过程，而不是一个事件，需要按照教学规律，反复实践；改变是一个目标，而不是一个结果，需要结合教学实践，潜心研究。对于"为什么学""学什么""如何教""如何学""学得如何"，教师在教学研究的过程中既是答卷人也是提问者，需要保持好奇心，从教学目标设计、教学重难点设计、教学方法设计、教学步骤与时间分配设计、学习成果评价到自我反思，不断追问，创设更好的教学场景。这个过程极具挑战性，但却不一定是一件有趣的事情，要和有认知差距、动机差距、环境差距、沟通差距的学生们一起行动与反馈，需要的是坚守爱心与耐心。

　　最后，我们要理解，再好的教学设计或学习体验设计也只能影响或适度改变学生的学习行为，而不可能彻底改变甚至控制学生的学习习惯。让学生在学习过程中不焦虑而充满自信，需要教师投入更多时间、更多心血。如果你正面临一些线上教学的困惑，建议运用第一性原理思维，从原理出发，找出问题的解决方法，而不仅是从问题出发找到原因。这个过程注定是一条极具挑战性的路，正如《平凡之路》中所唱，"时间无言，如此这般，明天已在……"。

　　本书是教育部人文社会科学研究一般项目"基于高职学生学习画像的线上教学实证研究"（21JYA880026）、广东省职业教育教学改革研究与实践项目"职业院校线上教学研究与实践"（JGWT2020005）的研究成果。